FRANK BERGER

Gustav Mahler – Vision und Mythos

GALLÉN-
KALLELA
1907

FRANK BERGER

GUSTAV MAHLER
VISION UND MYTHOS

Versuch
einer geistigen Biographie

VERLAG FREIES GEISTESLEBEN

Die Deutsche Bibliothek – CIP-Einheitsaufnahme

Berger, Frank:
Gustav Mahler: Vision und Mythos;
Versuch einer geistigen Biographie / Frank Berger. –
Stuttgart: Verlag Freies Geistesleben, 1993

ISBN 3-7725-1165-1

Umschlag: Walter Schneider, unter Verwendung
einer Fotografie von Moriz Nähr, 1907.
Frontispiz: Porträt des Komponisten Gustav Mahler, 1907,
von Akseli Galen-Kallela (1865 – 1931),
The Serlachius Fine Arts Foundation, Mänttä/Finnland.
Druck: Gutmann & Co, Heilbronn

Im Auslegen seid frisch und munter!
Legt ihrs nicht aus, so legt was unter.

Goethe, Die zahmen Xenien

Daran erkenn' ich den gelehrten Herrn!
Was ihr nicht tastet, steht euch meilenfern,
Was ihr nicht faßt, das fehlt euch ganz und gar,
Was ihr nicht rechnet, glaubt ihr, sei nicht wahr,
Was ihr nicht wägt, hat für euch kein Gewicht,
Was ihr nicht münzt, das, meint ihr, gelte nicht.

Goethe, Faust II, Kaiserliche Pfalz

INHALT

VORWORT

Mit diesem Buch wird versucht, einer Aufforderung des Dirigenten und Mahler-Vertrauten Bruno Walter nachzukommen. Im Nachwort zu seiner Betrachtung *Von der Musik und vom Musizieren* legt er ein inniges Bekenntnis zur «anthroposophischen Weltschau» ab, verbunden mit der Hoffnung, daß aus dieser einmal «eine umfassende Deutung der Musik» erwachsen möge, eine «grundsätzlich neue Methode einer … elementarischen musikgeschichtlichen Darstellung im Zusammenhang mit ihrer integralen Einordnung in die allgemeine Geistesgeschichte der Menschheit». Wenngleich sich diese Sätze zunächst auf die Darstellung der Musikgeschichte im engeren Sinne beziehen, lassen sie sich durchaus auch in Richtung einer anthroposophisch orientierten «musikalischen Biographik» erweitern. Von einem solchen Ansatz her wollen wir uns dem «Prinzip Mahler» (H. H. Eggebrecht) nähern, geleitet von der Überzeugung, daß Persönlichkeit und Werk Gustav Mahlers sich in ihren tieferen Schichten nur ergründen lassen, wenn man ihre Wurzeln bis in vergangene Epochen der Kultur- und Geistesgeschichte verfolgt. Dadurch werden die Bemühungen von Constantin Floros – ihm verdanken wir die bisher umfassendste Darstellung der «geistigen Welt» des Komponisten –, Mahlers Denken und Streben vornehmlich aus seinen literarischen und philosophischen Anregungen heraus zu erklären, um eine wesentliche Dimension erweitert. Denn die Spiritualität Gustav Mahlers erschließt sich nur, wenn man selbst bereit ist, von einer spirituellen Weltsicht auszugehen.

Die eingangs zitierten Goethe-Worte umschreiben im übrigen die grundsätzliche Problematik, mit der sich jeder auseinandersetzen muß, der sich mit Persönlichkeit und Werk Gustav Mahlers beschäftigt: Ohne ein gewisses Maß an Aus- und Unterlegung wird man nicht fündig auf der Suche nach dem «Rätsel Gustav Mahler» – eine Tatsache, die einen rein «gelehrten» Ansatz von vornherein ausschließt.

Die Gefahr, sich dadurch sozusagen zwischen alle Stühle zu setzen, ist groß, und ich bin mir ihrer bewußt. Denn es wird in manchem Punkte Abschied genommen werden müssen vom liebgewordenen, vertrauten Mahler-Bild. Zudem werden Erkenntnisquellen und Forschungsergebnisse der Anthroposophie herangezogen, deren Akzeptanz nicht jedermanns Sache ist. Es bleibt also zu hoffen, daß der Leser die hier vorgelegten Forschungsresultate und ihre Anwendung auf das Werk Gustav Mahlers vorurteilslos prüfen wird. – Ein weiterer «Mangel» dieser Arbeit, der Verzicht auf eine streng wissenschaftliche Darstellungsart, wurde bewußt in Kauf genommen. Angesichts der wachsenden inneren Entfernung der heutigen Mahler-Forschung von ihrem eigentlichen Gegenstand schien es mir ratsam, eine Form zu wählen, die sich zwar auf dem Boden der bisherigen Forschung bewegt, dabei jedoch im Prinzip in einer allgemeinverständlichen, allen Mahler-Freunden zugänglichen Sprache bleibt. In Anbetracht vieler ausgezeichneter Spezialstudien zu Leben und Werk Gustav Mahlers schien mir dies vertretbar. Dagegen wurde den anthroposophisch orientierten Quellen, weil sie zur Erhellung des vorliegenden Zusammenhangs zum ersten Male herangezogen werden, verhältnismäßig viel Raum zugestanden.

Die ersten Kapitel stellen die «geistige Physiognomie» Gustav Mahlers vor dem beschriebenen Hintergrund dar. Die dabei gewonnenen Gesichtspunkte werden anschließend auf den Organismus seiner zehn Sinfonien sowie auf *Das Lied von der Erde* und *Das klagende Lied* angewendet. Durch die systematische Konfrontation des Frühwerks mit den späten Sinfonien anhand einer «dualistischen» Betrachtungsmethode sollen schließlich Lebensleistung und -leitmotiv Gustav Mahlers, nicht zuletzt in ihrer Aktualität für das 20. Jahrhundert, sichtbar werden.

Zum Schluß möchte ich allen danken, die die Entstehung dieser Studie begleitet haben, insbesondere Herrn Dr. Erhard Kröner (Hannover), der mir einst den entscheidenden Anstoß zur Niederschrift meiner Gedanken zum Thema Mahler gegeben hat. Wesentliches verdanke ich auch der ausgezeichneten Materialsammlung *Gustav Mahler im Spiegel seiner Zeit* von Norman Lebrecht, die entscheidend dazu beigetragen haben dürfte, daß die faszinierende Persönlichkeit Gustav Mahlers wieder ins Blickfeld gerückt worden ist, aus dem sie – im Konkurrenzkampf der stets abenteuerlicheren Mahler-Deutungen – zu verschwinden drohte. Besonderen Dank aber schulde ich Bruno Walter, dessen kleines, aber tieflotendes Mahler-Büchlein zum Eckstein jedes Verständnisversuches der so rätselvollen, immer mächtiger fortwirkenden Individualität Gustav Mahlers geworden ist.

Berlin, 18. Mai 1991,
am achtzigsten Todestag Gustav Mahlers *Frank Berger*

ERSTER TEIL:

DUALISTISCHE WELTSICHT – DIE GEISTIGE WELT GUSTAV MAHLERS

HIMMEL UND ERDE

Die Menschen brauchten die Gewißheit,
daß in dem Kinde hereingekommen ist
das die Ewigkeit der Menschenseele rettende Prinzip.[1]
Rudolf Steiner

Noch immer wächst das Interesse für die Musik Gustav Mahlers ständig. Aufführungen solch «aufwendiger» Werke wie der *Achten Sinfonie*, der «Sinfonie der Tausend», oder der *Dritten Sinfonie* sind heute durchaus keine Seltenheit mehr. Die Aufführungsziffern Mahlerscher Werke nähern sich denen der «Klassiker», allen voran denen Beethovens. Ähnlich steht es mit der Popularität seiner Musik: Nicht lange nach dem Fall der Mauer in Berlin wurde die *Zweite Sinfonie* Gustav Mahlers («Auferstehung») im ehemaligen Todesstreifen am Potsdamer Platz im Open-Air-Stil von Lorin Maazel und einer aus verschiedenen Ost- und Westberliner Orchestern zusammengestellten Riesenbesetzung aufgeführt. Auch hier: Mahler auf Platz zwei. Denn kurz zuvor hatte Leonard Bernstein Beethovens *Neunte* in Ost-Berlin musiziert, nota bene mit dem geringfügig, aber eingreifend veränderten Text: «*Freiheit*, schöner Götterfunken ...» Dieses Schicksal ist der Musik Gustav Mahlers – bisher – erspart geblieben.

Es erhebt sich die Frage, worin diese Popularität gründet. Deutlich ist heute, daß nicht die Schallplatte die Ursache sein kann, obwohl sie ganz sicher stark zur allgemeinen Bekanntheit der Mahlerschen Musik beigetragen hat. Der Grund liegt schlicht in dem wachsenden Wunsch, diese Musik zu hören, weil sie in ihrer Aktualität, ihrer Zeitgemäßheit uns Heutigen etwas zu sagen hat, dessen wir bedürfen. Das hängt zusammen mit den Lebens- und Daseinsfragen, die, mehr oder weniger programmatisch, dieser Musik zugrunde liegen. Mahler hat immer in der

Überzeugung gelebt, seine Musik sei ein «Antizipando» seines eigenen Lebens, die musikalische Vorwegnahme kommender biographischer Ereignisse. Heute zeigt sich immer deutlicher, daß sie mehr ist als das: Sie musiziert antizipando die Höhen und Tiefen unserer Zeit, die Triumphe und Katastrophen unseres Jahrhunderts aus. Sie trifft, kurz gesagt, den Nerv unserer Zeit, ist Vorwegnahme der apokalyptischen Geschehnisse, in denen wir seit ihrer Entstehung gestanden haben und noch stehen. Darin liegt die Ursache ihrer immer vehementeren Wirkung. «Meine Zeit wird noch kommen» – wie berechtigt diese Äußerung war (damals wurde sie belächelt oder als Größenwahn abgetan), zeigt sich heute, gegen Ende des Jahrhunderts.

So soll im folgenden versucht werden, der inneren Beziehung zum Nerv unserer Zeit, der latenten Zukünftigkeit der Mahlerschen Musik nachzugehen. Dies wird in der Frage gipfeln, was die Musikgeschichte, ja die Kulturmenschheit an sich, dem Schaffen Gustav Mahlers verdankt.

Allerdings wäre ein solcher Versuch zum Scheitern verurteilt, wenn nicht zuvor die Wurzeln aufgesucht würden, die diese große, rätselhafte Persönlichkeit mit der Vergangenheit, das heißt hier mit der Ur- und Vorgeschichte der Menschheit verbinden. Das mag gewagt klingen, wird sich aber hoffentlich als plausibel, ja nachvollziehbar erweisen.

Eine gewisse Vertrautheit wenigstens mit den Sinfonien Mahlers wird dabei vorausgesetzt, wie ja alles Schreiben über Musik letztlich abstrakt bleiben muß ohne die klingende Realität, auf die es hinweisen will. Hinweise auf weiterführende Literatur und ergänzende Betrachtungen finden sich im Anmerkungsteil. Das Ziel dieses Versuches wäre erfüllt, wenn der Leser dadurch eine tiefere Beziehung zur Musik und Persönlichkeit Gustav Mahlers gewänne, das heißt im oben dargestellten Sinne gleichermaßen: zu den geistigen Hintergründen unserer Zeit.

Gustav Mahlers Gesamtwerk wurzelt tief in bestimmten Grundmotiven. Von Anfang an steht das ganze typisch «Mahlersche» Weltbild vor uns, und jedes neue Werk ist eine weitere Ausprägung dieser Ur-Motive.

So ist schon oft bemerkt worden, daß Mahler in jeder Sinfonie um quälende Daseinsfragen ringt, deren musikalische «Lösung» dennoch immer nur eine vorläufige ist, da er im nächsten Werk immer wieder da ansetzt, wo er auf früheren Stufen schon gewesen ist.[2] Alle erreichten Lösungen enthüllen sich dadurch als Schein-Lösungen, tiefer gefaßt: als Schein-Erlösungen. Der Kampf um den Sinn des Daseins inmitten einer von ihm als «schal und lügenhaft» empfundenen Welt, die Suche nach der «eigentlichen», der «anderen» Welt und der Drang, diese Gegensätze mit musikalischen Mitteln in seiner Sinfonik darzustellen, durchziehen mit unerbittlicher Konsequenz das Gesamtwerk dieses Komponisten. Es ist der Gegensatz zwischen dem «Himmlischen Leben» und dem «Irdischen Leben», wenn wir ihn mit den Titeln zweier seiner Lieder charakterisieren wollen, die der Sammlung *Des Knaben Wunderhorn* entnommen sind.

Der Gegensatz von Himmel und Erde ist nur ein Aspekt des tiefgreifenden *Dualismus*, der Leben und Werk dieses Komponisten gleichermaßen durchzieht. Der Dualismus ist geradezu das Erkennungszeichen der Persönlichkeit Gustav Mahlers. Da erscheint er in manchen Beschreibungen als fast dämonische Gestalt:

«Sein Körper war von Bewegung ganz durchwühlt, und im Halbdunkel machte er den Eindruck eines mystisch arbeitenden Zwerg-Fabelwesens. Im grellen Schlaglicht des Kapellmeisterpultes erschien sein haarumwirrtes, anziehend häßliches Gesicht gespensterhaft blaß, jede flüchtige Erscheinung im Orchester warf ihre Wirkung auf das empfindliche Gesicht: bald wehrte er etwas ab, wobei sich die Haut um die Augen ingrimmig verfaltete und er die Nase hochzog, bald gab es eine Konsonanz zwischen seinem Lächeln und dem Wohllaut des Orchesters, den er billigend mitgenoß, kurz die Engel und die Teufel fuhren über dieses Gesicht, Blitze zuckten bei dem stoßhaften Rucken des Kopfes in die Brillengläser, hinter denen die Augen spähten oder anherrschten oder zur Beteiligung forderten – sein ganzes Wesen war Werkzeug und Ausdruck zugleich ... Die Musiker und Mahler selbst waren so hingenommen vom eigenen Spiel, daß sie fast den Eindruck von Priestern beim Gottesdienst machten.»[3]

Dem stehen Schilderungen wie die folgende gegenüber:

«Er war wirklich ein großes Kind. Dieser oft unheimlich scharfsinnige Mensch, der durch die funkelndsten Paradoxe, geschliffensten Antithesen und schneidendsten Ironien des Dialogs ... überraschen und wehrlos machen konnte, vermochte es noch mehr durch die reine, unberührte Kindlichkeit seines Wesens ... Er war liebebedürftig wie ein Kind. Er brauchte Liebe, Verstehen, Zärtlichkeit wie wenig andere ... Wer aber die fromme Unberührtheit und die unbefangene Wahrhaftigkeit seines Wesens erleben wollte, mußte ihn mit Kindern sehen. Mit seinen eigenen vor allem. Wer ihn ... mit seinen Kindern sprechen hörte oder spielen sah, brauchte erst gar keines seiner Werke zu hören, um seine mit den tiefsten kosmischen Dingen verknüpfte Genialität zu spüren. In den rasch erfundenen Geschichten, die er seinen kleinen Mädchen erzählte, war ... eine Weisheit, ein Naturgefühl, ein Verstehen des Kindergemüts und eine Lebensoffenbarung, die sich in den schlichtesten Vorgängen und Symbolen des Märchens mit einer Phantastik und einer Klarheit ausdrückten, die dem Fassungsvermögen der Kinder vollkommene Befriedigung und Vergnügen an all dem bunten Fabulieren gab, das ihrem Verstand und ihrer Empfindung doch ganz nahe war. Und dabei ein so starkes Weltgefühl, ein so inniges Einssein mit der ganzen Schöpfung.»[4]

Kindlichkeit, kindliche Hingabefähigkeit und «Unschuld des Fühlens» waren der andere Pol seines Wesens. Sein seelisches Jungsein stand in starkem Kontrast zu der feurigen Dämonie seines «elbischen Wesens» (Richard Specht) – tiefe Gegensätze verbanden sich in seiner Persönlichkeit.

Dasselbe gilt für seine Musik:
Innerhalb der gewaltigen Stürme und Kämpfe der Sinfonien, die alles bis dahin Dagewesene weit in den Schatten stellen, heben sich immer wieder – als ob ein Schleier weggezogen würde, hinter dem das «Eigentliche» sichtbar wird – wie Inseln Momente des Friedens, der ruhigen vertrauensvollen Seligkeit heraus (man denke nur an die «Herdenglocken-Episoden» der *Sechsten Sinfonie*). Mit keinem Begriff lassen sie sich besser charakterisieren als mit dem Titel (und Inhalt) eines der fünf Rückert-Lieder: «Ich bin der Welt abhanden gekommen». Es sind paradiesische Enklaven, die hier angesteuert werden, fern dem «Weltgetümmel».
Eine ganz ähnliche Polarität waltete in Mahlers Leben, vor allem während der Jahre als Wiener Hofoperndirektor. Während der Theatersaison zerrieb er sich in unzähligen Kämpfen und Intrigen, wirkte er machtvoll mit unerbittlicher Strenge und Konsequenz, die den völligen Einsatz aller Beteiligten verlangte, als Dirigent. Da stand er mitten in den Auseinandersetzungen und Anfechtungen des Lebens, forderte von sich selbst und den anderen das Höchste, Letzte. Zahlreich sind die Anekdoten, die Mahlers gefürchteten Anspruch, aber auch die Konflikte, die daraus resultierten, schildern. Sein imperatorhaftes Gebaren veranlaßte den Hamburger Musikkritiker Ferdinand Pfohl, bei Mahler Anfälle von «Cäsarenwahnsinn» zu diagnostizieren. Zur Illustration hier eine Begebenheit aus der Erinnerung des Komponisten Sergej Rachmaninow (1873 - 1943), die sich während der Proben zur Uraufführung seines dritten Klavierkonzerts im Januar 1910 in der Carnegie Hall, New York, zutrug:

«Die Probe begann um zehn Uhr. Ich sollte um elf dazustoßen und erschien auch rechtzeitig. Und dann war Mahler erst um zwölf so weit, daß wir mit der Arbeit beginnen konnten. Jetzt blieb nur noch eine halbe Stunde, in der ich mein Möglichstes tat, eine Komposition durchzuspielen, die normalerweise 36 Minuten dauert. Wir spielten und spielten ... Die halbe Stunde war längst vergangen, aber Mahler kümmerte sich nicht im mindesten darum.»

Abb. 1: Gustav Mahler in Amsterdam (Oktober 1909), inmitten seiner niederländischen Getreuen (u.a. W. Mengelberg und Alphons Diepenbrock). Auffällig ist hier Mahlers weltmännische Imperatorpose. Überhaupt weisen zeitgenössische Beobachter immer wieder auf die cäsarenhafte Herrschernatur Mahlers hin.

Nach einigen Scharmützeln mit dem zweiten Konzertmeister betreffs der Spielweise einer bestimmten Passage, die Mahler mit Bravour durchsteht, geht die Probe weiter:

«Eine dreiviertel Stunde später verkündete Mahler: ‹Wir werden jetzt den ersten Satz wiederholen!› Mir blieb fast das Herz stehen. Ich erwartete einen furchtbaren Streit oder zumindest hitzigen Protest des Orchesters. Aber ich entdeckte nicht das kleinste Zeichen von Unzufriedenheit. Die Musiker spielten den ersten Satz sogar mit fast größerem Eifer als vorher. Endlich waren wir fertig. Ich ging zum Pult, und zusammen studierten wir die Partitur. Die Musiker in den hinteren Reihen begannen leise ihre Instrumente einzupacken und den Saal zu verlassen. Mahler brauste auf: ‹Was hat das zu bedeuten?› Konzertmeister: ‹Es ist schon halb zwei, Maestro.› – ‹Das ist egal, so lange ich sitze, hat kein Musiker das Recht aufzustehen!›»[5]

Ganz im Gegensatz zu der Art, wie Mahler die Herbst-, Winter- und Frühjahrszeit des Jahres verbrachte, stand sein Sommerleben. Die Sommermonate verbrachte er zumeist fern der Großstadt, inmitten kräftiger Naturumgebung (Toblach, Steinbach am Attersee, Wörthersee und andernorts). So berichtet Bruno Walter einmal, wie er Mahler im Juli des Jahres 1896 in Steinbach aufsuchte:

«An einem herrlichen Julitage kam ich mit dem Dampfer an; Mahler erwartete mich am Landungssteg und schleppte trotz meinem Protest meinen Koffer eigenhändig den Steg hinunter, bis er ihm von einem dienstbaren Geist abgenommen wurde. Als mein Blick auf unserem Wege nach seinem Haus auf das Höllengebirge fiel, dessen starre Felswände den Hintergrund der sonst so anmutigen Landschaft bilden, sagte Mahler: ‹Sie brauchen gar nicht mehr hinzusehen – das habe ich schon alles wegkomponiert›, und er sprach sofort vom Aufbau des ersten Satzes, dessen Einleitung in der Skizze den Titel trug ‹Was mir das Felsgebirg erzählt› … Hier in der Natur, ungestört von Opernsorgen, nur von seinem Schaffen und Denken erfüllt, war er ungehemmt er selbst, und der volle Reichtum seines Wesens strömte seiner Umgebung zu.»[6]

In solchen Umgebungen, wo er sich vom verzehrenden Getriebe seiner Wiener Tätigkeit regenerieren konnte, in unbeschwerten, gleichsam paradiesischen Naturverhältnissen, entstanden die meisten seiner Sinfonien. Es ist nicht übertrieben zu behaupten, daß Mahlers Schaffensrhythmus sich dermaßen auf diese jahreszeitlich gebundenen Verhältnisse eingependelt hatte, daß er nicht mehr in der Lage war, in den Wintermonaten Wesentliches zu komponieren. Dafür gestaltete er in dieser Zeit die orchestrale Feinplastik, die Instrumentierung des im vorangegangenen Sommer Geschaffenen.

Derselbe Gegensatz zwischen «irdischem» und «himmlischem» Leben ist, wie bereits angedeutet, ein prägendes Merkmal der Mahlerschen Sinfonik: Wenn inmitten der Wirren und Zweifel beispielsweise der *Zweiten Sinfonie* die menschliche Stimme auftritt und die kindlich-einfältigen Worte vom «Urlicht» singt, so ist das wie das Hereintönen einer anderen, paradiesischen Welt, in welcher die Kinder, die Mahler ganz besonders liebte, noch weitgehend leben, die sich dem aus ihr verstoßenen, erwachsen gewordenen Menschen jedoch verschlossen hat.

Mahlers Beziehung zur «anderen Welt» ist zunächst immer ein Rückgriff auf das *verlorene Paradies.* Das kindliche *Unschuldsprinzip* des Menschen, das Leben vor dem Sündenfall repräsentierend, ist bei Mahler, zumindest beim frühen Mahler, gleichbedeutend mit der «Wunderhorn-Welt», vertreten durch die menschliche Stimme, die bei ihm da, wo sie auftritt, im Grunde *immer* vom «himmlischen Leben» singt – wenngleich seine Infragestellung durch die grausame Realität des Irdischen dabei stets mitschwingt. Das gerade macht den typisch Mahlerschen «Wunderhorn-Ton» aus, jenen eigenartigen Seelenton, den nur wenige Sänger zu treffen wissen. Denn weder durch kokettgekünstelten Ausdruck noch durch pseudonaive Einfältigkeit nach dem Prinzip der «Unschuld vom Lande» ist diesen Liedern beizukommen. Nur die Verbindung von ungekünstelter Natürlichkeit mit echter Erlebnistiefe, wie sie zum Beispiel bei einer Kathleen Ferrier Ereignis wurde, vermag das Wesen des für Mahler typischen Liedtonfalls zu erschließen: Es ist die Sprache eines Bewußtseinsseelenmenschen, der seine Kindheitsstufe nicht verleugnet, sondern sie integriert hat in seine spätere, erwachsenere Seelenwelt.

So zeigt sich, daß das gesamte Schaffen Mahlers im Lied

Abb. 2: Bruno Walter mit Gustav Mahler (links) in Prag 1908. – Walter war einer der engsten Vertrauten und Mitarbeiter Mahlers, der ihn im Juli 1901 an die Wiener Hofoper berufen hatte; seine Erinnerungen an Gustav Mahler gehören zu den bewegendsten und authentischsten Zeugnissen, die wir besitzen. Ähnlich wie Mahler vertrat er eine spirituelle Musik- und Lebensauffassung, die ihn in den letzten Jahren seines Lebens zur Anthroposophie Rudolf Steiners führte.

wurzelt.[7] Aus ihm bezieht er auch als Sinfoniker wie aus einer verborgenen Quelle seine Schaffenskraft, die Anregung seiner Phantasie. Wie eigenartig kann es einen berühren, wenn selbst noch in der letzten, der unvollendeten *Zehnten Sinfonie* im dritten Satz plötzlich, in nahezu unveränderter Form, eines der frühen Wunderhorn-Lieder, «Vom irdischen Leben», zitiert wird, und sei es auch nur in rein instrumentalem Gewand. Es handelt von dem Kinde, das seine Mutter um Brot anfleht, doch vergebens; das Korn ist noch nicht einmal gedroschen. Dann, «als das Brot gebacken war, lag das Kind auf der Totenbahr'». Selbst angesichts dieser tragischen Variante gilt: Bei Mahler tritt bis zuletzt das Kindesprinzip, im *Lied* in seiner reinsten Form zum Ausdruck kommend, auf, und es fungiert letztlich als *Erlösungsprinzip*.

So kommt Paul Bekker zu der Feststellung, daß jeder «Sinfoniekreis», jede Sinfoniegruppe, aus dem *Lied* «emporwächst»: «Am Beginn jedes Sinfoniekreises steht ein Liederkreis. Er gibt den keimenden Sinfonien Stimmungsgrundlage und stilistischen Charakter. Die erste Sinfonie war Ausbau des Jugenderlebnisses der ‹Lieder eines fahrenden Gesellen›, die zweite, dritte und vierte wurzeln in den Wunderhorngesängen. Für die Instrumentalsinfonien [5., 6. und 7. Sinfonie] gab Rückerts Lyrik mit den ‹Kindertotenliedern› und den ... Einzelgesängen den Auftakt».[8] Und das Spätwerk, die *Neunte* und die *Zehnte Sinfonie*, erwächst aus dem *Lied von der Erde*, zu welchem die *Kindertotenlieder*, jene Gesänge, die das Sterben «des Kindes» selbst zum Inhalt haben, den Auftakt bilden.

Abb. 3: Gustav Mahler, eine Aufnahme aus dem Jahr 1881.

So ist es nicht überraschend, daß bereits am Anfang des Mahlerschen Oeuvres urbildhaft die Grundfigur sichtbar wird, wie sie soeben im Umriß zu beschreiben versucht wurde.

In den Jahren 1878 bis 1880 schrieb Mahler ein «Märchen in drei Abteilungen», welches den Titel *Das klagende Lied* trägt. Es ist bezeichnend, daß er dieses Werk auch späterhin noch als so vollgültig betrachtete, daß er es nicht wie andere Jugendwerke vernichtete, sondern es sogar überarbeitete und (im Jahre 1901) zur Aufführung brachte, nachdem er sich schon längst Rang und Namen als Sinfoniker erworben hatte. Allerdings eliminierte er den ersten Teil, der den Titel «Das Waldmärchen» trägt. Wir können vermuten, warum: Es offenbart in höchst direkter Weise, unkaschiert, das «Gesetz, wonach er angetreten».[9]

Zum besseren Verständnis der weiteren Betrachtungen ist die Kenntnis wenigstens des Textes und der Handlung dieses «Märchenoratoriums» unabdingbar. Es handelt sich um Verse, die Mahler selbst verfaßt hat. Stilistisch stehen sie den Gedichten und Liedern aus *Des Knaben Wunderhorn* nahe, ähnlich wie *Die Lieder eines fahrenden Gesellen*, die Mahler einige Jahre später ebenfalls selbst gedichtet und vertont hat. Angesichts der stilistischen Einheitlichkeit und expressiven Dichte dieser Texte ist die Frage, ob Mahler die Sammlung Brentanos und von Arnims damals wohl schon gekannt hat, von untergeordneter Bedeutung. Hier ist jedenfalls nichts «nachempfunden», sondern alles Zeugnis beachtlicher Originalität. Die Handlung selbst findet sich, mit unterschiedlichen Akzenten, sowohl bei Bechstein («Das klagende Lied») als auch bei Grimm («Vom singenden Knöchlein»), aber beispielsweise auch in südfranzösischen Quellen. Schon aus dieser großen Verbreitung der Geschichte (Rosenberg spricht von über hundert Varianten!) läßt sich ableiten, daß es sich hier um ein mythisches Urmotiv handeln muß. Dieser Aspekt wird es auch gewesen sein, der Gustav Mahler zu dem Stoff greifen ließ. – Hier also der Text des vollständigen «Märchens in drei Abteilungen»:

I. WALDMÄRCHEN

Es war eine stolze Königin
Gar lieblich ohne Maßen;
Kein Ritter stand nach ihrem Sinn,
Sie wollt' sie alle hassen.
O weh, du wonnigliches Weib!
Wem blühet wohl dein süßer Leib?

Im Wald eine rote Blume stand
So schön wie die Königinne;
Welch Rittersmann die Blume fand,
Der konnt' die Frau gewinnen.
O weh, du stolze Königin!
Wann bricht er wohl, dein stolzer Sinn?

Zwei Brüder zogen zum Walde hin,
Sie wollten die Blume suchen,
Der Junge hold und von mildem Sinn,
Der And're konnte nur fluchen.
O Ritter, schlimmer Ritter mein,
O ließest du das Fluchen sein!

Als sie so zogen eine Weil',
Da kamen sie zu scheiden;
Das war ein Suchen nun in Eil'
Im Wald und auf der Haiden.
Ihr Ritter mein in schnellem Lauf,
Wer findet wohl die Blume?

Der Junge zieht durch Wald und Haid',
Er braucht nicht lang zu gehen,
Bald sieht er von Ferne bei der Weid'
Die rote Blume stehen.
Die hat er auf den Hut gesteckt,
Und dann zur Ruhe sich hingestreckt.

Der and're zieht im wilden Hang,
Umsonst durchsucht er die Haide,
Und als der Abend herniedersank,
Da kommt er zur grünen Weide.
O weh! Wen er dort schlafend fand,
Die Blume am Hut, am grünen Band!

Du wonnigliche Nachtigall,
Und Rotkehlchen hinter den Hecken,
Wollt ihr mit eurem süßen Schall
Den armen Ritter wecken?
Du rote Blume hinter'm Hut,
Du blickst und glänzest ja wie Blut!

Ein Auge blickt in wilder Freud',
Dess' Schein hat nicht gelogen;
Ein Schwert von Stahl glänzt ihm zur Seit',
Das hat er nun gezogen!
Der Alte lacht unter'm Weidenbaum,
Der Junge lächelt wie im Traum.

Ihr Blumen, was seid ihr vom Tau so schwer?
Mir scheint, das sind gar Tränen!
Ihr Winde, was weht ihr so traurig daher,
Was will euer Raunen und Wähnen?
«Im Wald, auf der grünen Heide,
Da steht eine alte Weide.»

II. DER SPIELMANN

Beim Weidenbaum, im kühlen Tann,
Da flattern die Dohlen und Raben,
Da liegt ein blonder Rittersmann
Unter Blättern und Blüten begraben.

Dort ist's so lind und voll von Duft,
Als ging ein Weinen durch die Luft!
O Leide, Leide! O Leide!

Ein Spielmann zog einst des Weg's daher,
Da sah er ein Knöchlein blitzen;
Er hob es auf, als wär's ein Rohr,
Wollt' sich eine Flöte d'raus schnitzen.
O Spielmann, lieber Spielmann mein,
Das wird ein seltsam Spielen sein!
O Leide, weh! O Leide!

Der Spielmann setzt die Flöte an,
Und läßt sie laut erklingen.
O Wunder, was nun da begann!
Welch' seltsam traurig Singen!
Es klingt so traurig und doch so schön!
Wer's hört, der möcht vor Leid vergeh'n!
O Leide, Leide!

«Ach Spielmann, lieber Spielmann mein,
Das muß ich dir nun klagen:
Um ein schönfarbig Blümelein
Hat mich mein Bruder erschlagen!
Im Walde bleicht mein junger Leib,
Mein Bruder freit ein wonnig Weib!
O Leide, Leide! Weh!»

Der Spielmann ziehet in die Weit',
Läßt's überall erklingen.
Ach weh, ach weh, ihr lieben Leut',
Was soll denn euch mein Singen?
Weh! Weh! Weh! Weh! Weh!
Hinauf muß ich zu des Königs Saal,
Hinauf zu des Königs holdem Gemahl!
Was soll denn euch mein Singen?
O Leide, weh! O Leide!

III. HOCHZEITSSTÜCK

Vom hohen Felsen erglänzt das Schloß,
Die Zinken erschall'n und Drometten;
Dort sitzt der mutigen Ritter Troß,
Die Frau'n mit goldenen Ketten.
Was will wohl der jubelnde, fröhliche Schall?
Was leuchtet und glänzt im Königssaal?
O Freude, heia! O Freude!

Und weißt du's nicht, warum die Freud'?
Hei, daß ich dir's sagen kann!
Die Königin hält Hochzeit heut'
Mit dem jungen Rittersmann!
Seht hin! Die stolze Königin!
Heut' bricht er doch, ihr stolzer Sinn!
O Freude, heia! Freude!

Was ist der König so stumm und bleich?
Hört nicht des Jubels Töne,
Sieht nicht die Gäste, stolz und reich –
Sieht nicht der Königin holde Schöne!
Was ist der König so bleich und stumm?
Leide, Leide!
Was geht ihm wohl im Kopf herum?
Leide, Leide! O Leide, weh, o weh!
Ein Spielmann tritt zur Türe herein!
Was mags's wohl mit dem Spielmann sein?
O Leide, Leide! Weh.

«Ach Spielmann, lieber Spielmann mein!
Das muß ich dir nun klagen:
Um ein schönfarbig Blümelein
Hat mich mein Bruder erschlagen.
Im Walde bleicht mein junger Leib,
Mein Bruder freit ein wonnig Weib!»
O Leide! Weh, o Leide!

Auf springt der König von seinem Thron
Und blickt auf die Hochzeitsrund'!
Und nimmt die Flöte in frevelndem Hohn
Und setzt sie selbst an den Mund.
O Schrecken! Was nun da erklang!
Hört ihr die Märe, todesbang
«Ach Bruder, lieber Bruder mein,
Du hast mich ja erschlagen;
Nun bläst du auf meinem Totenbein!
Dess' muß ich ewig klagen.
Was hast du mein junges Leben
Dem Tode hingegeben?»
O Leide, weh! O Leide!

Am Boden liegt die Königin,
Die Pauken verstummen und Zinken;
Mit Schrecken die Ritter und Frauen flieh'n,
Die alten Mauern sinken!
Die Lichter verloschen im Königssaal.
Was ist es wohl mit dem Hochzeitsmahl?
Ach Leide!

Wir haben hier, wie in einem Brennspiegel, die ganze «Mahler-Welt» vor uns. Aus dem Bereich des *Klagenden Liedes* entspringen im Grunde auch die *Erste Sinfonie* und *Die Lieder eines fahrenden Gesellen*. Denn der fahrende Gesell, der «Held» auch der *Ersten Sinfonie* – ihr «Programm» soll später noch genauer betrachtet werden –, ist, wie sich gleich zeigen wird, kein anderer als der umherziehende Spielmann im *Klagenden Lied*.

Ein Urmotiv wird sichtbar. Wir tragen zunächst einmal die wesentlichen Elemente zusammen:

Es gilt, eine «stolze», unnahbare Königin zu erwerben («wem blühet wohl dein süßer Leib»), die gleichzeitig aber auch reife Frau, ja Mutter ist («du wonnigliches Weib»). So führt zu ihr nicht die (weiße) Blume der Unschuld, sondern die rote Blume der Leidenschaft, des Blutes und der sinnlichen Liebe («du rote Blume hinter'm Hut / du blickst und glänzest ja wie Blut»).

Die zwei Brüder werden kurz und eindeutig charakterisiert: der eine dunkel, dem rein Irdisch-Materiellen zugewandt, gealtert, höheren Prinzipien abschwörend («er konnte nur fluchen»); der andere «hold und von mildem Sinn», ein *Kind* noch («der Junge lächelt wie im Traum»), unschuldig und himmelnah. Nun nimmt der tragische Verlauf seinen Anfang. Ausgerechnet derjenige Bruder, der seinem Wesen nach eigentlich gar nicht zu dieser Königin paßt, findet die Blume; mühelos entdeckt und bricht er sie, ihr wahres Wesen gar nicht erkennend, wodurch sie ihm zum Verhängnis wird. Dennoch kann in dieser Tragik ein Sinn erkannt werden: Denn wer, wenn nicht der *lichte* Bruder, wäre imstande, die Königin, wenngleich nur unter Aufopferung eines Teiles seiner Himmels-Kindheitskräfte, zu erlösen? Schon die Tatsache, daß er sich *überhaupt* auf die Suche begibt, das Aufkeimen des Wunsches, die Königin zu besitzen, und schließlich das «Brechen der Blume» – ein Bild für den beginnenden Sündenfall, vergleichbar dem Pflücken des Apfels vom Paradiesesbaum – bewirkt, daß er einen Teil seiner himmlischen Unschuld verliert und dadurch zuletzt anfällig wird für den Anschlag seines Bruders, das heißt: irdisch und somit – sterblich. Dennoch ist nur er derjenige, dem die wahre Hochzeit vorbestimmt ist.

Auf die in Unschuld begangene Sünde folgt die Vertreibung aus dem Paradies, in der Sprache des Mittelalters: der Ausstoß in die «sündliche Welt». Das Eintreten in die irdische Welt ist in gewisser Hinsicht immer ein schmerzhafter Prozeß. Denn er ist mit der Annahme eines Erdenleibes verbunden. Der Mensch «stirbt» sozusagen aus einem vorgeburtlichen, «himmlischen» Dasein in den irdischen Leib «hinein» (der ja letztlich selbst dem Tode unterliegt) und mit ihm in das «irdische Leben».

Daß dies der eigentliche Sinn des «Waldmärchens» ist, kommt in einer charakteristischen Einzelheit der Grimmschen Fassung zum Ausdruck (sie stimmt mit der Dichtung Mahlers am stärksten überein): Der Mord findet, so heißt es da, unter einer *Brücke* statt. Die Brücke ist aber seit alters ein Bild für die Schwelle der geistigen zur irdischen Welt.[10] Und folgerichtig erklingt die Stimme des Erschlagenen nun aus der härtesten irdischen Materie, die wir an uns tragen – aus einem *Knochen*.

Was ist die menschliche Stimme? Sie ist ein direktes, unverwechselbares Ausdrucksmedium unseres höheren *Wesens*, das heißt unserer Individualität. Am Klang unserer Stimme wird erkennbar, ob wir meinen, was wir sagen, oder ob wir lügen beziehungsweise uns verstellen, ob wir lieben oder hassen, engagiert oder gleichgültig sind und so fort. Durch sie artikulieren wir uns als geistige Wesen im Irdisch-Materiellen.

Wenn der Spielmann im *Klagenden Lied* als Träger der Stimme des erschlagenen Bruders auftritt, so heißt das nichts anderes, als daß er zum Medium geworden ist, durch welches jener selbst spricht. Der Spielmann ist die irdische Wesensoffenbarung des «lichten Bruders»; er ist der *Mittler* für dessen Wesen hier im Irdischen, sein Sprachrohr gleichsam, seine Stimme eben. Das heißt letztlich: Er ist mit ihm identisch.

Und was verkündet dieser Spielmann? Er kündet von des Menschen Ursprung im Lichte, in der Welt vor dem Sündenfall, der «anderen Welt» – der «Welt als reiner Jetzt-Zeit» in der Sprache Gustav Mahlers (*Vierte Sinfonie*); und er beklagt seinen Abstieg in die Finsternis des Erdendaseins. Mit Recht könnte die gesamte Sinfonik Gustav Mahlers, soweit sie von diesem Urmotiv durchzogen ist, daher den Titel tragen: *Das klagende Lied*. Und mit Recht darf daher auch vermutet werden: Der Spielmann, der zugleich Ankläger, ja Prophet ist, ist Gustav Mahler selbst.[11] Dies ist sein eigentliches Lebensmotiv!

Die Sehnsucht nach dem verlorenen Paradies ist bekanntlich ein zentrales Motiv der Romantik.[12] Im Hinblick auf diesen Wesenszug darf Gustav Mahler durchaus als der «letzte Romantiker» bezeichnet werden. Romantisch im Sinne musikalisch-literarischer Kategorien des 19. Jahrhunderts ist zum Beispiel der balladenhaft-schaurige Ton des *Klagenden Liedes*, sein auf den ersten Blick pessimistisches, offenes Ende.

Bei Gustav Mahler manifestiert sich dieses Zurücksehnen zum Ursprung fortwährend, in jeder Wesensäußerung. Es durchzieht jede Note, die er schrieb. So ist eine charakteristische Äußerung von ihm überliefert, die wie das Motto seines Schaffens anmutet: *«Alle Musik muß ein Sehnen enthalten – ein Sehnen über die Dinge dieser Welt hinaus.»*[13]

Das ganze Frühwerk, die «Wunderhorn»-Sinfonien, steht im Zeichen des Zurücksehnens nach dem verlorenen Paradies. Und das gesamte Spätwerk handelt vom Tod, das heißt von der Sehnsucht nach Heimkehr ins «gelobte Land».

Doch in der Lebensmitte mischt sich etwas in den Ton der Klage mit hinein, was man den «Willen zur Erde» nennen könnte: Trotz des nur widerstrebend vollzogenen Abschieds von den Lichtwelten und dem immerwährenden Zurückverlangen in die «Kindheitswelten» sehen wir bei Mahler den unstillbaren Drang, sich mit den Tiefen der Erde zu verbinden, sich in die Wogen des Daseins zu stürzen und die irdische Welt mit ihrem «eklen, schalen Sumpf des Daseins» in all ihren Facetten kennenzulernen, sie ganz zu ergründen und sich seelisch anzueignen – ein schmerzhafter, aber bewußt gesuchter Prozeß: «Und ich *muß* sie lieben, diese Welt mit ihrem Trug und Leichtsinn und mit dem ewigen Lachen», heißt es in einem Jugendbrief, den der fast Neunzehnjährige schrieb, in jener Periode also, in der *Das klagende Lied* entstand.

Aus diesem «Lächeln unter Tränen» resultiert der Drang, die irdische Welt mit all ihren Banalitäten, Widersprüchen und Brüchen mit in die Musik hineinzunehmen. Dort wird sie, unvermittelt und kraß oft, mit der «anderen» Welt, der Welt des «Ewigen», dem himmlischen Leben konfrontiert – der Welt des Kindes, verkörpert durch die menschliche Stimme und das Lied.

«Meine Sinfonie muß sein wie die Welt. Sie muß alles umfassen», äußerte Mahler einmal gegenüber Jean Sibelius. «Alles» heißt bei Mahler: das Höchste und das Niedrigste, Banale. «Sie muß etwas Kosmisches an sich haben, muß unerschöpflich wie die Welt und das Leben sein, wenn sie ihres Namens nicht spotten soll.» Allerdings: «Ihr Organismus muß *einer* sein, darf durch nichts Unorganisches, Flicken und Bänder, getrennt sein.» Die Sinfonie ein Spiegel der Welt – die Welt jedoch ein Abbild des Kosmos: Die große Versöhnung des Gegensätzlichen zum «einheitlichen», ungetrennten Organismus – so stellt sich uns das musikalisch-weltanschauliche Credo Gustav Mahlers in seiner Lebensmitte dar.[14] Und wenn die letzten Sinfonien, das Spätwerk, bereits wieder auf das «Jenseits» hin ausgerichtet sind, so ist deren Ausgangsposition doch eine radikal andere: Die Erfahrung der Welt des Diesseits ist in sie mit eingegangen und verleiht ihnen den unverwechselbaren süßherben Alterston.

Ein langer Weg war bis hierhin zu gehen, dessen Stufen sich genau bezeichnen lassen:[15]

Das Frühwerk, die vielen Wunderhorn-Lieder, *Das klagende Lied*, die *Lieder eines fahrenden Gesellen* und die ersten vier Sinfonien umfassend, kündet anfangs noch von der Sehnsucht nach der verlorenen Heimat. Das Motto: «Ich bin von Gott und will wieder zu Gott» (aus dem Gesang «Urlicht» in der *Zweiten Sinfonie*) ist hier, wie überhaupt im Frühwerk, durchaus *rückwärtsgewandt* aufzufassen. – Das Drama des dem Tode verfallenen Helden, welches sich im *Klagenden Lied* urbildhaft entrollt, findet seine Fortsetzung in der *Ersten Sinfonie,* die den programmatischen Titel «Titan» trägt. Ihre ersten beiden Sätze schildern, so Mahler, einen «kraftvoll-heldenhaften Menschen», die weiteren «sein Leben und Leiden, Ringen und Unterliegen gegen das Geschick, wozu die wahre, höhere Auflösung erst die Zweite bringt».[16] Der

Abb. 4: Gustav Mahler in Prag, 1886.

letzte Satz, bezeichnenderweise «Dall'Inferno al *Paradiso*» betitelt, «in dem wir nun unseren Heros völlig preisgegeben, mit allem Leid dieser Welt im furchtbarsten Kampfe sehen», beginnt mit einem «entsetzlichen Aufschrei». «Immer wieder bekommt er – und das sieghafte Motiv mit ihm – eins auf den Kopf vom Schicksal, wenn er sich darüber zu erheben und seiner Herr zu werden scheint, und erst im Tode – da er sich selbst besiegt hat und der wundervolle Anklang an seine Jugend mit dem Thema des ersten Satzes wieder auftaucht – erringt er den Sieg (Herrlicher Siegeschoral).»

Die *Zweite Sinfonie* betrachtete Mahler, wie wir sahen, als eine Art Fortsetzung der *Ersten*. Wir stehen (im ersten Satz) an der Totenbahre beziehungsweise am Grab des «Helden» der *Ersten* (der Satz trug in der Urfassung den Titel «Totenfeier»). In den folgenden Sätzen entrollen sich Szenen seiner Biographie: Jugend und Lebenswirren werden musikalisch geschildert, während derer sich der naive Kinder- und Kindheitsglaube mit dem ergreifenden Gesang vom «Urlicht» (Altsolo) zu Wort meldet. Ist das Leben des Helden in der *Ersten* vornehmlich vom *seelischen*, inneren Gesichtspunkt aus geschildert, so wird es hier eher wie «von außen» dargestellt (die «äußere Biographie»). Das Finale ist ein groß angelegter Versuch, das Leben nach dem Tode – immer wie vom «Zuschauerstandpunkt» aus – zu schildern: Wir werden Zeugen des Jüngsten Gerichts beziehungsweise des Seelengerichts im «Fegefeuer», welches sich aber letztlich nicht als ein verzehrendes, sondern als Weltenliebesmacht erweist. Wir erinnern uns: Bereits der Schlußsatz der *Ersten Sinfonie* ging von Dantes «Inferno» aus.

In der *Dritten Sinfonie* beginnt eine Umwendung des Blickes nach außen, die *Naturreiche* als staunenswerte, jedoch auf Erlösung harrende Gottesschöpfung werden musikalisch charakterisiert; über allem die umfassende Liebe Gottes.

In der *Vierten Sinfonie* wird, vom irdischen Standpunkt aus, ein letztes Mal das «himmlische Leben» beschworen, jedoch nun mit Humor, ohne Wehmut, gleichsam im lächelnden Rückblick. Der Held lebt noch, und er ist auf der Erde heimisch geworden.

Abb. 5: Gustav Mahler in der Loggia des Hofoperntheaters in Wien, 1907.

Ausdruck dieses Irdischwerdens ist die zunehmende Beherrschung der kompositorischen «Materie» und der Instrumentation sowie die ungeheure Massierung des Orchesterapparates. Gleichzeitig ist jedoch auch bereits die Gegentendenz erkennbar, die im Spätwerk schließlich die Oberhand gewinnen wird: das Streben nach Deutlichkeit, nach Durchlichtung und geistiger Durchdringung der eingesetzten Massen.

Die *mittleren* Sinfonien *(Fünfte* bis *Siebte)* sind ganz von der Auseinandersetzung mit den irdischen Realitäten, mit Welt und Umwelt bestimmt. Endgültig ist das Himmelslicht erloschen. An seine Stelle tritt das Zwielicht des Zweifels und der Kämpfe. In diesen Jahren entstehen die *Kindertotenlieder*, Symbol für die erloschene Kindheitswelt des himmlischen Daseins und Vorahnung der Katastrophen in der eigenen Biographie. Bezeichnenderweise war die innere Entfernung zwischen Sinfonik und Liedschaffen nie so groß wie in diesen Jahren: Die mittleren Sinfonien sind rein instrumental und so gut wie ohne direkte Liedanklänge konzipiert. Die *Rückert-Lieder* und die *Kindertotenlieder* stehen ganz selbständig, wenn auch nicht ohne innere Beziehung, daneben. Doch auch Ton und Inhalt dieser Lieder sind, im Vergleich zu denen aus *Des Knaben Wunderhorn*, ganz anders geworden.

Diese Periode endet mit einer Reihe von Katastrophen. Im März des Jahres 1907 reicht Mahler, nach fortgesetzten feindlichen Pressekampagnen, sein Demissionsgesuch als Wiener Hofoperndirektor ein. Im Juli stirbt seine ältere Tochter, Maria, im Alter von vier Jahren an Diphterie. Gleichzeitig zeigt sich Mahlers extreme Herzschwäche. Die Grundfesten seiner Ehe, ja seines gesamten Lebens, geraten ins Wanken.

Die letzte Schaffensphase ist von einer Art künstlerischer und innerer «Neugeburt» geprägt. Mahlers Spätstil, ab der *Siebten* bis hin zur Fragment gebliebenen *Zehnten Sinfonie,* ist von einer eigenartig durchlichteten, herb-warmen Instrumentation gekennzeichnet, verbunden mit einer außerordentlichen Kühnheit der Harmonik sowie einer neuen Transparenz des Klanges. Eine Vergeistigung tritt ein.

Mahlers völlig neues Lebensgefühl in dieser Zeit, von der langsam verbrennenden physischen Leiblichkeit getragen, kommt in einem erschütternden Brief zum Ausdruck, den er 1909 an Bruno Walter richtete: « … was in mir vorging und vorgeht, wissen Sie nicht; keinesfalls aber ist es jene hypochondrische Furcht vor dem Tode, wie Sie vermuten. Daß ich sterben muß, habe ich vorher auch gewußt. – Aber ohne daß ich Ihnen hier etwas zu erklären oder zu schildern versuche, wofür es vielleicht überhaupt keine Worte gibt, will ich Ihnen nur sagen, daß ich einfach mit einem Schlage alles an Klarheit und Beruhigung verloren habe, was ich mir je errungen; und daß ich vis-à-vis de rien stand und nun am Ende meines Lebens als Anfänger wieder gehen und stehen lernen muß.»[17] – Ein Lächeln unter Abschiedstränen, das ist die Stimmung, die das *Lied von der Erde* durchzieht: Wehmütige, doch friedvolle Lebensbejahung im Zuleben auf den Tod, Zukunftshoffnung sprechen aus diesem Werk und ähnlich, wenngleich mit anderen, teils mehr retrospektiven Akzenten, aus den beiden letzten Sinfonien, der *Neunten* und der *Zehnten*, unvollendeten.

Der «Spielmann» ist nun ein anderer geworden; das *Klagende Lied* vom Lebensanfang hat sich in das in Zukunftsfernen blickende *Lied von der Erde* verwandelt, Schmerz über den Niederstieg ins irdische Leben ist zu Hoffnung auf den Aufstieg geworden. Die Aussage des jungen Mahler: «Ich bin von Gott und will wieder zu Gott» hat hier einen ganz neuen, in die Zukunft gerichteten Klang angenommen.

Sinn der weiteren Betrachtungen soll es sein, den Kräften und Entwicklungsfaktoren nachzuspüren, die diese Wandlung bewirkt haben. Es wird sich zeigen, daß diese Kräfte durch die Musik Gustav Mahlers auch in die Entwicklung der abendländischen Musik eingeflossen sind, wo jederzeit an sie angeknüpft werden kann.

LICHT UND FINSTERNIS

In dem Prinzip des Lichtes und der Finsternis, da haben wir das Religionsbewußtsein der urpersischen Kulturperiode. Da stellten die großen Eingeweihten zwei Wesenheiten, von denen sie die eine in der Sonne personifiziert sahen, die andere im Monde ... einander gegenüber. Ahura Mazdao, die Lichtaura, Ormuzd, ist das Wesen, das die Perser als den höchsten Gott verehrten; Ahriman ist der böse Geist, der Repräsentant aller der Wesen, die die Erde plus Mond besaß.[18]

Rudolf Steiner

Sündenfall und Erdenabstieg des Menschen, die Klage um die verlorene Heimat und die Hoffnung auf ihre Wiedergewinnung – das waren die Motive, die sich uns auf der ersten Deutungsebene des Mythos vom singenden Knöchlein ergaben. Dabei stand die «Vertreibung aus dem Paradies» als biographische Tatsache, als Prozeß, den jeder Einzelmensch durchmacht, im Mittelpunkt. Wir wollen nun weitere Aspekte desselben Sachverhaltes betrachten.

Es fällt auf, wie streng dualistisch der Darstellungsstil Mahlers in der Textgestalt des *Klagenden Liedes* ist. Dies läßt sich zum Teil aus dem mythologischen Bild selbst begründen. In der von Mahler hergestellten Fassung mit ihrer holzschnittartigen Darstellungsweise tritt Romantisch-Märchenhaftes eher zurück, Urbildlich-Archaisches um so mehr hervor.

Auch bei gewissenhaftester Untersuchung der geistigen Welt Gustav Mahlers, wie sie beispielhaft Constantin Floros, vornehmlich mit den Mitteln semantischer Analyse, geleistet hat,[19] stoßen wir rasch an eherne Grenzen, wenn wir die mythologisch-mysteriennahe Bildersprache, deren sich Mahler hier bedient, adäquat zu entschlüsseln versuchen. Charakteristisch für die Hilflosigkeit heutiger Deutungen ist die Vermutung Jack Diethers,[20] das Motiv des erschlagenen Bruders sei die Projektion eines verdrängten Schuldgefühls «gegenüber seinem toten jüngeren Bruder Ernst Mahler (1861-1875). Eine andere rationale Erklärung scheint kaum möglich.»[21]

In der Tat – mit rein rationalen Erklärungen kommen wir hier nicht ans Ziel. Die entscheidende Erkenntnishilfe kann uns hier nur eine Wissenschaft geben, die die rationale Ebene mit der überrationalen aufgrund exakter Tatsachenerforschung in beiden Bereichen zu verknüpfen weiß: die Anthroposophie.

Im folgenden soll daher mit Hilfe anthroposophischer Erkenntnisse versucht werden, Licht in das Rätsel der mythischen Bilder zu tragen. Daß dieser Ansatz in Übereinstimmung mit dem Wesen Gustav Mahlers ist, darf angenommen werden. Denn Mahler war lebenslang auf der (allerdings unerfüllten) Suche nach einer solchen Geisteswissenschaft, die in der Lage gewesen wäre, ihm zur Lösung seiner quälenden Daseinsfragen zu verhelfen. Sein Interesse für Philosophien transzendenter Ausrichtung (Schopenhauer, R. Wagner, Fechner und andere), aber auch für Okkultismus und Spiritismus[22] war groß, und er hat, zum Beispiel als er sich mit den großen Daseinsrätseln auseinandersetzte, die den «Inhalt» der *Zweiten Sinfonie* bilden, nach eigenem Bekunden die ganze Weltliteratur durchforscht auf der Suche nach dem «erlösenden Wort»,[23] wobei er sich schließlich gezwungen sah, seinen «Empfindungen und Gedanken selbst Worte zu verleihen».

Mahlers «Sachwalter» und Schüler Bruno Walter, der auch in seinen ethischen Prinzipien tief von Gustav Mahler geprägt worden ist, verdankt der Begegnung mit der Anthroposophie Entscheidendes: «Es gibt kein Gebiet meines Innenlebens, das nicht von der hohen Lehre Rudolf Steiners neues Licht und entscheidende Förderung erfahren hätte … Hier lebt und wirkt jenes Rettende im Hölderlinschen Sinn; sein Segen hat sich auch auf mich ergossen.»[24] Dieses Rettende zu finden, war Mahler noch

versagt. Die Lösung der ihn quälenden Daseinsrätsel mußte er aus dem heraus finden, was in ihm selbst, halb bewußt, halb unbewußt, als Mysterienerinnerungen lebte.
Nähern wir uns also dem Mythos des *Klagenden Liedes* mit diesem Erkenntnisinstrument.

Zunächst fällt auf, daß Mahler alles eliminiert, was die Handlung aus dem «heidnischen» in den christlichen Bereich hebt: Das Skelett des Erschlagenen wird nicht (wie bei Grimm) in ein Grab gelegt, der böse Bruder muß seine Tat vergelten und so fort. Außerdem bleibt das Ende gegenüber der Grimmschen Vorlage offen. Sühne, Erlösung oder gar eine Totenerweckung beziehungsweise ein «Ruhen in Christo» (ein christliches Begräbnis) – alle Motive, die als zarte christliche Ingredienzen bei Grimm vorhanden sind, fehlen hier. Dies deutet darauf hin, daß die Handlung der Form ihrer Darstellung nach eher in einer vorchristlichen Zeit anzusiedeln ist.

Die deutliche Charakterisierung der beiden Brüder im Zeichen des Lichtes und der Finsternis, der Himmelsnähe und der Erdverhaftung, wie überhaupt der streng dualistische Aufbau des ganzen Waldmärchens führen uns dazu, die Wurzeln des Mythos zunächst einmal in derjenigen Kultur zu suchen, die wie keine andere von dem Urgegensatz zwischen Licht und Finsternis bestimmt ist: die altiranische (urpersische) Kultur oder, mit einem Begriff aus der Anthroposophie gesprochen, die zweite nachatlantische Kulturperiode. Alle späteren dualistischen Konzeptionen (Gnosis, Platonismus, Kabbala) sind in wesentlichen Zügen von diesem mächtigen Ur-Dualismus beeinflußt.[25]

Seine Betrachtung kann zugleich manches Rätselhafte, eigenartig Gegensätzliche im Wesen Gustav Mahlers selbst erhellen. Denn auch in dessen Denken und Schaffen stoßen wir immer wieder auf die zwillingshaft-janusartige Signatur einer stark dualistischen Weltsicht, wie sie uns urbildlich in den iranisch-zoroastrischen Religionsvorstellungen entgegentritt. Es läßt sich eindeutig eine innere Affinität zur Geisteswelt Gustav Mahlers erkennen.[26] So erscheint es beispielsweise als bedeutsam, daß Mahler in seiner

Dritten Sinfonie einen Nietzsche-Text vertont hat (das «Mitternachtslied»), der dem *Also sprach Zarathustra* entnommen ist – übrigens zur gleichen Zeit, als Richard Strauß seine Zarathustra-Tondichtung vollendete. Im allgemeinen wird die Beziehung Mahlers zu Nietzsche als eine, nach anfänglicher Begeisterung, negative geschildert. Dabei wird allerdings übersehen, daß Mahler nie zu einem Text gegriffen hätte, den er nicht im Innersten hätte bejahen können beziehungsweise dem er kritisch gegenüberstand.[27] Und gerade in diesem Text Nietzsches lebt eine ungebrochen-altpersische Stimmung.[28]

Man kann sich fragen, ob Gustav Mahler sich solcher Korrespondenzen bewußt war. Eine vielleicht überraschende Antwort ergibt sich aus einer Äußerung, die er im Zusammenhang mit der Lektüre von Gustav Theodor Fechners *Zend-Avesta oder über die Dinge des Himmels und des Jenseits vom Standpunkt der Naturbetrachtung* tat. Bruno Walter berichtet, welch «bleibenden Eindruck» dieses Buch (und andere Werke) Fechners auf Mahler gemacht habe,[29] dessen Titel und Inhalt auf altes, in erster Linie persisches Weisheitsgut Bezug nimmt.[30]

Jene Aussage, die schlagartig Licht auf den hier gemeinten Zusammenhang wirft, findet sich in einem Brief, den Mahler im Jahre 1903 an seine Frau schrieb. Mahler – und das relativiert die Bemühungen mancher Exegeten bedeutend, die sein Weltbild ausschließlich aus seinen literarischen und philosophischen Anregungen glauben synthetisieren zu können – bemerkt darin, er lese gerade «mit höchster Anteilnahme» Fechners *Zend-Avesta*, was ihm *«Altbekanntes, Selbstgeschautes und Erlebtes wie ein theueres, vertrautes Gesicht vor die Seele»* bringe.

Wir wollen im folgenden einige wesentliche Züge der iranischen Religion und der wichtigsten aus ihr hervorgegangenen geistigen Strömungen genauer betrachten, um dann konkrete Querbezüge zur geistigen Welt Gustav Mahlers aufzudecken.[31]

Der wesentliche Entwicklungsimpuls dieses Religionssystems ist vermutlich mit der Individualität eines «Ur-Zarathustra» verbunden, dem mythischen Eingeweihten und Führer der urpersischen Völker.[32] Eine bedeutende Erneuerung erfuhr die altiranische Religion in der Zeit von Kyros (Kores) dem Großen (559 – 529 v.Chr.). Unter seiner Herrschaft stieg das Perserreich zur antiken Großmacht auf. Damals erfolgte jene Umprägung und Neuformulierung der iranischen Religion durch den «jüngeren Zarathustra». Der eigentliche Zoroastrismus entsteht nun. Für beide Entwicklungsphasen ist eine dualistische Weltkonzeption charakteristisch, die sich ungebrochen fortpflanzt, zuerst in der Mithras-Religion, später auch im Manichäismus des dritten nachchristlichen Jahrhunderts, der verchristlichten letzten Blüte einer jahrtausendelangen Entwicklung, die mit der altpersischen Kultur begonnen hatte.[33] Diese ist wiederum eine der geistigen Wurzeln mancher sogenannter «Ketzerströmungen» des Mittelalters wie zum Beispiel des Katharertums.

Doch betrachten wir zunächst die älteste, ursprüngliche Form der persischen Lehre. Sie steht ganz im Zeichen des scharfen, zunächst unversöhnlichen Dualismus zweier Urprinzipien: «Die beiden Geister im Urbeginne, die sich als Zwillinge im Schlafe offenbarten, sie sind in Sinn, Wort und Handeln der Bessere und der Schlechtere ... Von diesen beiden Geistern wählte der Lügengeist (Ahriman) das Schlechteste zu tun; der heilige Geist (Ormuzd) aber, mit dem kristallenen Himmel bekleidet, das Rechte, und ebenso diejenigen, die mit wahrhaftigen Handlungen Ahura Mazdao willig zufrieden zu stellen suchen.»[34] Über diesen beiden schwebt ein Wesen, welches auf ihren *gemeinsamen* Ursprung im Geistigen deutet: der Geist der «Zeitenlosen Ewigkeit», *Zeruana*

Akarana (Zervan), symbolisiert im Bilde der Schlange, die sich in den Schwanz beißt (Tierkreissphäre). In unserem Zusammenhang ist diese Konzeption des Mazdaismus höchst aufschlußreich: Wir erkennen in ihr eine Ewigkeitsvorstellung, wie sie uns bei Gustav Mahler in der *Zweiten Sinfonie* sowie im «Abschied», dem Schlußgesang des *Liedes von der Erde*, wiederbegegnen wird.

Nach der ältesten Schicht des Avesta fallen Ormuzd und Zervan letztlich zusammen, sind eins. Da ist es Ahura Mazdao selbst, von dem die zwei entgegengesetzten Weltgeister herstammen. Diese Ur-Einheit als ein über der Zweiheit stehendes drittes Prinzip, sei es nun in der ältesten Form oder in der späteren, ist gleichzeitig ein *vermittelndes Prinzip*, der Mittler, in dem letztlich der Gegensatz aufgehoben erscheint.

Der alte Mazdaismus macht später eine entscheidende Metamorphose durch. Zu jenem über allen Gegensätzen schwebenden Urwesen statischer Qualität tritt nun immer deutlicher ein den Menschen näherstehendes Wesen, ein weniger erhabener Mittler zwischen Himmel und Erde mit dynamischen aktiven Eigenschaften: der Sonnengott *Mithra (Mithras)*.[35] Dieser streitbare, sieghafte Gott, ein Bote des Lichts und Kämpfer gegen Lüge und Irrtum (Ahriman bedeutet «Lügengeist»), ist Vermittler und Diener des höchsten Sonnenwesens, ja er wird gelegentlich sogar mit diesem gleichgesetzt (der *sol invictus* der Römer). Dem altiranischen Ritteradel der Kyros-Zeit war er Vorbild und Ideal: Wer in Tapferkeit und Treue, Wahrheit und Reinheit der Seele und des Leibes zu leben sich bestrebte, der war ein rechter Diener des Mithra. Dieselben Ideale galten noch im römischen Mithras-Kult.[36] Dort ist der Gott kein rein kosmisches Wesen mehr, sondern ein irdisches, aus einem Felsen geborenes: Der Sonnengott wurde als in einem irdischen Menschenleib erscheinend vorgestellt (siehe Abb. 6). Seine Geburt wurde zur Zeit der Wintersonnenwende mit dem Fest «Mithrakana» gefeiert.

Wir sehen einmal von den Parallelen zur christlichen Überlieferung ab – demnach hätten wir es mit einer Christus-Prophetie zu tun[37] – und betrachten nur das dualistische Motiv, das hier waltet:

Abb. 6: Felsgeburt des Mithras (aus dem Mithräum II von Nida-Heddernheim). Der Gott, seiner Herkunft nach ein kosmisches (Sonnen-)Wesen, manifestiert sich in einem irdischen, materiellen Leib. Entsprechend läßt sich die Bildersprache des Monuments deuten: Die kosmische Kräftesphäre des Tierkreises, in der Mithras beheimatet ist, wird von ihm mithereingenommen (Gebärde der Arme) in den Bereich der irdisch-stofflichen Welt (Symbol: Stein, Felsen). Die Erde wird dadurch mit Lichtkräften durchdrungen und verwandelt.

Abb. 7: Damit verwandt ist das Motiv des stiertötenden Mithras (Altarbild von Heddernheim): Der Stier symbolisiert die ungereinigten, irdisch-naturhaften Kräfte im Menschen, Mithras die höheren, geistigen Seelenkräfte, die jene überwinden und umprägen. – Dieses Wahrbild war – in unzähligen Varianten – das zentrale Kult-Monument in den Heiligtümern der Mithras-Mysterien («Mithräen»). Viele Tausende von Mithras-Bekennern, vor allem römische Soldaten und Offiziere, haben sich im Verlauf der ersten drei Jahrhunderte nach Christus der ethisch-erzieherischen Wirkung dieses «Altarbildes» ausgesetzt.

Ein hohes kosmisches Lichtwesen opfert sich freiwillig in die Dunkelheit der materiellen Welt – nach iranischer Anschauung: das Reich Ahrimans –, um diese mit seinen Lichtkräften zu durchdringen.[38] Dadurch ist die Überwindung des Dualismus zwischen den Reichen des Lichtes und der Finsternis veranlagt.[39]

Kehren wir nun zurück zu unserem Ausgangspunkt, dem Mythos vom singenden Knöchlein, und betrachten wir ihn einmal im Licht der Mithras-Mythen: Auch der Tod des lichten Bruders läßt sich als *Opfer* deuten. Daß sein Licht-Wesenskern auch im Gewande des Erdenleibes (Symbol: Knochen beziehungsweise Skelett) nicht erloschen ist, wird dadurch offenbar, daß seine *Stimme* (sie ist, wie wir sahen, ein Repräsentant des «höheren Wesens» des Menschen) aus eben diesem physischen Leib erklingt. Sehen wir den «Spielmann» als irdische Manifestation des himmlischen Bruders an – er läßt die Stimme ertönen und agiert im Namen des «Verstorbenen» –, so zeigt sich deutlich eine weitere Parallele zum Mithras-Schicksal: dort die Menschwerdung des Sonnengottes, hier der irdische «Spielmann» als Werkzeug, Medium, Offenbarer des himmlischen Bruders. Beide, Mithras und Spielmann, haben eine vermittelnde Funktion, denn sie führen die Überwindung des starren Dualismus herbei. So ist Mithras bei den Iraniern der *vermittelnde* Gott, der «Mittler», der statische Verhältnisse dynamisiert.[40]

Diese Deutung steht nicht im Widerspruch zu jener, die das Sterben des himmlischen Bruders als Bild für die Inkarnation des Menschen ansieht (siehe S. 32). Die Gottheit selbst vollzog «vorbildlich und urbildlich die Lichtgeburt im Dunkeln» (A. Schütze), doch wir alle machen dies bei jeder Erdenverkörperung auf unsere Weise durch.

Motive der Mithras-Religion und ihrer Mysterien werden uns im Laufe dieser Betrachtungen noch mehrmals begegnen. Zunächst aber soll ein anderer Aspekt der iranischen Kultur und ihrer Nachfolgeströmungen betrachtet werden: das Verhältnis des Menschen zur Natur und zur Erde (Materie).

«Ich möchte sie schauen, diese Erde, wie sie vor ihrem Schöpfer daliegt»

Das Motiv der Umwandlung und Umgestaltung der Materie durch Lichtkräfte – so könnte die Mission des Mithras und seiner Jünger umschrieben werden – kennzeichnet bereits die urpersische Kultur.[41]

Der Iranier lebte in der Überzeugung, daß die Natur ein Abbild der Gottheit sei. Darum mußte man sich ihr in Liebe zuwenden, an ihr arbeiten und sie umgestalten. Gleichzeitig erschien sie ihm als dunkel, unergründbar und rätselhaft aufgrund des Einflusses Ahrimans, der sie korrumpiert hatte. So verdanken wir der urpersischen Kultur die Veredelung von Gräsern zu Getreidearten und die Domestizierung wilder Tierarten. Ackerbau und Viehzucht waren die hauptsächlichen Kulturerrungenschaften dieser Epoche. Das Zusammenleben mit den Naturkräften war dadurch sehr eng. Rudolf Steiner gibt einmal (bezeichnenderweise in einer Reihe von Vorträgen über Kunst) eine sehr anschauliche Beschreibung, wie das Naturwirken damals empfunden wurde:

«Da war es so, daß der Mensch, wenn die Weihnachtszeit da war, empfand: Ja, jetzt ist die Erdenseele mit der Erde vereinigt, jetzt umkleidet sich die Erde mit der Schneedecke – die heute für die Menschen nichts anderes ist als gefrorenes Wasser. Aber dazumal war es das Kleid, mit dem sich die Erde umkleidet, um sich abzuschließen vom Kosmos, um ein individuell-selbständiges Leben im Kosmos zu entwickeln, weil die Seele der Erde sich mit der Erde innig verbunden hat während der Herbstesmonate bis in die Zeit, die wir heute als die Weihnachtszeit bezeichnen ... Der Mensch mußte mit seinem Seelenhaften selber sich hinkehren zu demjenigen, was in der Erde lebt. Der Mensch fühlte gewissermaßen die mit der Erde vereinte Erdenseele unter der Schneedecke. Seelisch durchsichtig wurde die Schneedecke für den Menschen. Er fühlte die Elementargeister unter der Schneedecke, welche die Kraft der Pflanzensamen über den Winter hinübertragen bis zum nächsten Frühling. Kam dann die Frühlingszeit, so fühlte er, wie die Erde ihre Seele gewissermaßen ausatmete, wie die Erde danach strebte, ihr Seelenhaftes dem Kosmos zu öffnen, und er ging selber mit in seinem Fühlen und Empfinden mit diesem Sichöffnen der Erde gegenüber dem Kosmos ... Der Mensch lebte den Jahreslauf mit. Der Mensch wurde gewissermaßen ernst, wenn er im Winter seelisch die Schneedecke unten sah, wurde ernst gestimmt; er ging in sich. Er stellte damals das an, was wir heute Gewissenserforschen nennen würden. Er öffnete sich mit einer gewissen Froheit dem Kosmos, wenn der Frühling herankam. Er ging, ich möchte sagen in einer gewissen Entrücktheit in das Kosmische auf, nicht mehr in der klaren Weise wie in der urindischen Zeit, aber in einer gewissen Entrücktheit, indem er sich froh fühlte, entrissen dem menschlichen Leiblichen gerade in der Mitte der Sommerzeit, in der Zeit, die wir heute die Johannizeit nennen würden. Wie er sich im Winter verbunden fühlte mit den klugen Geistern der Erde, so fühlte er sich während der Hochsommerzeit verbunden mit den immerdar im Kosmos ... tanzenden und jubelnden, frohen Geistern, welche die Erde umschwammen. Ich beschreibe nur, wie gefühlt wurde.»[42]

Es gibt viele Zeugnisse, die diese Schilderung Steiners bestätigen. Ihr Tenor könnte so zusammengefaßt werden: Die Iranier erlebten das Göttliche nicht primär in der meditativen Innenschau, sondern im Makrokosmos und in der Natur. Schon der altpersische Mythos aus dem «Bundaheshn», der die Erschaffung der Welt aus den Gliedern des Gottes Ormuzd beschreibt, zeigt das ganz deutlich.[43]

Hier erscheint wieder eine Parallele zwischen alter Mysterienkultur und der geistigen Welt Gustav Mahlers: Man denke beispielsweise an die von Mahler selbst als solche bezeichnete «Kosmologie» der *Dritten Sinfonie* («Die ganze Natur bekommt darin eine Stimme»), die ja einen Gang durch die Naturreiche bis hinauf zur höchsten göttlichen Liebe darstellt. Und in der *Achten Sinfonie* sind es «Planeten und Sonnen, welche kreisen», nicht mehr menschliche Stimmen und Wesensäußerungen, die da erklingen. Diese noch in Goethes Faust («Die Sonne tönt nach alter Weise ...») anzutreffende Vorstellung der Sphärenharmonie ist uraltes Weisheitsgut. Auch in der altpersischen Religion gibt es zahllose Hinweise auf das Erlebnis der «Harmonie der Welt».[44] Und im Mithras-Kult gehört die Vorstellung von der die Planetensphären durchlaufenden Seele zu den zentralen Bestandteilen.[45]

Wir treffen diesen Zug des «Zarathustrismus», die «Hingebung an die großen Erscheinungen des Makrokosmischen, der äußeren Welt» (Rudolf Steiner),[46] bereits beim jungen Gustav Mahler an. In einem oft zitierten Brief, den er im Juni 1879 (in der Entstehungszeit des *Klagenden Liedes* also) von einem Landgut der ungarischen Puszta aus, wo er als Klavierlehrer bei einer Wiener Familie engagiert war, an seinen Freund Josef Steiner schrieb, finden wir bewegende, vielsagende Seelenschilderungen:

«Lieber Steiner!

Sie wollen wissen, was ich die ganze Zeit her getrieben? ... Ich habe gegessen und getrunken, gewacht und geschlafen, geweint und gelacht, ich bin auf Bergen gestanden, wo der Odem Gottes weht, ich bin auf der Heide gewesen, und das Geläute der Herdenglocken hat mich in Träume gesungen ... Doch wenn ich des Abends hinausgehe auf die Heide und einen Lindenbaum, der dort einsam steht, ersteige, und ich sehe von dem Wipfel meines Freundes in die Welt hinaus: vor meinen Augen zieht die Donau ihren altgewohnten Gang und in ihren Wellen flackert die Glut der untergehenden Sonne; hinter mir im Dorfe klingen die Abendglocken zusammen, die ein freundlicher Lufthauch zu mir hinüber trägt, und die Zweige des Baumes schaukeln im Winde hin und her, wiegen mich ein, wie die Töchter des Erlkönigs, und die Blätter und Blüten meines Lieblings schmiegen sich dann zärtlich an meine Wangen. – Überall Ruhe! Nur von fern her tönt der melancholische Ruf der Unke, die traurig im Rohre sitzt.»

Spricht aus diesen Zeilen eine doch ungewöhnliche Verbundenheit mit den Naturerscheinungen, die Bäume als Lebewesen

Abb. 8: Gustav Mahler als Student in Wien (1878).

und ihre Blätter und Blüten als deren «Gliedmaßen» erlebt (wobei einmal von der nachempfundenen Eichendorffschen Diktion abgesehen sei), so zeigt sich in der folgenden Passage desselben Briefes, der während dreier aufeinanderfolgender Tage verfaßt worden ist, wie eng bei Mahler Seelenstimmung und Naturvorgänge miteinander zusammenhängen:

«Wenn mich der scheußliche Zwang unserer modernen Heuchelei und Lügenhaftigkeit bis zur Selbstentehrung getrieben hat, wenn der unzerreißbare Zusammenhang mit unseren Kunst- und Lebensverhältnissen imstande war, mir Ekel vor allem, was mir heilig ist, Kunst, Liebe, Religion, ins Herz zu schleudern, wo ist dann ein anderer Ausweg als Selbstvernichtung. Gewaltsam zerreiße ich die Bande, die mich an den eklen schalen Sumpf des Daseins ketten, mit der Kraft der Verzweiflung klammere ich mich an den Schmerz, meinen einzigen Tröster. – Da lacht die Sonne mich an – und weg ist das Eis von meinem Herzen, ich sehe den blauen Himmel wieder und die schwankende Blume, und mein Hohnlachen löst sich in das Weinen der Liebe auf. Und ich *muß* sie lieben, diese Welt mit ihrem Trug und Leichtsinn und mit dem ewigen Lachen. O, daß ein Gott den Schleier risse von meinen Augen, daß mein klarer Blick bis an das Mark der Erde dringen könnte! O, ich möchte sie schauen, diese Erde, in ihrer Nacktheit, ohne Schmuck, ohne Zierde, wie sie vor ihrem Schöpfer daliegt; ich wollte dann hintreten vor ihren Genius: ‹Nun kenne ich dich, Lügner, hast mich nicht getäuscht mit deinem Heucheln, mich nicht geblendet mit deinem Schein! O, sieh her! Ein Mensch, umgaukelt von dem gleißendsten Spiele deiner Falschheit, getroffen von den furchtbarsten Schlägen deines Hohns, doch ungebeugt, stark!›»[47]

Sieht man einmal von der überschwenglichen Ausdrucksweise eines knapp Neunzehnjährigen ab, der sich in einer Art Paraphrase der Faustschen Seelennot (Nacht, Studierzimmer, *Faust I*) und deren Wende beim Läuten der Osterglocken ergeht, so fällt doch auf, daß die Charakterisierung der «Welt» als falsch, lügenhaft und ihrem Ursprung entfremdet an altiranische Erlebnisweisen erinnert: Ahriman, der hohnlachende «Lügengeist», ist ihr «Genius», der sie zum bloßen Abglanz, zum materialisierten Schein ihres eigentlichen Wesens gemacht hat. Dieses «Eigentliche», die Erde beziehungsweise die Natur in ihrer wahren Wesensart, in ihrer «Nacktheit» ohne Schmuck und Zierde, so wie sie sich einst, vor dem Sündenfall, ihrem Schöpfer darbot – ist das Ziel der unstillbaren Sehnsucht schon des jungen Mahler.

H. H. Eggebrecht hat in seinem Buch *Die Musik Gustav Mahlers* dieses Lebensmotiv, den Gegensatz zwischen der «einen Welt» und der «anderen», «eigentlichen», sehr klar herausgearbeitet, so daß die wenigen Hinweise hier genügen mögen. Für entscheidend halte ich jedoch den Wunsch: «ich möchte sie schauen, diese Erde, in ihrer Nacktheit, ohne Schmuck, ohne Zierde, wie sie vor ihrem Schöpfer daliegt», in welchem sich der altiranische Dualismus, wenn auch in metamorphosierter Form, zu bekunden scheint. «Zwei Welten» gibt es ihm zufolge: die des «guten Geistes, in die man sich vertiefen kann, und die andere Welt, die man bearbeiten muß» (siehe die Charakterisierung der altpersischen Kulturepoche bei Rudolf Steiner).[48] Die äußere Welt war auch dem Perser zunächst einmal unverständlich, wirr, gesetzlos, ja lügenhaft, da er nicht merkte, daß «das Geistige [auch] in der Natur zu finden ist» (ebenda). Dennoch wandte er sich dieser rätselhaften Erdenwelt in Liebe zu. Zum Vergleich noch einmal die Worte Gustav Mahlers: «Und ich *muß* sie lieben, diese Welt, mit ihrem Trug und Leichtsinn und mit dem ewigen Lachen.»

Und so schließt auch der zweite Teil des Jugendbriefes mit dem Ausruf:

«O meine vielgeliebte Erde, wann, ach wann nimmst du den Verlassenen in deinen Schoß. Sieh! Die Menschen haben ihn fortgewiesen von sich, und er flieht hinweg von ihrem kalten Busen, dem herzlosen, zu dir, zu dir! O, nimm den Einsamen auf, den Ruhelosen, allewige Mutter!»

Das sind Worte, die von der tiefen Zuneigung zum rätselhaften Wesen der «Natur» zeugen. Sie könnten dem Spätwerk Gustav Mahlers, dem *Lied von der Erde*, entnommen sein.

Etwas von dieser Art, das Göttliche in den Naturerscheinungen zu erleben, schwingt immer mit, wenn der Charakter der Mahlerschen Naturverbundenheit geschildert wird. Beeindruckend und zahlreich sind die Berichte, aus denen uns ein ganz eigenartiges, über jedes vordergründige «zurück zur Natur Streben» hinausgehendes Verhältnis zur ganzen Schöpfung entgegentritt:

«Sein Verhältnis zu ihr war von je das denkbar innigste gewesen; von gerührter Betrachtung bis zum erschütterten mystischen Sich-eins-Fühlen mit ihr umfaßte dieses Naturgefühl, *der Hauptquell seines gesamten Schaffens*, alle Grade der Intensität. Es war ihm weniger gemäß, landschaftliche Schönheiten der tief vertrauten Natur mit dem Auge zu genießen; gewiß sah er auch mit Freude die wundervollen Formen ihres Leibes, aber er vergaß sie über dem verstehenden Blick in ihr Auge, in ihre Seele; Liebe und Schauder, Entzücken und Entsetzen gab ihm dieser Blick: er sah das bellum omnium contra omnes in der Natur, und fühlte, *wie dieselben selbstfeindlichen Gewalten auch in seinem Inneren tobten.*»[49]

Aufzeichnungen Natalie Bauer-Lechners bestätigen den Eindruck Bruno Walters. Die Natur war tatsächlich der «Hauptquell» seines Schaffens:

«Wahrscheinlich empfangen wir die Urrhythmen und -themen alle aus der Natur, die sie ja schon im Tierlaut in großer Prägnanz uns bietet. Wie ja der Mensch und der Künstler im besonderen jeden Stoff und jede Form der Welt, die ihn umgibt, entnimmt, freilich in ganz anderem, erweitertem Sinne. Sei es nun, daß er sich in harmonisch-glücklichem Einklange mit der Natur befindet oder sich zu ihr in schmerzvoll-leidenden oder feindlich-verneinenden Gegensatz stellt, sei es, daß er von überlegener Warte aus in Humor oder Ironie mit ihr fertig zu werden sucht: womit die Grundlagen zu dem schön-erhabenen, sentimentalen und tragischen und humoristisch-ironischen Kunststil im engsten Sinne gegeben sind.»[50]

Diese Äußerung Gustav Mahlers besagt nicht weniger, als daß der gesamte Inhalt und Darstellungsstil eines Kunstwerks (hier:

Abb. 9: Mahlers «Komponierhäusl» am Ufer des Attersees. Franz Lösch, der Erbauer des Häuschens (1894) über Gustav Mahler: «Wenn er dem See zuhören kann, dann komponiert es sich leichter, und die Kompositionen fließen dann förmlich aus seinem Kopf.»

seiner Kunstwerke) auf das Verhältnis zurückzuführen sind, welches der schaffende Künstler zur Natur einnimmt! Dieses Verhältnis ist nur zum Teil ein bewußtes, rationales; die tiefere Schicht ist eine irrationale, nicht vollbewußte, intuitive: «Er (Mahler) hat immer gesagt, der See habe eine eigene Sprache, der See rede zu ihm. Bis hinauf, ins Gasthaus, da könne er ihn nicht hören, daher müsse er das Häuschen knapp am Ufer haben. Wenn er dem See zuhören kann, dann komponiert es sich leichter, und die Kompositionen fließen dann förmlich aus seinem Kopf.»[51] Mahlers Äußerung gegenüber Bruno Walter, die eingangs schon zitiert wurde, er habe die Berge allesamt «schon wegkomponiert», gehört ebenfalls in diesen Zusammenhang.

Im Grunde konnte Mahler, wenigstens während der letzten fünfzehn Jahre seines Lebens, nur inmitten der Natur komponieren. An jedem Sommer-Feriendomizil wurde eigens für ihn ein «Komponierhäusl» errichtet. Überhaupt war sein ganzer Schaffensrhythmus durch die Jahreszeiten bestimmt. Komponieren konnte er im Grunde nur im Hochsommer, und das nur «im Freien», während einer Zeit also, die im Erleben der alten Iranier den Menschen «in eine gewisse Entrücktheit» führte, «indem er sich froh fühlte, entrissen dem menschlichen Leiblichen».

Auch für diese Entrücktheit gibt es Zeugnisse von Zeitgenossen Gustav Mahlers. So erwähnt Bruno Walter die «Nachwirkungen seiner vormittägigen Ekstasen» während der Komposition der *Dritten Sinfonie.* Noch deutlicher ist die Schilderung Richard Spechts, der ihn in der «Zeit der Produktion» (der Dritten) sah:

«Er ging wie ein Tagwandler unter der Last gebenedeiter Träume leicht gebeugt, mit einem unbeschreiblichen Glanz des Beglücktseins im Antlitz, wie ich ihn bei keinem anderen gesehen habe. Aber auch Mahler selbst habe ich niemals wieder so ganz gleichgewichtvoll glücklich, derart innerlich leuchtend und in unaussprechlich ruhiger Verklärung gesehen, wie in jenen Sommertagen des Jahres 1896, in denen die dritte Sinfonie entstand. Wenn er von der Arbeit kam, hatte sein Gesicht den selig leidenden Ausdruck eines Stigmatisierten. Sein sonst so unruhiger Gang, der durch ein plötzliches ruckweises Aufstampfen des rechten Fußes etwas Sicheinrammendes hatte, war leicht, gleichmäßig und fast schwebend geworden, und wenn er sprach, waren es wirklich die Worte eines aus fremden Reichen Kommenden. Es dauerte immer geraume Zeit, ehe er sich dann wieder im Alltag zurechtfand. Allerdings mußte von jeher dafür gesorgt werden, daß absolute Ruhe um ihn sei.»[52]

Dennoch handelte es sich bei Mahlers Natur-Nähe nicht um einen allgemeinen, verschwommenen Pantheismus:

«... was ich immer unbewußt gefühlt hatte – seine dionysische Naturerfülltheit –, sprach hier [in der dritten Sinfonie] als musikalischer Urlaut aus letzten Wesenstiefen. Ich glaubte ihn durch und durch zu sehen: wie in ihm die starre Gewalt des Felsgebirges wuchtete, in ihm die zarte Blume lebte, wie er in dunklen Urtiefen den Tieren des Waldes nachfühlte, deren Lust und Lebhaftigkeit, deren Scheu und Drolligkeit, deren Grausamkeit und Wildheit den dritten Satz inspiriert hatten, ich sah ihn, und ich sah Pan in ihm. Zugleich aber fühlte ich in ihm auch den sehnsüchtigen Menschen, der mit seiner Ahnung über die Grenzen des Irdisch-Zeitlichen hinausdringt und von dem mir die letzten drei Sätze Kunde gaben.»[53]

Der so gearteten mystischen Naturverbundenheit, der «Ansicht, daß die ganze Natur lebendig und göttlich beseelt sei» (Fechner), stand auf der anderen Seite ein großes Interesse an der exakten modernen *Naturwissenschaft*, ein tiefes Verstehenwollen der Naturgesetze gegenüber. Aus den Briefen Mahlers an den Physiker Arnold Berliner (1862–1942) geht sein ungewöhnlich intensives Verständnisbemühen um die Anschauungen und Grundfragen der damals neuesten Physik deutlich hervor. Kurt Blaukopf kommt in seiner Mahler-Biographie[54] zu dem Resümee, er kenne keinen Komponisten dieser Epoche, den man hierin mit Mahler vergleichen könnte.

Es vermag eigenartig zu berühren, daß Rudolf Steiner in seinem bereits zitierten Vortrag über Zarathustra[55] darauf hinweist, daß sich «vieles von zarathustrischer Anschauungsweise und zarathustrischem Denken ... auch heute in unserem Geistesleben» finde. Aber etwas, «was als ein Grundnerv, als das Gesündeste in ihm liegt, ist in einer gewissen Weise unserem Zeitalter verlorengegangen. Und wenn man wieder verstehen wird, wie der Zarathustrismus das *geistige Urbild ist für alles, was wir auf dem Gebiete der physischen Forschung – Unzähliges könnte von ihr angeführt werden – wiederfinden* [Hervorhebung vom Verf. F.B.] und was sich weiter einleben wird, dann wird ein Grundton in unserer Kultur glücklich überwunden werden durch einen anderen, der sich eben im Zarathustrismus findet.»

Doch nun zurück zur Naturanschauung Mahlers. Mutet sein

Verhältnis zur Natur nicht wie ein Befolgen des Aufrufes an die Schüler der alten iranisch-mithrischen Mysterien an:

«Stärkt die Erkenntniskräfte so, daß ihr hinausschauen könnt auf alles, was als Pflanze und Tier, was in Luft und Wasser lebt, auf Bergeshöhen und in Talestiefen! Schaut hin auf diese Welt! Denn überall, wo ihr in der äußeren Welt sinnlich-physische Offenbarungen seht, ist dahinter, außer euch wirkend und webend, Geistiges!»[56] Nur vor einem derartigen Hintergrund lassen sich Äußerungen Mahlers wie die folgende recht verstehen: «Ach, für mich gibt es schon lange keinen Altar mehr, nur stumm und hoch steht über mir der Tempel Gottes, der weite Himmel ... Statt der Choräle und Hymnen brüllen Donner, und statt der Kerzen flackern Blitze.»[57]

Betrachten wir nun noch einen letzten Aspekt, der mit dem großen Komplex der Beziehung Mahlers zur «Natur», zur «Schöpfung», zusammenhängt. Es ist das Motiv der Durchdringung und Gestaltung der *Materie*. Wir wollen es hier wenigstens andeuten, da es von zentraler Bedeutung für das Verständnis der kompositorischen Leistung Gustav Mahlers ist.

Wir erinnern uns: Der Ur-Perser versuchte, die Materie zu bearbeiten und die Naturkräfte, die ihm zunächst hinsichtlich ihres wahren Wesens, ihrer inneren Gesetze – da sie durch Ahriman ihrem eigentlichen Licht-Wesen entfremdet waren – dunkel und rätselhaft blieben, zu durchdringen, um sie zu beherrschen.

Was für den Ackerbauer die Materie, das ist für den Komponisten das «Material». Und die handwerkliche Beherrschung dieses Materials sowie seine geistige Durchdringung und Neu-Formung bilden gewissermaßen das Markenzeichen der Kunst Gustav Mahlers. Wir verdanken den Untersuchungen von Constantin Floros die Erkenntnis, mit welch unglaublicher, hart erkämpfter Souveränität sowohl in kontrapunktischer als auch in formaler und instrumentationstechnischer Hinsicht Mahler «seine» Materie beherrschte; er hat an ihr plastiziert und sie durchdrungen, bis sie absolut transparent und klar geworden ist – eine Leistung, die, gerade in der Überwindung der Prinzipien des 19. Jahrhunderts, von denen er ursprünglich ausgegangen war (Näheres hierzu im Kapitel «Gabriel und Michael»), den Boden bereitet hat für die Musik des 20. Jahrhunderts. So ist beispielsweise Anton Weberns Forderung nach «Faßlichkeit», das heißt größtmöglicher Deutlichkeit und klarer Erfaßbarkeit eines Kunstwerks in allen seinen Parametern, nichts anderes als eine Fortsetzung der Mahlerschen Instrumentationsprinzipien und Klanggestaltungsästhetik.

«Deshalb muß ich ethisch leben»

Hamburg, Herbst 1895. Richard Specht, der später zum Biographen Mahlers werden soll, sitzt zum ersten Mal an Mahlers Tisch. Die Rede kommt auf irgendein Ereignis irgendeiner zukünftigen Zeit. Specht läßt sich zu der «scherzhaften Frivolität» hinreißen zu sagen: «‹Das interessiert mich nicht, denn dann bin ich doch längst nicht mehr da; und wenn ich wieder da bin, weiß ich doch nichts mehr von meinem früheren Leben …› – als ein lauter, klirrender Krach alle auffahren ließ; Mahler hatte auf den Tisch geschlagen, daß die Gläser hochsprangen, und schrie zu mir herüber: ‹Wie kann ein Mensch Ihrer Art etwas so Leichtfertiges sagen! Wir kehren alle wieder, das ganze Leben hat nur Sinn durch diese Bestimmtheit, und es ist vollkommen gleichgültig, ob wir uns in einem späteren Stadium der Wiederkunft an ein früheres erinnern. Denn es kommt nicht auf den Einzelnen und sein Erinnern und Behagen an; sondern nur auf den großen Zug zum Vollendeten; zu der Läuterung, die in jeder Inkarnation fortschreitet. *Deshalb* muß ich ethisch leben: um meinem Ich, wenn es wiederkommt, schon jetzt ein Stück Weges zu ersparen und um ihm sein Dasein leichter zu machen. Dahin geht meine sittliche Pflicht, ganz gleichgültig, ob mein späteres Ich davon weiß oder nicht, und ob es mir danken wird oder nicht.›»[58]

Dieser Ausspruch ist in zweierlei Hinsicht bemerkenswert. Zum einen zeigt er, daß Mahler ganz deutliche Anschauungen über Reinkarnation hatte, die seit Lessings *Erziehung des Menschengeschlechts* fest in der entsprechenden Tradition des deutschen Geisteslebens verwurzelt waren.[59] – Zum anderen wird daran deutlich, daß Mahler aus ethischen Prinzipien zu leben versuchte, die mit «dem großen Zug zum Vollendeten» und der «Läuterung» zusammenhängen.

Mahler empfand sich in allem, was er tat, eigentlich immer als «unter einem höheren Willen stehend» (R. Specht). Bruno Walter sagt, er habe Mahler nie anders als «auf der Höhe seines hohen Wesens» angetroffen. Und viele Briefstellen belegen, daß er sich als Diener höherer Weltenziele empfand, denen alles Persönliche zu opfern sei; ja, dasselbe erwartete er auch von denen, die mit ihm arbeiteten, den Musikern – und lebten, von seiner Frau Alma zum Beispiel. An Anna von Mildenburg, mit der ihn während der Hamburger Zeit ein tiefes persönliches Verhältnis verband, schrieb er einmal (im Sommer 1896, während der Arbeit an der Dritten Sinfonie):

«Aber ich habe es Dir doch geschrieben, daß ich an einem großen Werke arbeite. Begreifst Du nicht, wie das den ganzen Menschen erfordert und wie man da oft so tief drin steckt, daß man für die Außenwelt wie abgestorben ist. Nun aber denke Dir ein so großes Werk, in welchem sich in der Tat die ganze Welt spiegelt – man ist sozusagen selbst nur ein Instrument, auf dem das Universum spielt. Ich habe es Dir doch schon so oft erklärt – und Du mußt es akzeptieren, wenn Du wirklich Verständnis für mich hast. Sieh, das mußten alle lernen, die mit mir leben sollen. In solchen Momenten gehöre ich nicht mehr mir ... Es sind furchtbare Geburtswehen, die der Schöpfer eines solchen Werkes erleidet, und bevor sich das alles in seinem Kopfe ordnet, aufbaut, und aufbraust, muß viel Zerstreutheit, Insichversunkensein, für die Außenwelt Abgestorben sein, vorhergehen.» [60]

Beim Musizieren, Dirigieren, Komponieren war Mahler in Berührung mit jener Sphäre des «Höheren», in der die Daseinsfragen in einer Art von Intuition ihre Antwort erfahren: Die Identifikation mit dem eigenen höheren Wesen (dem «Höheren über uns») ist es, die Mahlers Musizieren so wirkensmächtig machte. «Die Musiker waren so hingenommen vom eigenen Spiel, daß sie fast den Eindruck von Priestern beim Gottesdienst machten», berichtet Ernst Decsey, nachdem er Mahler als Dirigent erlebt hatte. Und Musizieren war Gottesdienst, Götterdienst für Mahler, war eine rituelle Handlung, die höchsten Gesetzen gehorchte und daher höchste Ansprüche an alle Mitwirkenden stellte.

Jetzt wird auch Mahlers Strenge und Unerbittlichkeit erklärlich: Er war nur der Vollzieher eines höheren Willens, der sich im Opferfeuer für das «hohe Werk» verzehrte. Fast alle, die mit ihm zusammengearbeitet haben, haben dies gespürt und sich ihm, das heißt der Sache, der allerheiligsten, willig gefügt, mehr noch, sind für Augenblicke selbst über sich hinausgewachsen. Immer war klar, daß Mahlers Fordern nicht etwa auf persönlicher Willkür, Geltungsdrang oder Eitelkeit beruhte.[61]

So kann verständlich werden, was Karl König in einer Studie über Gustav Mahler meinte, wenn er ihn als «geistbesessenen» Rufer beschreibt, dessen Wesen Aufruf war. «So auch waren die Menschen gebannt, wenn wie im Posaunen-Anruf Mahler an sie herantrat. Nicht immer geschah es, denn er war ein Mensch, aber wenn sein *Daimonion* durch ihn hindurch zu leuchten begann, erklang diese Stimme.»[62]

Ein Feuergeist, der sich im Opferdienst unter Führung seines «Daimonion» verzehrte – so ließe sich das Bild des Genius «Mahler» beschreiben.

«Flamme bin ich sicherlich»

Es sei gestattet, ein letztes Mal die Brücke zur Welt der alten Mysterien und Opferkulte zu schlagen. Dabei wird noch einmal die Grundfigur sichtbar werden, von der wir ausgegangen sind.

Es mag aus den Schilderungen deutlich geworden sein: Mahlers «Opferwirken» vollzog sich im Zeichen des Feuers. Specht nennt ihn einen «feurig-inbrünstigen Beter», dessen Wesen, einer «Stichflamme» gleich, «immer in Bewegung und Hitze» war.

Eine zentrale Rolle im Leben der indo-iranischen Völker spielte der *Feuerdienst*. Die Zentralheiligtümer der alten Perser lagen auf abgeflachten Bergen oder Hochebenen; Tag und Nacht brannte dort auf einem riesigen Altar das heilige Feuer, weithin hinausscheinend in das Land.[63] Das Feuer war den Persern besonders heilig, denn in ihm wurde die durch Ahriman in die Verdichtung geführte Materie geläutert und erlöst, dadurch daß sie in Licht und Wärme aufflammte, das heißt dem Ahura Mazdao zurückgeschenkt wurde. Der Feuerdienst war ein *Opferdienst:* Alles Irdische ist aus dem Ur-Feuer entstanden und muß zuletzt wieder ins Feuer zurückkehren.

Das Heilige und Reinigende des Feuers tritt besonders beim iranischen «Feuerordal», dem *Weltgericht*, in Erscheinung. «Es ist das Große der Zarathustra-Lehre von den letzten Dingen, *daß sie nicht im niederen Sinne mit Lohn oder Strafe rechnet*, sondern nur mit der Tatsache, daß an ein und dasselbe Element, an dasselbe Ätherisch-Übersinnliche, einmal alle Seelen herangeführt werden, daß sie alle in dasselbe Element hinein müssen. Für die entsprechend innerlich Vorbereiteten wird dieses Element ein labender Milchstrom, für die anderen ein verzehrender Feuerstrom sein ... Wie ein Einweihungsvorgang wird die große Feuerprobe im Avesta erlebt und geschildert.»[64]

Wie erscheint dieses Motiv nun bei Gustav Mahler? Zum einen in Form des Terminus «Purgatorio» (Fegefeuer), eines zentralen Topos in Mahlers Werk (der dritte Satz der unvollendeten *Zehnten Sinfonie* ist so betitelt). Das Feuerordal der alten Perser ist nichts anderes als ein großes Purgatorio, allerdings nicht im mittelalterlich-Danteschen, sondern im ursprünglichen, noch nicht eingeengten Sinne als Ort des «reinigenden Opferfeuers», den alle Seelen bald nach dem Tode zu durchlaufen haben. Bei der Besprechung der *Zweiten* und der *Zehnten Sinfonie* wird dieser Bereich des nachtodlichen Lebens ausführlicher betrachtet werden.

Doch bei Gustav Mahler gibt es auch ein *Weltgericht.* Ein Gericht allerdings, welches eigentlich keines ist: Im letzten Satz der *Zweiten Sinfonie* erleben wir die Schilderung des «Jüngsten Tages». Neben konventionell-christlichen Vorstellungen, vornehmlich im «Dies Irae-Charakter», erscheint dort die erstaunliche Wendung, daß die erwartete Strafe beziehungsweise die Abrechnung der guten und schlechten Erdentaten, wie sie im Sinne der christlichen Kirchenlehre zu erwarten wäre, gar nicht eintritt:

«Der große Appell ertönt: die Gräber springen auf, und alle Kreatur ringt sich heulend und zähneklappernd von der Erde empor. Nun kommen sie alle aufmarschiert im gewaltigen Zuge: Bettler und Reiche, Volk und Könige, die *ecclesia militans,* die Päpste. Bei allen gleiche Angst, Schreien und Beben, denn vor Gott ist keiner gerecht. Dazwischen immer wieder – wie aus einer anderen Welt – von jenseits der große Appell. Zuletzt, nachdem alle im ärgsten Durcheinander aufgeschrien, nur noch die langhintönende Stimme des Totenvogels vom letzten Grabe her, die endlich auch erstirbt. – Und nun kommt nichts von all dem Erwarteten; *kein himmlisches Gericht, keine Begnadeten und keine Verdammten; kein Guter, kein Böser, kein Richter!* [Hervorhebung vom Verf. F.B.] Alles hat aufgehört zu sein. Und leise und schlicht hebt es an: ‹Aufersteh'n, ja aufersteh'n›, wozu die Worte selbst Kommentar sind.»[65]

Hier sehen wir, wie christlich-mittelalterliche Vorstellungen («Jüngstes Gericht») abrupt von solchen abgelöst werden, die aus vorchristlich-gnostischen Traditionen stammen dürften.[66] Die Seelen bedürfen nach dem Purgatorio, in dessen Feuer sie geläutert worden sind, keines Gerichts mehr. Sie kehren ins Urlicht der göttlichen Liebe zurück. Der ab der dritten Strophe des Auferstehungshymnus von Mahler gedichtete Text (die ersten beiden sind von Klopstock) läßt sich unter dieser Perspektive wie ein alter Mysterientext lesen: Die Wiedergeburt, das neue Leben, entspringt aus dem reinigenden Feuer, in dem das alte Leben «verbrannt» ist:

Was entstanden ist, das muß vergehen,
Was vergangen, auferstehen!
Hör auf zu beben!
Bereite dich, zu leben!

Mit Flügeln, die ich mir errungen,
Werde ich entschweben.
Sterben werd' ich, um zu leben![67]

Fassen wir die vorangegangenen Betrachtungen nun noch einmal zusammen. Die Betrachtung des *Klagenden Liedes* führte uns dazu, das Urbild dieses Mythos in derjenigen der antiken Kulturen zu suchen, die wie keine andere im Zeichen des Dualismus steht, die *altiranische* Kultur beziehungsweise die parsisch-zarathustrische Religion. Ihre Ausläufer erstrecken sich, wie wir sahen, bis in die heutige Zeit. Die Linie führt über die *Mithras-Verehrung*, über den *Manichäismus* und den ihm verwandten *Katharismus* des Mittelalters bis in die Gegenwart, wo wir, nach Steiner, unter anderem im Gewande der «physischen Forschung» Motiven wiederbegegnen, die ihre Wurzeln in der altpersischen Weltsicht haben.

Wie im Brennpunkt zwischen den ältesten Schichten und der nachchristlichen Zeit erscheint dabei die Mithras-Religion. Sie verbindet als synkretistische Religion älteste zoroastrische Züge mit jüngeren Einflüssen. Wir schenkten ihrer Mittelpunktgestalt, Mithras, besondere Aufmerksamkeit, weil sie am reinsten jene Urmotive verkörpert, die im *Klagenden Lied* sichtbar werden. Gustav Mahler erscheint uns in wesentlichen Zügen seiner Weltanschauung wie ein Bekenner iranisch-mithrischer Ideale, so zum Beispiel in seinem eigenartigen Verhältnis zur Natur und den Naturkräften, in seinem außergewöhnlich tiefen Interesse für die physisch-materielle Seite der Welt und deren Erforschung, in seinem hohen Ethos («Diener des Höheren», «Ritterlichkeit», «Reinheit») und in seinem Glauben an die Wiedergeburt aus dem Feuer. Diese Affinitäten bilden einen Hintergrund, der, wie wir meinen, für das Verständnis der Mahlerschen Musik und des Wesens ihres Schöpfers von größter Relevanz ist.

LEBEN UND TOD

So wurde die Sehnsucht nach dem Jenseits die Grundstimmung des nun allmählich heraufdämmernden Mittelalters. Sie zog das Fühlen der Menschen empor. Das lebte später besonders in dem seelenvollen, gemütdurchdrungenen Madonnenkult.[68]
Karl Heyer

Vieles im Wesen Gustav Mahlers läßt sich, wie wir sahen, aus seiner Beziehung zu alten Kulturen erklären. Ein Faktor allerdings, der uns wiederholt begegnet ist, läßt sich nicht, jedenfalls nicht ohne weiteres, in gleicher Weise deuten. Wir meinen den *eschatologischen Zug* seines Denkens und seine «Hauptrichtung *nach oben*» (Bruno Walter).

Beide Elemente, die Frage nach den «letzten Dingen» und die Ausrichtung allen Strebens auf ein «höheres Prinzip», zeigen in der Art, wie sie bei Gustav Mahler auftreten, eine typisch «mittelalterliche» Färbung, und es ist erstaunlich, daß diese tiefe Beziehung zur charakteristischen Denk- und Vorstellungswelt des Mittelalters bisher kaum bemerkt worden ist.

Wir wollen zur Erhärtung unserer These die Elemente, an denen diese Beziehung sichtbar wird, zuerst einmal nennen, um sie danach genauer zu untersuchen.

Da ist zunächst das, was man die «Wunderhorn-Welt» nennen könnte, im weiteren Sinne die Welt der deutschen Sagen, der Ritter- und Landsknechtromantik. *Das klagende Lied* ist zum Beispiel, wie wir bereits schilderten, in seiner Textgestalt eine Synthese aus Grimm und Bechstein, deren Sagen- und Märchensammlungen im 19. Jahrhundert als Inbegriff des Romantisch-Mittelalterlichen schlechthin galten.[69] Mahler ist in dieser Hinsicht allerdings keine Sondererscheinung, sondern ein Sohn des Jahrhunderts der Romantik, wenn auch ein etwas «verspäteter».

Da wäre weiter zu nennen Mahlers «Kinderglaube», die gemüthaft-naive, innig-sinnige Seelenartung, die wir in der mittelalterlichen Volkspoesie[70], aber auch bei den Mystikern (etwa bei Meister Eckhart) antreffen. Daß Mahler zu deren Denken eine innige Beziehung hatte, ist erwiesen. Seine Neigung zur «katholischen Mystik» (Alma Mahler) fiel schon manchen seiner Zeitgenossen auf, die sich darüber wunderten, daß er, der Jude, so stark darin zu Hause war. Und Bruno Walter konstatiert angesichts der ekstatischen Gesichtszüge des im Musizieren völlig versunkenen mittelalterlichen Mönchs auf Giorgiones *Concerto* eine frappierende Ähnlichkeit mit denen Gustav Mahlers.[71]

Der Hymnus «Veni Creator Spiritus», der den Anfang der *Achten Sinfonie* bildet, ist einer der berühmtesten und bekanntesten des gesamten Mittelalters, und die Tatsache ist mehrfach verbürgt, daß Mahler während der Komposition dieses grandiosen Satzes intuitiv die Musik der ihm fehlenden Text-Teile in so absolut sicheren Proportionen komponierte, daß sich die eilends durchtelegraphierten Worte danach mühelos und ohne Änderungen «darauflegen» ließen – so als habe er ihn schon längst innig gekannt und im Unterbewußtsein getragen.

Außerdem sind zu nennen: die mittelalterliche Stimmung des *media vita*, die Allgegenwart des Todes und des Leides, die «Totentänze», Trauermärsche und Leichenumzüge («streng wie ein Kondukt»), die sein ganzes Werk durchziehen; ferner das «Purgatorio»-Motiv, das heißt jene Elemente, die der mittelalterlichen Kirchenlehre verpflichtet sind (siehe oben S. 65), sowie die Dantesche Welt «vom Inferno bis zum Paradiso» (Motto des Schlußsatzes der *Ersten Sinfonie*), die bis ins Spätwerk hinein immer wieder auftaucht, und die damit zusammenhängenden Vorstellungen Mahlers von Sünde und Schuld, Ethik und Askese – allesamt in frappierender Weise an mittelalterliches Denken erinnernd; und schließlich das Motiv des *Ewig-Weiblichen* als Metamorphose der Maria-Mutter-Königin-Vorstellung des Mittelalters.

Nicht alle diese Bereiche können im Rahmen unserer Betrachtungen ausführlich untersucht werden. Wir müssen uns auf eine mehr hinweisend-fragende Darstellungsart beschränken.

Dabei wird allerdings immer berücksichtigt werden müssen, daß es sich, unserer Ansicht nach, um eine *andere Schicht* im Wesen Gustav Mahlers handelt, die sich gleichsam über die bisher dargestellte legt und deutlich von ihr unterscheidet. Aus methodischen Gründen muß jedoch manches «auseinanderdividiert» werden, was in der lebendigen Persönlichkeit als ein Ganzes erschien.

«Angst und Not bedrängen mich, entfliehen kann ich nicht»

Angst und Furcht sind Grunderfahrungen der Menschen im Mittelalter. Die Welt war voller Zeichen, günstiger, aber auch unheilbringender; Hungersnöte, Mißernten, Sturmkatastrophen und Erdbeben – Gottesstrafen, die über die Menschheit kamen, waren sie allesamt. Die Grundstimmung war eine apokalyptische. Das Ende war jederzeit nahe. Elend, Verderben und Tod ragten ins tägliche Leben hinein. Die Umkehr und Buße predigten, hatten leichtes Spiel. «Ohne ihre Höllenangst (und andererseits ihre Heilsbesessenheit) wird man die Wesensart dieser Menschen von damals kaum ganz begreifen können. Im Schlußgebet des um 1480 in Straßburg als Druck herausgegebenen ‹Antichrist› heißt es: ‹Angst und Not bedrängen mich, entfliehen kann ich nicht ...› Und der Schlußsatz: ‹So schreie ich: miserere mei deus›.»[72] Das Mittelalter ist, nach Otto Borst, die Zeit der «großen kollektiven Angst», und man kann sich fragen, ob nicht diese Grundstimmung der Angst einer der Faktoren war, die bei der Geburt des mittelalterlichen Glaubens Pate standen.

Die Seele des Menschen konnte, abhängig von ihrer inneren Orientierung, vom Teufel geholt oder von den Engeln errettet werden. Bei diesen Vorstellungen, die wir in höchst drastischer Ausprägung noch bei Hieronymus Bosch antreffen, handelte es sich primär nicht um kirchlich-dogmatische Lehren, sondern um ein tiefes Wissen um den Verlust des Urewig-Himmlischen durch

Abb. 10: Spätmittelalterliches Weltbild: Hieronymus Bosch (um 1460–1516), «Das Weltgericht» (Mitteltafel). Über der Darstellung der sieben Todsünden (unten) und des Fegefeuers (Purgatorio, Mitte) thront Gott, der Weltenrichter, inmitten der zwölf Apostel, des Johannes und der Maria; im Umkreis Posaune blasende Engel. Eigenartigerweise ist

die zu starke Hinwendung zum rein Irdischen – eben jene Polarität also, die wir zu Beginn unserer Betrachtungen als Leitmotiv des Mahlerschen Weltbildes kennenlernten. Interessanterweise stammt das Motto, mit dem wir unsere Darstellung dort eröffneten, aus einem Vortrag Rudolf Steiners über das berühmte mittelalterliche Bild «Triumph des Todes» (ursprünglich «Purgatorio» genannt!) an der Mauer des Campo Santo zu Pisa. Dieser Vortrag trägt den Titel «Kindeskraft und Ewigkeitskraft».

Wir geben hier den wesentlichen Gedanken wieder, den Steiner, das Bild im Sinne des mittelalterlichen Weltbildes deutend, entwickelt. Er spricht zuerst von der Anschauung, daß etwas im Menschen kindlich bleiben muß während des Erdenlebens, etwas, was sich die Menschen bewahren können, selbst wenn sie alt und greisenhaft werden: innere Kindlichkeit, Unschuld des Fühlens und dadurch – Himmelsnähe. Solche Seelen werden auf dem «Purgatorio» als Kinder dargestellt, die von Engeln geholt werden.

Demgegenüber stehen die Seelen der Menschen, «die nicht nur äußerlich physisch, sondern auch seelisch alt werden dadurch, daß sie das Seelisch-Irdische annehmen. Denn nur auf Erden wird man alt. Die, welche alt werden, können es nur werden durch Schuld, durch das, was ablenkt von dem Urewig-Himmlischen. Daher schauen ihre Seelen aus wie altgewordene Menschen, wogegen die Seelen derer, die verbunden bleiben mit dem, was den Zusammenhang bewahrt mit dem Urewigen in der geistigen Welt, die kindliche Gestalt behalten.»

Die Angst, die den Menschen des Mittelalters peinigte, ist also letztlich weniger die Angst vor den physischen Bedrohungen

bei Bosch kein Seelengericht dargestellt. Die Seelen, die das Purgatorio durchlaufen haben, werden von Engeln in göttliche, «höh're» Sphären (Paradiso) geleitet. Auch bei Gustav Mahler gibt es nicht «Strafe und nicht Lohn! Ein allmächtiges Liebesgefühl durchleuchtet uns mit seligem Wissen und Sein» (Programm der Zweiten Sinfonie).

durch die Welt als die vor dem *seelischen* Altwerden, vor dem Verlust des «inneren Kindes» im Menschen, dem «zweiten Tod»! Wenn dieser eingetreten ist, holt einen der Teufel. Noch das barocke Oberuferer «Dreikönigsspiel»[73] stellt diesen Sachverhalt im drastisch-einfachen Bilde vor uns hin: Herodes wird, nachdem er die kleinen Kinder hat umbringen lassen, unter Donnergetöse vom Teufel mit fortgerissen – nicht nur, weil dies der verdiente Lohn des Mörders ist, sondern weil er mit dem Kindermord gleichzeitig den letzten Rest dessen in sich ertötet hat, was noch an Kindhaftigkeit in ihm selbst vorhanden war.

Mahlers Hereinholen des «Kindesprinzips» in die Sinfonien folgt im Grunde der mittelalterlichen Vorstellung von der damit verbundenen *Seelenrettung*. Wo dieses Rettende fehlt, tritt Schuld, Aussichtslosigkeit (Pessimismus) und schließlich der (seelische) Tod ein – womit ein Grundmotiv der mittleren Trias der Sinfonien (Nr. 5, 6 und 7) charakterisiert wäre.

In dieselbe Zeit fällt die Komposition der *Kindertotenlieder*. Zeugen sie auf der einen Seite von Vorahnungen kommender biographischer Ereignisse, so sind sie andererseits doch auch Ausdruck der Klage über den Verlust der «inneren Kindhaftigkeit», das heißt jenes *seelische Altwerden an der Welt*. Dennoch: «Wo aber Gefahr ist, wächst das Rettende auch.» Denn es sind *Lieder*, nicht rein instrumentale, «sprachlose» Formen, in denen sich diese Klage äußert. Und indem es Mahler gelingt, sich im Medium des Liedes, über die menschliche Stimme, zu artikulieren, ist *damit* bereits die seelische Kraft aktiviert, die allein in der Lage ist, die drohende seelische Erstarrung zu überwinden. Resultat dieser inneren Überwindung ist dann die *Achte Sinfonie*, die in Hunderten menschlicher Stimmen von einer erstaunlichen Neu-Geburt im Zeichen der Positivität kündet. Ihr zweiter Teil – bekanntlich die Schlußszene aus Goethes Faust (Zweiter Teil), die ja den Weg einer *geretteten Seele* darstellt – ist eine einzige große «Verjüngung», ein Wiederaufstieg in das Reich, aus dem wir alle stammen: eine *Himmelfahrt*.

Hexen, Zauberei, Dämonen – was uns heute als Aberglaube erscheinen will, ist für den Menschen des Mittelalters tägliche Lebensrealität, mit der er rechnet und umgeht.

Die Welt ist voller dunkler Mächte, die den Menschen irreführen wollen, um ihn danach, wenn er sich dessen bewußt wird und sich im «Elend» befindet, um so mehr zu verspotten und zu verderben.

Schnell verkehrt sich Hoffnung in Furcht, Lust in Leid, Gesundheit und Wohlstand in Krankheit und Armut. Die Pest, der schwarze Tod, lauert den Menschen auf, und die mittelalterlichen Totentänze zeigen, daß es meist dann mit einem zu Ende ist, wenn der Betroffene am wenigsten damit rechnet. Dieses ganze trügerische Leben läßt sich mit einem Satz aus einem Brief Gustav Mahlers treffend charakterisieren: «Überall ist das Elend zu Hause, und es legt die seltsamsten Kleider an, um die armen Menschenkinder zu verspotten.»[74]

Wir treffen das grausige Treiben jener Mächte, die «die Welt wie in einem Zerrspiegel» (Gustav Mahler) erscheinen lassen, in den Sinfonien Mahlers ständig an. Gerade jenes vielumstrittene Hauptkennzeichen seiner Musik, das Nebeneinander von Banalem und Heiligem, Makabrem und Ergreifendem, ist ein durch und durch mittelalterliches Element. Seine Musik ist so bunt gemischt und schlägt häufig so unerwartet von einem Extrem in ein anderes um wie das Leben jener Jahrhunderte.

Neben der höchsten Ekstase ist das «Nächtige» (Bruno Walter), Schaurige, Dämonisch-Zwielichtige, Makabre bei Mahler unterschwellig immer anwesend. Es unterscheidet sich stark von vergleichbaren «romantischen» Elementen etwa bei Berlioz oder Schumann, denn es tritt in immensem Maße gesteigert, ja verzerrt auf. Die spezifisch Mahlersche Tonart in diesen Bereichen hat eine andersartige, noch nie dagewesene Qualität. Sie geht einem unmittelbar tief unter die Haut.

Die wohl sprechendsten Beispiele dafür finden sich in der *Vierten Sinfonie*, deren Beziehung zur mittelalterlichen Welt überhaupt sehr eng ist,[75] und in der *Siebten*. Über den Kopfsatz der *Vierten* äußert Mahler, es sei darin «die Heiterkeit einer höheren, uns fremden Welt ..., die für uns etwas Schauerlich-Grauenvolles hat».[76] Ein gespenstischer Geisterreigen ist auch der zweite Satz mit dem schrill-scharfen Klang der um einen Ton höher gestimmten Solo-Violine. «Freund Hein spielt auf/ Totentanz» lautet der Untertitel dieses Satzes nach mündlichen Erläuterungen Mahlers. Es ist das Motiv des «Spielmanns» als Tod mit der Fiedel, das uns hier in dämonisierter Form wiederbegegnet.

Ähnliches gilt für den dritten Satz der *Siebten Sinfonie* («Schattenhaft») oder die Scherzi der *Neunten* («Rondo-Burleske») und *Zehnten*. Bei den letztgenannten Stücken stellt sich durch die Wirkung des unruhigen Ziehens und Zerrens (häufige Takt- und Stimmungswechsel) imaginativ das Bild der Grünewaldschen «Versuchung des Heiligen Antonius» ein. Erschütternd auch die Randbemerkung zu den Skizzen des vierten Satzes der *Zehnten Sinfonie*: «Der Teufel tanzt es mit mir.»[77]

Angesichts all dessen läßt sich vermuten, daß es wohl gerade *diese* Züge Gustav Mahlers waren, die Thomas Mann intuitiv an das Mittelalter denken ließen und so in die Hauptfigur seines «Doktor Faustus», den Komponisten Adrian Leverkühn, mit eingeflossen sind.[78]

Media vita in morte sumus

Wir schilderten es bereits: Der Tod ist im Mittelalter allgegenwärtig. Jederzeit kann er zuschlagen. Die Imagination des Todes als «Sensenmann», seitdem als apokalyptisches Signum unauslöschlich in Kunst und Musik (Dürer, Schubert) weiterlebend, tritt uns zuerst in den zahlreichen bebilderten Totentänzen jener

Zeit entgegen, deren plötzliche Popularität mit den vorausgegangenen Pestepidemien zusammenhängen dürfte.
«Der Tod ist eine Macht im Mittelalter, nein, er ist *die* Macht mitten im Leben ... Er mäht ganze Dörfer nieder, ganze Täler, ganze Städte. Die Sterblichkeit war entsetzlich. Florenz, 1338 mit 90.000 Einwohnern eine der größten europäischen Städte überhaupt, verlor mit 50.000 Menschen mehr als die Hälfte seiner Einwohnerschaft ... Der Gesamtverlust Europas hat nach neueren Berechnungen wohl fünfundzwanzig Millionen betragen: man meinte damals, es sei leichter, die Übriggebliebenen zu zählen als die Umgekommenen.»[79]

Der unvorhergesehene Tod, die «mors improvida», der jähe, plötzliche Tod, der weder Zeit für Buße noch für irgendeine Vorbereitung läßt, ist das «Zentralproblem» (O. Borst) geworden, «und mit einem Male steht er leibhaftig vor einem, der Tod in Person, der als Reigenführer die Menschen einzeln, paarweise oder in Gruppen seinem Reiche zugeleitet ... Jünglinge und Greise, Frauen und Kinder, Bauern und Bischöfe, Könige und Bettler, Narren und Heilige: alle drehen sich im Reigen, und der Tod spielt die Fiedel dazu.»[80]

Nicht so sehr die Gestalt des Todes an sich, sondern die Tatsache, daß der Tod *tanzt* und so in grotesker Ironie eine «foppende Imitation des Lebens vorführt»[81] – macht das eigentliche Grausen der Totentänze aus.

Das Motiv des Todes als Tanzführer und fiedelnder Spielmann, der in grausiger, makabrer Ironie eine burleske Imitation des Lebens betreibt, führt uns mitten hinein in die Welt Gustav Mahlers. Es wird jedem, der auch nur oberflächlich mit seinem Werk vertraut ist, deutlich sein: Diese grausige Ironie, die scheinbare Heiterkeit, hinter der sich ein fratzenhaftes, lähmendes Grinsen verbirgt, das unerwartet-plötzliche, panischen Schrecken verbreitende Auftauchen des «Freund Hein», die Sphäre des «danse macabre» – sie bilden ein Haupterkennungszeichen der Musik Gustav Mahlers. Der Beispiele sind viele: vom skurrilen Trauerzug der *Ersten Sinfonie* (dritter Satz) über den grotesken

Abb. 11: Der fiedelnde, tanzende Tod holt sich den Jahrmarktpfeifer. Szenen wie diese (Miniatur aus dem «Baseler Totentanz»; Erstdruck 1621 nach einem Original von ca. 1440 an der Kirchhofsmauer des Predigerklosters) evoziert Mahler mehrmals in seinen Sinfonien, insbesondere im schaurigen Scherzo der Vierten Sinfonie («Freund Hein spielt auf»). Grundton dieser Sätze ist immer das «media vita in morte sumus».

«Todtentanz» der *Vierten*, den wilden, schaurigen Veitstanz des zweiten Satzes der *Fünften*, die mächtigen, vernichtenden Hammerschläge im Finale der *Sechsten* – der Tod, der jeden fällt, gegen dessen Griff jeglicher Widerstand sinnlos ist –, das dämonische Scherzo der *Siebten*, ja selbst bestimmte Passagen im Pfingsthymnus der *Achten*, dann wiederum die stockenden, angstvollen Herzschlags-Rhythmen im ersten Satz der *Neunten* sowie (in der Rondo Burleske) das eisige Grauen, das sich immer wieder meldet, um die Schein-Idylle des ländlerischen Tanzes zu zerstören – und schließlich, in der unvollendeten *Zehnten*, eine wahre Apotheose des Sensenmannes: der gräßliche Aufschrei im ersten Satz, dem erschütternden Adagio, aus acht aufeinandergeschichteten Terzen (dem Intervall der Lieblichkeit und des blühenden Lebens, hier bis zur Verwesung gesteigert) bestehend; im weiteren Verlauf jener Ausruf, in die Partitur geschrieben: «Der Teufel tanzt es mit mir», dann der dumpfe, immer wiederkehrende Schlag der gedämpften großen Trommel, einem in New York beobachteten Begräbnisaufzug abgelauscht – kein Werk, in dem nicht jene höhnende, schneidende Ironie auftauchen würde, die das mittelalterliche Bild des Todes prägt. Und wir stellen betroffen fest: Der Tod, und zwar der Tod, wie ihn das Mittelalter kannte, ist ein Haupt-Topos der Musik Gustav Mahlers.[82]

Man kann sich daher fragen, ob nicht auch Mahlers persönliches Verhältnis zum Wirken des Todes in der Welt eine «mittelalterliche» Erlebniskomponente aufweist. «Modern», etwa im Sinne des Existentialismus des 20. Jahrhunderts, war es jedenfalls nicht.

Vom Sterbenlernen – de arte moriendi

Es ist bekannt, daß Gustav Mahler schon früh mit dem Tode leben lernen mußte. Von seinen elf Geschwistern starben fünf bereits im Kindesalter, der ein Jahr jüngere Lieblingsbruder Ernst im Alter von dreizehn Jahren. «Er war sein Spielgefährte, sein

Vertrauter in all den herrlichen Kindergeheimnissen, von denen der erwachsene Mensch nur dumpfe, undeutliche Erinnerungen bewahrt. Dieser Bruder erkrankte schwer und starb nach langem Leiden im Frühling des Jahres 1874. Gustav soll tagelang nicht vom Krankenbett gewichen sein und dem Bruder unaufhörlich Geschichten erzählt haben.»[83] Der musikalisch hochbegabte Bruder Otto (geboren 1873) begeht, dreiundzwanzig Jahre alt, Selbstmord.

Todeserlebnisse prägen die Biographie Gustav Mahlers, sowohl als Vorausschau der eigenen Aufbahrung[84] beziehungsweise, in den *Kindertotenliedern*, als Vorahnung des Todes des eigenen Kindes als auch aufgrund von Ereignissen im allernächsten menschlichen Umkreis. So war zum Beispiel die Bestattungsfeier für den Dirigenten Hans von Bülow das auslösende Moment für das Finale der *Zweiten Sinfonie*, die als Ganzes zwar den Titel «Auferstehung» trägt, zunächst jedoch als eine «Totenfeier» (so der Titel der Urfassung ihres ersten Satzes) anhebt.

Das «Sterbenlernen» war im Mittelalter eine Kunst, die *ars moriendi*. Es gibt eine Strömung in der mittelalterlichen Literatur, die sich speziell diesem Thema widmet.[85] Nicht ohne Grund wurde das Spiel vom «Jedermann», der das Sterben lernen muß, binnen kürzester Zeit so populär. Eine Zusammenfassung solcher Anweisungen zum Sterbenlernen gibt des Thomas von Kempen «Buch von der Nachfolge Christi» (15. Jahrhundert) unter der Überschrift «Sterblicher, denk ans Sterben!» (Erstes Buch, 23. Kapitel):

«Alles, was du denkst und tust, alles soll so gedacht und getan werden, als wenn du heute noch sterben müßtest … So sei immer bereitet, und lebe so, daß dich der Tod nie unvorbereitet finden kann. Es sterben doch so viele plötzlich und ehe sie es vermuten. Der Menschensohn kommt ja auch in diesem Sinn zur Stunde, wo man es nicht glaubt … Sei du immer wie ein Fremdling und Gast auf Erden und halte die Dinge der Welt für Geschäfte, die dich nichts angehen. Denn es ist für dich hienieden keine bleibende Stätte.»

Der Hinweis auf den Menschensohn macht deutlich, daß es sich hier nicht um ein fatalistisches Zuharren auf den unvermeidlichen Tod handelt, sondern um ein «Sterben in Christo», eben im Sinne einer «Nachfolge Christi». Und so steht der Tod für den, der mit ihm umzugehen gelernt hat, letztlich unter dem «Siegel der Ewigkeit. Diese Ewigkeit leuchtet über dem mittelalterlichen Alltag, seinem Schmutz, seiner Erbärmlichkeit, seiner Armut, seinen Abgründen.»[86]

Daß Gustav Mahler den Tod, das Sterben, in diesem Sinne denken konnte, zeigen schon die von ihm gedichteten Worte des Auferstehungs-Finales der *Zweiten Sinfonie*, die in der Aussage gipfeln: *Sterben werd' ich, um zu leben!*

Was dort noch etwas programmatisch-weltanschaulich klingt, wird immer mehr zur *Lebensrealität*. Jenes «*Darum muß ich ethisch leben!*» aus den Hamburger Jahren, welches Richard Specht überliefert hat, läßt sich auch im Sinne der Ermahnungen des Thomas von Kempen hören: Alles, was du tust und denkst, sei «sub specie mortis» vollbracht.

Die Meisterung der schweren Kunst der *ars moriendi* wird ein Lebensmotiv Mahlers. Vor allem die letzten Jahre ab 1907 stehen ganz unter dem Auftrag: «Lerne zu sterben – lerne Abschied zu nehmen!»

«Von ferne, da kommt er, der Bruder, der Tod»

Schon Paul Bekker sprach es in seinem Buch über Gustav Mahlers Sinfonien aus: Die Entwicklung des Werks vollzieht sich in «Kreisen», Bereichen, die auseinander hervorgehen. Dabei zeigt sich, daß immer wieder *Abschied* genommen werden muß von einem vertraut gewordenen, mühsam eroberten musikalisch-seelischen Lebensraum. Das Motiv des Abschieds zieht sich durch das gesamte Werk Mahlers.

So stehen die ersten vier Sinfonien, das heißt das gesamte

Frühwerk, unter dem Zeichen des Abschieds von der himmlischen, paradiesischen Welt (wir stellten dies bereits im ersten Kapitel dar) – ein Sterbeprozeß, der mitten hineinführt in die rein irdische Welt der Kämpfe und Auseinandersetzungen. Beziehungsreich wird denn auch diese Werkgruppe mit einem Trauermarsch eröffnet (erster Satz der *Fünften Sinfonie*), worauf ein wilder Kampf im Zeichen des Beethovenschen «Schicksalsmotivs» seinen Anfang nimmt (siehe nebenstehende Seite).

Nach der Meisterung dieser rein irdischen Welt, in der ein Himmel nur noch von ferne geahnt werden kann (Rückert-Lieder, Adagio der *Fünften* und der *Sechsten Sinfonie*), und dem Heimischwerden in ihr ertönt der nächste Ruf: Nun sollen die errungenen Erdenpositionen wieder aufgegeben werden. In seinem Schicksalsjahr 1907 tritt Mahler nach längeren inneren und äußeren Kämpfen von seiner Position als Hofoperndirektor zurück, wenig später stirbt seine über alles geliebte älteste Tochter, und seine ernste Herzschwäche tritt zutage. Seine Frau schildert das wie mit einem Donnerschlag veränderte, neue Lebensgefühl Mahlers in dieser Zeit:

«Er blieb fortwährend stehen, wenn wir einen Spaziergang machten, und zählte die Pulsschläge. Oft am Tag bat er mich, die Herztöne zu hören, ob sie rein klängen, erregt seien, oder ruhig … Mahler hatte nun einen Schrittzähler in der Tasche, er zählte Schritte und Pulsschläge, und sein Leben war eine Tortur für ihn geworden … Er plagte sich mit dem ‹Lied von der Erde› und den Skizzen zur Neunten ab.»[87]

Im Leit-Rhythmus des ersten Satzes der *Neunten* läßt sich, wenn man will, der Widerhall jenes unregelmäßigen, angstvoll stockenden Herzschlages erkennen:

Aus diesem neuen, gewandelten Lebensgefühl heraus sind Mahlers letzte Werke entstanden. Was sich zuerst als erhöhter «Daseinsdurst» im Angesicht des Todes äußert – man lese einmal die über-

Fünfte Sinfonie, 2. Satz («Stürmisch bewegt»), T. 133 – 149. Kombination von Trauermarsch und «Schicksalsmotiv», dann Übergang zur «Kampf-Episode».

schwenglichen Briefe, die er in diesen letzten Jahren an seine Frau richtete –, geht allmählich in wehmütig-lächelnde Abschiedsstimmung über. Der Eintritt in den letzten Lebenskreis ist vollzogen.

Aus den Eintragungen Willem Mengelbergs in seine persönliche Dirigierpartitur[88] wissen wir, aus welchen Empfindungen, aus welchem Lebensgefühl die *Neunte Sinfonie* hervorgegangen ist (und ähnlich *Das Lied von der Erde*). Demnach ist die *Neunte* ein «Abschied von allen, die er liebte, und von der Welt». Der erste Satz: «Abschied von ‹seinen Lieben›, seiner Frau und Kind – Wehmut, tiefste.» – Der zweite Satz: «Totentanz – Du mußt in's Grab hinein! – Indem du lebst, vergehst du. Grimmiger Humor.» Zum dritten Satz notiert Mengelberg: «Galgenhumor! Arbeit, Schaffen, alles vergebliches Bemühen, dem Tod zu entrinnen! Trio: ein verschrobenes Ideal (Urmotiv).» Der vierte Satz schließlich: «Mahlers Lebenslied: Mahlers Seele singt ihren Abschied! Er singt sein ganzes Inneres. Seine Seele singt – singt – zum letzten Abschied: ‹Leb wohl!› Sein Leben, so voll und reich, ist jetzt bald beendigt! Er fühlt und singt sein ‹Lebe wohl, mein Saitenspiel›.» Mengelberg unterlegt sodann die Worte «Leb' wohl» dem Hauptthema des ersten Satzes:

Und Alban Berg äußert sich (in einem Brief an seine Frau) ganz ähnlich:

«Der erste Satz ist das Allerherrlichste, was Mahler geschrieben hat. Es ist der Ausdruck einer unerhörten Liebe zu dieser Erde, die Sehnsucht, in Frieden auf ihr zu leben, sie, die Natur, noch auszugenießen bis in ihre tiefsten Tiefen – bevor der Tod kommt. Denn er kommt unaufhaltsam. Dieser ganze Satz ist auf Todesahnung gestellt. Immer wieder meldet sie sich… am stärksten natürlich bei der ungeheuren Stelle, wo diese Todesahnung *Gewißheit* wird, wo mitten hinein in die tiefste, schmerzvollste Lebenslust ‹mit höchster Gewalt› der Tod sich anmeldet. Dazu das schauerliche Bratschen- und Geigensolo und diese ritterlichen Klänge: der Tod in der Rüstung! Dagegen gibts kein Auflehnen mehr!»[89]

Daß diese Deutungen nicht Produkt romantisch-verklärender Persönlichkeitsverehrung sind, sondern genau den inneren Gehalt dieser Musik treffen, beweisen Mahlers eigenhändige Eintragungen in den Partiturentwurf. Es heißt da (beim Auftreten des ersten Themas in der Durchführung): «O Jugendzeit! Entschwundene! O Liebe! Verwehte!» und gegen Schluß des Satzes (tatsächlich im Zusammenhang mit jenem Thema, dem Mengelberg dieselben Worte unterlegte): «Leb' wohl! Leb wohl!» – Ähnlich, wenngleich in bereits nachtodliche Sphären führend, jene Randbemerkungen in den Skizzen zur unvollendeten *Zehnten Sinfonie* (sie wurden bereits einige Male zitiert).

Mahlers seelische Verfassung ist in den letzten Jahren von einer allmählich einsetzenden Lösung der Lebenskräfte vom Körper geprägt:

«Ich durchlebe jetzt so unendlich viel (seit anderthalb Jahren), kann kaum darüber sprechen ... Ich sehe alles in einem so neuen Lichte – bin so in Bewegung; ich würde mich manchmal gar nicht wundern, wenn ich plötzlich einen neuen Körper an mir bemerken würde. (Wie Faust in der letzten Szene.) Ich bin lebensdurstiger denn je und finde die ‹Gewohnheiten des Daseins› süßer als je.»[90]

Die seelische Lösung vom Erdenleib und von der Erde, eine der Stufen der *ars moriendi*, davon sind die letzten Werke Klang gewordenes Zeugnis. Die seelische Substanz, die in deren musikalische Vorgänge hineingeflossen ist, bildet die eigentliche Quelle des charakteristischen Spätstils Mahlers. Dieser Spätstil ist es vor allem, der die Tore zur Musik des 20. Jahrhunderts aufgestoßen hat. Mit anderen Worten: Wir verdanken diesen real auskomponierten, Musik gewordenen Todes- und Sterbeprozessen einen, vielleicht sogar *den* entscheidenden Anstoß zur neuen Musik!

Abb. 12: Alma Mahler im Alter von dreiundzwanzig (?) Jahren. Für Gustav Mahler war sie «Jungfrau, Mutter, Königin, Göttin» (so Doktor Marianus in Goethes Faust II). Er bezeichnete sie einmal als den «Centralpunkt meines Lebens».

Über all diesen Zeugnissen, die das Spätwerk in das Licht einer gewissen Resignation und Wehmut tauchen, sollte nicht vergessen werden, daß der letzte «Schaffenskreis» bereits mit der *Achten Sinfonie* einsetzt. Sie, die in gewissem Sinne den Höhepunkt des Mahlerschen Lebenswerkes darstellt («es ist das Größte, was ich bis jetzt gemacht»), ist einerseits Ausdruck des Zenits der Schöpfer- und Lebenskraft, andererseits Beginn des «absteigenden», ausklingenden Entwicklungsbogens. Dies spiegelt sich in den beiden Sätzen beziehungsweise Teilen des Werks: Der erste Satz, der Pfingsthymnus «Veni Creator Spiritus», ist jubelnde Preisung des die Welt durchwehenden lebendigen Geistes, des schaffenden, allerneuernden, weltverjüngenden; ist Ausdruck wärmster, freudigster Lebensbejahung. Das «Leiden an der Welt», das vor allem die mittleren Sinfonien prägte, ist hier endgültig überwunden. – Der zweite Satz, die Schlußszene des *Faust II*, markiert bereits den Wendepunkt: Fausts Himmelfahrt, der Weg der Seele *nach dem Tode*, rückt ins Blickfeld. Es sind nicht mehr irdische, sondern nachtodliche Vorgänge, die hier geschildert werden – Ausdruck der inneren Umorientierung auf ein näherrückendes «Jenseits» –, aber nicht resignativ, sondern in positiver Hinwendung auf neue, zukünftige Daseinsstufen gestaltet.

Bezeichnenderweise entsprechen die durch die beiden großen Teile der Sinfonie markierten Situationen ganz genau der Seelenverfassung Fausts vor seinem Tode: Der Tod mit dem sofort beginnenden Aufstieg in die «höheren Sphären» ereilt ihn im Augenblicke höchster Daseinsfreude, höchsten Lebensgenusses! Mahler muß dies selbst stark empfunden haben, denn als er die Uraufführung der in noch glücklichen Tagen (Sommer 1906) komponierten Sinfonie dirigierte (12. September 1910), war er bereits ein anderer, vom nahenden Tode Gezeichneter.

Hier, in der *Achten*, wird das «rettende Prinzip», bisher durch das Kindesprinzip vertreten, zu einer allgemeineren, in ihrer vollkommensten Erscheinung nur zu ahnenden, gleichnishaften

Form erweitert: Das *Ewig-Weibliche*, im Faust personifiziert durch die jungfräuliche «Mater gloriosa», welches uns in die «andere Welt», die «höh'ren Sphären» geleitet.[91] Dieses Prinzip ist, nach Mahlers eigenen Worten, das «hinter allen Erscheinungen dauernd Unvergängliche», welches «*unbeschreiblich*» ist und «uns mit mystischer Gewalt hinanzieht, was jede Creatur, vielleicht sogar die Steine, mit unbedingter Sicherheit als das Centrum ihres Seins empfindet, was Goethe hier – *wieder in einem Gleichnis* – das *Ewig-Weibliche* nennt».[92]

Darin zeigt sich eine weitere Beziehung zur mittelalterlichen Vorstellungswelt, denn das Ewig-Weibliche, die Mater Gloriosa, ist nichts anderes als die «Jungfrau, Mutter, Königin» des Mittelalters. Goethe selbst wies bekanntlich auf den Zusammenhang der letzten Szene mit den kirchlich-mittelalterlichen Vorstellungen hin (am 6. Juni 1831 zu Eckermann): «Übrigens werden Sie zugeben, daß der Schluß, wo es mit der geretteten Seele nach oben geht, sehr schwer zu machen war, und daß ich, *bei so übersinnlichen, kaum zu ahnenden Dingen*, mich sehr leicht im Vagen hätte verlieren können, wenn ich nicht meinen poetischen Intentionen *durch die scharf umrissenen, christlich-kirchlichen Figuren und Vorstellungen* eine wohltätig beschränkende Form und Festigkeit gegeben hätte.»

Ist hier nicht die Frage berechtigt, ob es nicht gerade der «mittelalterliche» Duktus der Goetheschen Darstellung gewesen ist, welcher Mahler zu dieser Schlußszene greifen ließ? Wir zitierten bereits Bruno Walter, der darauf aufmerksam machte, daß Mahlers «geistige Kompaßnadel im Durchforschen der geistigen Welt unbeirrt in die eine Richtung [wies] – *nach oben*». Das Prinzip, welches uns in diesem Sinne «nach oben» führt, es ist eben, im höchsten, Goetheschen Sinne gedacht, jenes «Ewig-Weibliche», das uns «hinanzieht». Hinter der Figur der Mater Gloriosa als dessen Repräsentantin schwingt die ganze mittelalterliche Marienverehrung mit, ja selbst vorchristliche, antike Nuancen: Die Himmelskönigin ist nicht nur Jungfrau und Mutter, sondern auch «Göttin» – ein Hinweis auf die Verehrung der

Göttin Natura in den platonischen Strömungen des Mittelalters (Chartres), in der sich alte Mysterientraditionen fortsetzen. Doch auch in der ägyptischen Isis, der griechischen Demeter und anderen Göttinnen finden wir das Mysterium des Ewig-Weiblichen, jener «Kraft der Kräfte», wie Edouard Schuré es ausdrückt.[93]

Hier schließt sich der Kreis. Denn die Schlußszene des Faust ist undenkbar ohne den inneren Bezug auf Dante, das heißt die Gestalt, die das Ewig-Weibliche als *Weltprinzip* in der *Göttlichen Komödie* annimmt. Die seelenerhebende, in die geistige Welt führende Wirkung der «una poenitentium» (sonst Gretchen genannt) als Dienerin dieses höchsten Prinzips ist dieselbe wie die der Beatrice, der Erlöserin des Geliebten, in der *Divina Comedia*.[94]

Bewußt sind all diese Elemente von Goethe miteinander verschmolzen worden – unbewußt-instinktiv hat Gustav Mahlers «geistige Kompaßnadel» auf sie ausgeschlagen. Blitzartig, «wie eine Vision», stand der Wunderbau der *Achten* mit einem Mal vor seinem inneren Auge, sie überfiel ihn förmlich. Muß nicht eine schon vorhandene, latente innere Korrespondenz mit den «scharf umrissenen christlich-kirchlichen Figuren» in jenem blitzartigen Inspirationsaugenblick erwacht sein, um ein solches Wunderwerk in seiner überzeugenden Gültigkeit hervorzubringen?

Wie dem auch sei – Mahlers Leistung liegt mit Sicherheit nicht nur in der genialen Evozierung der mittelalterlich-christlichen Welt, sondern vor allem darin, daß hier das Faust-Motiv zum ersten Mal eine dem Zeitgeist des 20. Jahrhunderts verpflichtete Erscheinungsform gefunden hat. Die Stimme dieses Geistes – und das soll Gegenstand unserer weiteren Betrachtungen sein – tönt uns aus der Musik Gustav Mahlers unüberhörbar entgegen.[95]

GABRIEL UND MICHAEL

Das Charakteristische des Michael-Zeitalters ist, daß alle Schleusen gezogen sind, ob wir es wissen oder nicht: Die Begriffe werden noch gehalten von den Denkgewohnheiten der Gabriel-Zeit. Durch unsere Reihen schleichen die Dämonen und schreiten die Götter. Man versteht nicht, was heute geschieht, wenn man sich nicht dazu aufschwingt, im Sinne des Michael-Zeitalters den Blick auf das Übersinnliche zu richten.[96]

Emil Bock

Es gab vor Mahler vermutlich keinen anderen Komponisten – sieht man einmal von Richard Wagner ab –, dessen Werk sich fast ausschließlich auf transzendente, jenseitsgerichtete Inhalte bezogen hätte. Die Hauptrichtung seines Strebens und Trachtens «nach oben», die nie verstummende Frage nach den «letzten Dingen», der «eschatologische Zug» seiner Musik – dies alles sind in der Sinfonik bis dahin unbekannte Größen. Die «Programme», die Mahler seinen Sinfonien beigab, unterscheiden sich denn auch, wie C. Floros nachgewiesen hat, völlig von denen anderer Musik mit programmatischem Hintergrund (Liszt, Berlioz, ja selbst R. Strauss).

Diese «neue Richtung» hat, neben der Neuartigkeit der musikalischen Sprache Mahlers, dazu geführt, daß er von seinen Zeitgenossen lange nicht verstanden wurde. Viele Aussprüche sind überliefert, in denen er die Gewißheit zum Ausdruck bringt, seine Musik werde wohl erst von zukünftigen Generationen verstanden werden: «Meine Zeit wird noch kommen!»

Die Ewig-Gestrigen, die Philister, das konservative Wiener Publikum und die verständnisunfähige zeitgenössische Musikkritik waren die eigentlichen Gegner Mahlers. Die «junge Generation» eines Berg und Webern dagegen, aber auch die vielen Kinder, die Mahler nach der Uraufführung seiner *Achten Sinfo-*

nie in München zujubelten, Angehörige schon einer neuen Zeit mit neuen geistigen Impulsen, hatten ein unmittelbares Verhältnis zur Musik Mahlers, eine, man ist versucht zu formulieren «angeborene», wie von selbst vorhandene Verständnisfähigkeit. Mußte sich Schönberg (geboren 1874), als ein «Älterer», noch zur rückhaltlosen Anerkennung dieser Musik durchringen, so stellte sich der Generation seiner Schüler fast gar keine Hürde mehr.

Angesichts der heutigen Vertrautheit mit der Musik Mahlers und ihrer Popularität ist es schwer sich vorzustellen, welchen Mut es damals bedurfte, diese Klänge ins Zeitgeschehen hineinzustellen! Die vielfältigen Anfeindungen, denen Mahler auf Schritt und Tritt begegnete, beweisen es. Noch vierzig Jahre nach Mahlers Tod konnte es sich ein Hans Renner in seinem mehrfach neuaufgelegten *Konzertführer* erlauben, jenes fast niederträchtige Urteil weiter zu kolportieren, Mahler habe in seiner Musik Höchstes erstrebt, sei aber an seinen unzureichenden kompositorischen Möglichkeiten gescheitert; das Signum der Mahlerschen Musik sei die peinliche Kluft zwischen Wollen und Können, an welcher er denn auch schließlich zerbrochen sei.

Wer eine Ästhetik der bruchlosen, heilen Welt vertrat, mußte wohl so urteilen. Noch immer haben viele nicht begriffen, daß Mahlers Zeitgemäßheit eben darin besteht, daß sie gerade die Brüche und unlösbaren Widersprüche unserer Zeit, die Katastrophen, die das Bild von einer «intakten Welt» endgültig ad absurdum führten, ausmusiziert, daß sie eben keine «bewährten», «idealen», konservierungswürdigen Lösungen weder der Menschheits- noch der musikalischen Zeitprobleme suggeriert.

Das Unfertige, nie lange Gültige, der Stückwerk-Charakter und die Doppelbödigkeit der Musik Gustav Mahlers einerseits, der moralische Appell, sich dennoch innerhalb all der aufgeworfenen Fragen und Daseinsnöte mutvoll zu behaupten im Aufblick zu einem erstrebten ewigen Prinzip andererseits – darin zeichnet sich ein neues Weltbild ab, das dem des 19. Jahrhunderts diametral entgegengesetzt ist. Es ist weder dem positivistischen

Fortschrittsglauben der Gründerzeit noch der Stimmung des «Fin de siècle» verpflichtet, die gerade im Österreich der Jahrhundertwende so stark war (man denke nur an Hofmannsthal oder Trakl). In der inneren Opposition zu den herrschenden kulturellen und gesellschaftlichen Tendenzen der zweiten Hälfte des 19. Jahrhunderts trifft sich Mahler mit Friedrich Nietzsche. Bezeichnenderweise vermag er diesem erst da nicht mehr zuzustimmen, wo der scharfblickende «Kämpfer gegen seine Zeit» (R. Steiner) in allmählicher Selbstentfremdung immer mehr selbst den von ihm bekämpften Tendenzen verfällt.

Wer genau hinhört, der gewahrt inmitten der furchtbaren apokalyptischen Gewitter und Katastrophen der Mahlerschen Musik nicht nur die so oft beschworene Atmosphäre der Resignation, des Zerfalls, des Niedergangs der «alten Welt» und des Auseinanderbrechens dessen, was einmal klassisch-ausgewogene Sinfonik gewesen war, sondern, ebenso deutlich vernehmbar, die Keime von etwas Neuem, einer erst im Entstehen begriffenen Welt – einer Welt allerdings, die nicht auf der Fortsetzung althergebrachter Kultur- und Denkprinzipien beruht, sondern, vor allem was das Künstlerische angeht, auf neuen schöpferischen Fähigkeiten.[97]

Ein Beispiel für diese neuen Fähigkeiten des Künstlers ist der Schritt in die faszinierende Welt der «Freien Atonalität», den Arnold Schönberg in den Jahren 1908 bis 1912 tat. Hier ist, wenigstens ansatzweise, der Versuch gemacht worden, rein auf der Basis des intuitionsgetragenen künstlerischen Gewissens etwas zu schaffen, was sich nicht mehr (oder nur noch sehr bedingt) an den ästhetischen und harmonischen Gesetzen der Vergangenheit orientiert. Auch die Suche nach wahrhaft neuen Ordnungsprinzipien, die sich schließlich im Prinzip der «Komposition mit Zwölf Tönen» artikuliert, ist Ausdruck des Strebens, eine «neue Welt» zu schaffen.[98]

Daher wäre es falsch, Mahler einfach als Exponenten jener Untergangsstimmung zu betrachten, die vor dem Ersten Weltkrieg herrschte. Mahler stellt zwar zweifellos Zerfalls- und Untergangsprozesse musikalisch dar – allein die formalen Strukturen seiner

Werke sind *die* Lehrschule einer «Logik des Zerfalls» (B. Sponheuer) –, doch er verfällt ihnen nicht. Mehr noch, es gelingt ihm, *Gegenaspekte* musikalische Realität werden zu lassen: Die Schaffung einer neuen Ordnung wird ansatzweise sichtbar. Allerdings ist es keine intakte, vergangenheitsbezogene Ordnung, sondern eine unfertige, die durchaus innere Widersprüche zu zeigen wagt. In ihr gibt es keine «Patentlösungen», keine ewige Gültigkeit der gefundenen Lösungen mehr; sie muß sich in jedem Moment, ja mit jeder Aufführung aufs neue als wahr, als «haltbar», als fruchtbar erweisen.

Hier setzen diejenigen an, die Mahler als Propheten des Kommenden sehen. Und mit Recht. Die Ästhetik der sich selbst aufhebenden beziehungsweise «offenen Form», die Infragestellung des Werkbegriffs, die Gleichzeitigkeit verschiedener zeitlicher und stilistischer Ebenen, die Vorwegnahme neuerer Raumkomposition und selbst der damit einhergehenden neu zu entwickelnden Hörformen[99] – das alles ist, wie wir sogleich sehen werden, bei Mahler bereits veranlagt oder anfänglich realisiert. Eine seiner größten Leistungen aber dürfte darin liegen, daß er statt *Antworten* zu musizieren, fertige, «runde» Lösungen zu bieten, *Fragen* aufwirft; Fragen, die so gestellt werden, daß wir uns als Hörer ihnen nicht entziehen können. Im Gegenteil: Wir sind aufgerufen, selbst mit auf die Suche zu gehen! Arnold Schönberg, in dieser Hinsicht mit Mahler geistesverwandt, erwidert auf die (selbstgestellte) Frage, «worauf es ankommt»: « ... aufs *Suchen!* ... Ich hoffe, meine Schüler werden suchen! Weil sie wissen werden, daß man nur sucht, um zu suchen. Daß das Finden zwar das Ziel ist, aber leicht das Ende des Strebens werden kann.»[100]

Ein neuer Zeitgeist spricht sich hier aus. Es ist nicht der des 19. Jahrhunderts, nicht einer, der die Traditionen der Vergangenheit zu bestätigen fordert. Es ist ein Geist, der ständig aufruft, aus dem Jetzt, der Gegenwart, in freiem Willenseinsatz Neues zu schaffen. Von alters her wurde dieses reale Geistwesen in der Imagination des *Erzengels Michael* geschaut.

Rudolf Steiner schildert, wie die geschichtliche Entwicklung der Menschheit in großen Epochen verläuft, die jeweils unter der Inspiration bestimmter «Zeitgeister» stehen. So hat er ausführlich dargestellt, daß im Jahre 1879 eine neue Epoche, das sogenannte «Michael-Zeitalter», begonnen hat.[101] Es ist nach dem Erzengel-Wesen benannt, welches bereits im Altertum in vielerlei Weise verehrt wurde. «Der Name kann beibehalten werden» (R. Steiner) – die über alle mythologischen und kirchlichen Traditionen hinausgehende Enthüllung seines eigentlichen Wesens in seiner heutigen, aktuellen Weltbedeutung jedoch verdanken wir Rudolf Steiner.

Es ist nicht möglich, die außerordentlich umfassenden Aspekte dieses Themas hier auch nur annähernd darzustellen. Für unseren Zusammenhang ist die Frage entscheidend, ob sich in Leben und Werk Gustav Mahlers etwas von dieser neuen, «michaelischen» Zeitsignatur spiegelt.

Wenn wir uns dieser Frage nähern, müssen wir zuerst einige allgemeine Kulturphänomene des 19. Jahrhunderts betrachten. Denn dieses Jahrhundert ist von einem starken Dualismus gezeichnet, der die welthistorische Wende zwischen zwei Zeitaltern widerspiegelt beziehungsweise den Übergang vom Gabriel-Zeitalter zum Michael-Zeitalter.

Zunächst einmal fällt auf, daß im Laufe des 19. Jahrhunderts bestimmte Tendenzen kulminieren, die letztlich unter dem Begriff einer «materialistischen Weltsicht» zusammengefaßt werden können. Es hat so etwas wie eine vollständige Umkehrung der idealistischen Anschauungsweisen stattgefunden, wie sie am Anfang des Jahrhunderts noch bei Goethe, Hegel, Novalis, W. von Humboldt und anderen lebten.

Nun wird es üblich, die Naturerscheinungen, aber auch die menschlichen Erkenntnisvorgänge von einem Standpunkt zu betrachten, der zur völligen Entidealisierung der Wirklichkeit, zum Primat des Stofflichen führt. Im Vergleich der Evolutionslehren Goethes und Darwins (oder der Newtonschen und Goetheschen

Farbenlehre) werden die gegensätzlichen Anschauungsweisen deutlich sichtbar. Eine mechanistische Weltsicht prägt sowohl das Menschenbild der Medizin (der Mensch – eine Maschine) wie auch die gesellschaftliche Wirklichkeit (der Mensch als Rädchen im Getriebe) der entstehenden Industriegesellschaft. Nietzsches Wort von der «Umwertung aller Werte» läßt sich ganz real anwenden: Sowohl Marx als auch Darwin fußen auf den großen idealistischen Traditionen des abendländischen Denkens (Hegel), auf deren Boden sie nun jedoch in radikaler Umkehrung ihrer Prinzipien weiterdenken.[102] Der Mensch, der zuvor, trotz aller sozialen oder weltanschaulichen Bindungen, doch als individuelles Einzelwesen gesehen wurde, wird nun immer mehr zum Klassen- oder Massenwesen. An die Stelle der universalen Gesellschafts- und Staatsordnungen beziehungsweise deren Utopien (die Ideale der Französischen Revolution) tritt immer mehr die Tendenz zum Nationalstaat. Restaurative Tendenzen ziehen sowohl in die Politik als auch in den Bereich der Kunst ein: Der Historismus leitet eine museale, rein traditionsorientierte «Denkmalverehrung» ein; die Entmythologisierung der Wirklichkeit begünstigt die Entstehung von Realismus und Naturalismus.

In der Musik sehen wir verwandte Tendenzen: Die wachsende Bedeutung des «Masseprinzips» in der Musik ab etwa 1840 (Berlioz) führt zu immer größeren Orchestern, immer massigerer Orchestrierung[103] und dementsprechend zu Instrumenten, die zu massiverer Tonbildung imstande sind. Man betrachte nur die Entwicklung der alten Traversflöte zur Böhmflöte oder die Veränderungen im Klavier- und Flügelbau während der vierziger Jahre des 19. Jahrhunderts! Die Parallele zur geschilderten Mechanisierung und Industrialisierung des Lebens beziehungsweise der Gesellschaft läßt sich in der Musik in der aufkommenden Etuden- und «Nähmaschinenkultur» sowie in der Tendenz zur allgemeinen Beschleunigung der Spieltempi, in der Betonung der reinen «Technik» und des Virtuosentums nachweisen.[104]

Gleiches gilt für den Instrumentenbau, dessen neuartige, mechanische Herstellungsweise die Entwicklung der manuellen

Technik begünstigt: die Klappenmechanik bei den Holzblasinstrumenten, die Entwicklung der modernen Ventilhörner und -trompeten, die Erardsche Pedalharfe und so fort, aber auch die industrielle Serienfertigung – sehr frühzeitig zum Beispiel im Klavier und Flügelbau –, die die traditionelle, handwerkliche Fertigung ablöst.

Die Tendenz, die in der Malerei den Naturalismus hervorbrachte, ist auf musikalischem Gebiet in der Entwicklung der Programmusik Lisztscher Prägung erkennbar; hier schließt wiederum die Filmmusik unserer Tage an.

Eine Betrachtung von Einzelbiographien, wie sie Karl König exemplarisch unternommen hat,[105] zeigt, daß das Schicksal vieler Geister, die jenes Jahrhundert prägten, in irgendeiner Weise in diesem Spannungsfeld stand. In manchen Fällen, wie bei Nietzsche, aber auch bei Sigmund Freud, tritt eine ungeheure Tragik zutage, letztlich ein Scheitern an der eigentlichen Mission, da die Erkenntnisgrundlagen, die häufig im Agnostizismus Kantscher Prägung wurzelten, zur Lösung der Lebensfragen und Weltprobleme nicht hinreichten. Schein-Idealismus oder eine Stimmung der Resignation breiten sich aus angesichts der ungeheuren Verödung und Verelendung der Lebensbedingungen vieler Menschen. Der «ekle, schale Sumpf des Daseins», von dem Mahler in einem Jugendbrief spricht, ist für Millionen von Menschen bittere gesellschaftliche Realität.

Der Kunsthistoriker Dieter Rudloff hat vor einigen Jahren den Versuch unternommen, die Gegensätze, die das 19. Jahrhundert prägen, einander systematisch gegenüberzustellen.[106] Er geht dabei von der Tatsache der «Zeitenregentschaft» solcher Erzengelwesen aus, wie wir sie oben charakterisierten. Für ihn stellt sich das 19. Jahrhundert als ein janusköpfiges dar durch den Übergang eines «gabrielischen» in ein «michaelisches» Zeitalter.[107]

Eine Gegenüberstellung der Qualitäten Gabriels und Michaels führt uns auf Motive, die für das geistige Spannungsfeld charakteristisch sind, in dem Gustav Mahler stand:

«Während der Erzengel Gabriel zu den Uranfängen der Erde zurückschaut, wie er mit dem Flammenschwert das göttliche Feuer des Urbeginns hütet und vor dem Tore des Paradieses Wache steht, so blickt Michael, der Erzengel des Todes und der Exkarnation auf das Ende aller irdischen Entwicklung, auf das Jüngste Gericht. Und wie Gabriel die Lilie der Unschuld hütet, so trägt Michael die Rose der Todüberwindung. Er ist der Hüter der Sonnenkräfte, und wie Gabriel durch das mondenhafte Vererbungselement auch die Nationalität der einzelnen europäischen Völker begründen half, so stellt Michael den Menschen zum einen auf seine eigene Individualität, begründet Freiheit sowie Selbständigkeit, zum anderen aber führt er ihn zum Kosmopolitismus, zum Weltbürgertum, wo alles egoistisch Gruppenhafte immer mehr überwunden erscheint.»[108]

Diese vielschichtige Polarität läßt sich (in Anlehnung an Rudloff) schematisch so andeuten:

Gabriel	*Michael*
Mond	Sonne
Erzengel der Geburt	Erzengel des Todes
Inkarnation	Exkarnation
Erden-Urbeginn	Erden-Ende
Vergangenheit	Zukunft
Paradies	Jüngstes Gericht
begrenzte Zeitlichkeit	unendliche Ewigkeit
das Gewordene	das Werdende
Tradition	Freiheit
Vererbung des Leibes	Individualität des Geistes
Mensch als kollektives Wesen	Mensch als freie Persönlichkeit
dynastisches Prinzip	demokratisches Prinzip
Nationalität	Kosmopolitentum
«mentales» Bewußtsein	«integrales» Bewußtsein
Materialismus	Spiritualismus
passiv-deduktives Denken	aktiv-schöpferisches Denken
Mechanismus	Organismus

Es ist unmöglich, den «michaelischen Zügen» Gustav Mahlers auf allen in Frage kommenden Ebenen nachzugehen. Aufgrund unserer bisherigen Darstellungen mag jedoch deutlich geworden sein, daß zumindest jene auffällige große Polarität, die alles Schaffen und Denken Gustav Mahlers durchzieht, sich biographisch genau in jene Polarität zwischen dem gabrielischen und dem michaelischen Prinzip eingliedert:

Mahlers Lebensanfang steht noch im Banne des Zurückverlangens nach dem *Welten-Ursprung* (Paradies) und der Welt des Vorgeburtlichen. Im Verlauf seines Lebens vollzieht sich, in gewaltiger innerer Seelendramatik, eine Umorientierung: Nun ist das Zuleben auf das *Welten-Ende*, die Ewigkeit (der «Neue Himmel») und das nachtodliche Dasein zum beherrschenden Lebensmotiv geworden.

Die definitive innere Umorientierung führt, wie wir sahen, vom in die Vergangenheit zurückweisenden «Kindesprinzip» zum Prinzip des «Ewig-Weiblichen», das nach vorne, auf die Zukunft hin orientiert ist. Sie vollzieht sich biographisch in jenen krisenhaften Jahren, in denen die mittleren Sinfonien, die «Instrumentalsinfonien» (P. Bekker), entstehen.

Der «Zeitgenosse der Zukunft»

Kurt Blaukopf charakterisierte Gustav Mahler einst als den «Zeitgenossen der Zukunft». Wie berechtigt das ist, zeigt sich, wenn wir Werk und Weltanschauung Gustav Mahlers auf ihre Korrespondenz mit den geschilderten neuen Zeitimpulsen hin untersuchen.

Es gibt zahlreiche Belege für die innere «michaelische» Orientierung Mahlers. Sein vehementer Widerstand gegen die Mechanismen materialistischer Welterklärung beispielsweise kommt in vielen Briefen und Äußerungen zum Ausdruck:

«Ich kann es nämlich nicht begreifen, daß Sie, eine Musiker-

Poetenseele, nichts glauben-wissen. Was entzückt Sie denn, wenn Sie Musik empfinden? Was macht Sie leicht, frei? Ist die Welt weniger rätselhaft, wenn Sie sie aus Materie konstruieren – ist es eine Erklärung, wenn Sie sie als Spiel der mechanischen Kräfte erkennen? Was ist Kraft? Wer spielt? Sie glauben an die ‹Erhaltung der Kraft›, an die Unzerstörbarkeit der Materie! Ist das nicht auch Unsterblichkeit? Versetzen Sie das Problem, an welchen Punkt Sie wollen – zum Schluß geraten Sie doch an die Stelle, wo ‹Eure Weisheit› zu ‹träumen› anfängt.»[109]

Antworten auf diese Fragen im Sinne einer klaren, spirituell orientierten Gedanklichkeit zu finden war Mahler noch verwehrt. Doch im «Träumen», beim Musizieren erschlossen sie sich ihm in einer Eindeutigkeit, die jener in nichts nachsteht:

«Merkwürdig! Wenn ich Musik höre – auch während des Dirigierens – höre ich oft ganz bestimmte Antworten auf alle meine Fragen – und bin vollständig klar und sicher. Oder eigentlich, ich empfinde ganz deutlich, daß es gar keine Fragen sind.»[110]

Ein weiterer «michaelischer» Zug wurde bereits erwähnt: die bewußte Inkaufnahme des Unfertigen, immer Werdenden. So änderte Mahler beispielsweise die Instrumentation seiner Werke unablässig, selbst noch nach der Drucklegung, oft von Aufführung zu Aufführung! Man könnte hier bereits von einer Art «work in progress» sprechen. Eine Parallele dazu bildet Schönbergs Praxis, ein Werk (die Kammersinfonie op. 9) in einer Reihe von öffentlichen Proben zu erarbeiten mit dem erklärten Ziel, es nicht aufzuführen. Hier wurde mit dem Prozessualen, Im-Werden-Befindlichen der neuen Musik zum ersten Mal Ernst gemacht.

Ferner sei noch einmal auf jene Eigenart der Mahlerschen Form hingewiesen, daß sie nicht mehr final-orientiert ist (Bruckner, Beethoven), sondern in ganz neuen Kategorien beurteilt werden muß. Zu den besonderen Merkmalen der Form bei Mahler sogleich Weiteres.

Ein anderer, damit zusammenhängender Faktor ist die Aufhebung des bisher gültigen Gefüges von Raum und Zeit im musikalischen Zusammenhang. Wir treffen bei Mahler von Anfang an eine Gleichzeitigkeit der verschiedensten Welten und Stile an. Vergangenes und Gegenwärtiges, Entferntes und Naheliegendes, Banales und Heiliges, ganz verschiedenen Lebens- und Weltbereichen Angehörendes durchdringen sich in einer faszinierenden «Polyphonie». Als Beispiel eine Episode aus dem dritten Satz der *Ersten Sinfonie:*

Constantin Floros, der zuerst auf diese Stelle aufmerksam gemacht hat, bemerkt dazu: «Die drei Melodien, die hier übereinandergeschichtet sind, kontrastieren zueinander so scharf wie nur denkbar. Die Stelle verdient Beachtung ... vor allem ihrer Semantik wegen: erklangen im ersten Satzteil der düstere Kanon und die ‹lustige Weise› nacheinander, so ertönen sie jetzt simultan, um die Gleichzeitigkeit von Tragik und Trivialität in der Welt zu versinnbildlichen.»[111]

Ähnliche Verbindungen von räumlich und zeitlich ganz getrennten Weltbereichen im Sinne einer neuen, «Vierten Dimension» finden wir, mit ausdrücklich metaphysischer Symbolik, zur damaligen Zeit nur bei dem Amerikaner Charles Ives.

Da aber eine wesentliche Voraussetzung des Michaelischen die Auflösung des bisherigen Gabrielischen ist, lassen sich die entscheidenden Merkmale der neuen Zeit und damit der «Neuen Musik» am deutlichsten überall dort finden, wo die *Auflösungsprozesse der alten Zusammenhänge* offenbar und die zarten *Bildungstendenzen des Neuen* sichtbar zu werden beginnen.

Neues, Zukünftiges kann sich nur dort offenbaren, wo Altes, Verkrustetes, zum Stillstand Gekommenes zerfällt. Das ist allerdings ein höchst schmerzhafter Prozeß – sowohl individuell-biographisch als auch menschheitsgeschichtlich. Im Zerfall der Normen des 19. Jahrhunderts und in den damit verbundenen Geburtswehen einer neuen Kultur des 20. Jahrhunderts wird dies besonders stark sichtbar: Im Anbruch eines Michael-Zeitalters bleibt im wahrsten Sinne des Wortes «kein Stein auf dem anderen», der Aufruf zur mutigen Neugestaltung aller Lebensgebiete wird unüberhörbar.[112]

In gewisser Weise erfüllte der Erste Weltkrieg diese Funktion: Die alten Nationalitäten-, Volks- und Sippenzusammenhänge (zum Beispiel Habsburger Monarchie, Zarenreich) werden mit einem Schlage aufgelöst. Die Forderung nach einer Neuordnung der sozialen Verhältnisse, mithin auch der Staatswesen, steht unübersehbar im Raum. Doch sie wird nicht ergriffen: Durch das sogenannte «Selbstbestimmungsrecht der Völker» (W. Wilson) wird im Grunde das auf dem gabrielischen Bluts- und Volksprinzip beruhende Prinzip des Nationalstaats fortgeschrieben. Statt des freien Zusammenschlusses selbstverantwortlicher, freier Individuen in neuen Sozialformen bilden sich totalitäre, diktatorische Staatswesen als Fortsetzung der alten Feudalstaaten heraus. Statt Neubeginn – Rückfall in längst überwunden geglaubte «archaische» Gesellschaftsformen.[113]

Fast parallel hiermit verläuft die Auflösung des Organismus der abendländischen Musik und ihrer Parameter, wie sie sich seit Beginn des zweiten christlichen Jahrtausends (Stichwort: Entstehung der Mehrstimmigkeit) herausgebildet haben.[114] Und auch dort wird die damit einhergehende Gefahr des «Rückfalls» in überlebte Formen sichtbar.

Die Jahre um 1910

Der Musikforscher Karl H. Wörner hat versucht, die Bruchlinie zwischen dem «Alten» und dem (noch im Entstehen begriffenen) «Neuen» in der Musik am Anfang des 20. Jahrhunderts freizulegen.[115] Ihm sprechen die Jahre um 1910, das heißt die Zeit kurz vor der sich bereits abzeichnenden Katastrophe des Ersten Weltkriegs, in die auch die letzten Lebensjahre Gustav Mahlers fallen, eine deutliche Sprache:

«Europa stand da, in Waffen starrend, imperialistisch in seiner Machtausdehnung und Stärke, auf dem Höhepunkt des kapitalistischen Spätzeitalters. Wer die Zeit sensibel, wie gerade viele Künstler, damals miterlebte oder wer sie kritisch sah, dem konnte nicht verborgen bleiben, daß im Vordergrund nur eine Fassade stand, deren Anstrich die Welt des Scheines war, daß sich indessen im Hintergrund – oder im Untergrund – als beängstigende Ahnung die Sicht auf kommende Katastrophen abzeichnete.»

Im Zusammenhang damit formuliert Wörner einige Thesen («Motive der musikalischen Welt der Jahre um 1910»), die auf die «Gewichtsverlagerung» auf musikalischem Gebiet in jenen Jahren hinweisen wollen. Fast alle dort aufgezeigten Phänomene lassen sich exemplarisch auch im Werk Gustav Mahlers wiederfinden:

1. Schwerpunktverlagerung des Musiklebens von den deutschsprachigen Ländern nach Frankreich (Paris).

Allgemeiner gefaßt: generelle Verschiebung des Entwicklungsschwerpunkts westwärts. Paris fungiert dabei als neues musikalisches Zentrum und Impulsgeber. In der Folge werden ganze Generationen nord- und lateinamerikanischer Komponisten (Copland, Villa Lobos u.a.) dort ausgebildet (Nadia Boulanger, Einfluß Debussy). Diese Orientierung in Richtung Westen begegnet uns auch bei Gustav Mahler: Amerika war sein neues Wirkungsfeld nach dem Abschied von der Wiener Hofoper, ja, er soll zeitweilig mit dem Gedanken gespielt haben, sich für immer dort niederzulassen.

2. Aufbrechen einer neuen, nicht ausschließlich christlich-abendländisch bestimmten religiösen Orientierung (russischer Symbolismus, Theosophie, östliche Lebensanschauungen).

Hierher gehören Strawinskys *Sacre du Printemps*, Schönbergs *Jakobsleiter*, Skrjabins *Poème de l'extase*, doch auch die «überkonfessionelle» Zusammenklammerung einer mittelalterlichen Pfingsthymne mit Goethes Faust in Mahlers *Achter Sinfonie*.

3. «Ausschließlichkeit der l'art pour l'art-Ästhetik».

Diese Formulierung Wörners ist zunächst mißverständlich. Aus den von ihm angeführten Zitaten geht hervor, daß es sich bei der Betonung der «Zweckfreiheit» der Musik (l'art pour l'art) durch Debussy, Schönberg, Janáček oder Busoni eigentlich um die Forderung nach dem «Primat der Inspiration» handelt, etwa in Schönbergs Sinn: «Komponieren ist ja: einem inneren Drang gehorchen. Musik muß von jeder Einschränkung frei sein, wenn sie ihren inneren, ihren eigenen Gesetzen in Treue gehorchen will.» Hinter der Empfindung: «Das Schaffen des Künstlers ist triebhaft ... er hat das Gefühl, als wäre ihm diktiert, was er tut ...» (Schönberg), steht im Grunde die Sehnsucht nach der Berührung mit den *wahren* schöpferischen Geistimpulsen der Zeit. Es wäre müßig, ausführlich auf dieses Motiv im Schaffen Mahlers hinzuweisen, denn es begegnet uns allenthalben. Seine Erklärung des inneren Vorgangs im Komponisten während des Komponierens («nicht ich komponiere, sondern es komponiert in mir»), aber auch die Negierung jedweden Gebundenseins durch Konvention oder äußere Autorität (den Geschmack des Publikums, die Erwartungen des Hofes und so fort) weisen ihn auf Schritt und Tritt als Vertreter, ja als einen der Väter der beschriebenen Haltung aus.

Vor allem die Thesen 4 bis 7 jedoch sind in unserem Zusammenhang bedeutungsvoll:

4. «Die Jahre um 1910 besiegeln das Ende der Dur-Moll-Epoche.

1910 malte Kandinsky sein erstes abstraktes Bild, 1909 schrieb Schönberg die erste kaum mehr auf Dur oder Moll ausgerichtete Komposition. Beginn der abstrakten Malerei, Beginn der nicht mehr tonal auf ein Zentrum bezogenen Musik.» Das Spätwerk Skrjabins, die Kompositionen Schönbergs aus jener Zeit (die Klavierstücke op. 11 und op. 19, das Monodram *Erwartung*) oder Strawinskys *Le Roi d'étoiles* sind Zeugnisse des vollzogenen Schritts in neue seelische und musikalische Weltbezirke.[116] Ein Beispiel für das Nebeneinander der neuen, nicht mehr dur-molltonal geprägten und der «alten» Welt ist der Anfang der *Zehnten Sinfonie* Gustav Mahlers: Die wie mittelpunktslos schweifende, in sich selbst kreisende, jeder harmonischen Stütze entbehrende unbegleitete Bratschenmelodie zu Beginn des Adagio-Satzes fällt «ruckartig» in den tonalen Fis-Dur-Zusammenhang in Takt 16 hinein (siehe nebenstehende Seite oben).

Der umgekehrte Vorgang tritt in den Takten 201 bis 208 auf: Die Terzenschichtung, das grundlegende Bildeprinzip des Dur-Moll-Systems seit Rameau (1723), führt hier schrittweise aus dem vertrauten Reich heraus, ja, die konsequente Übersteigerung des Terz-Prinzips führt dessen Selbstauflösung und Zerfall herbei. Hier prallen tatsächlich zwei Epochen der Musikgeschichte aufeinander (siehe nebenstehende Seite unten).

Zehnte Sinfonie, Adagio, T. 1–19.

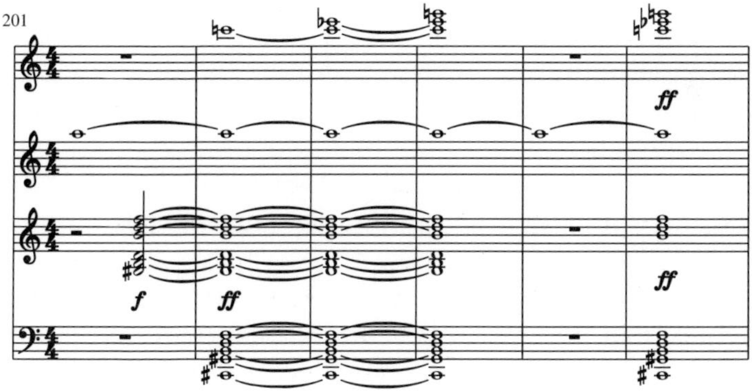

Zehnte Sinfonie (Adagio): Terzenschichtung (Neuntonklang).

5. «Die Zeit um 1910 schafft thematische Strukturen als Prinzip neuer Ordnung des Aufbaus.»

Als Beispiel sei die Art des Umgangs mit Zwölf-Ton-Reihen, wie sie die frühe Schönbergschule vertrat, genannt. Nicht mehr von *thematischen Prozessen* werden die Ordnungsstrukturen bestimmt, sondern die «Reihe» wird zur *Ur-Substanz*, aus der alle harmonischen und melodischen Vorgänge hervorgehen. Eine «Reihe» ist kein «Thema» im alten Sinne mehr. Sie führt daher – bei konsequentem Vorgehen – zu gänzlich neuartigen melodischen und (harmonischen) Bildungen. «Daß es darüber hinaus noch andere Möglichkeiten melodischer Reihenbildung gibt, hat wohl als erster Herbert Eimert an seiner Analyse der ‹Jeux› von Debussy – das Werk wurde 1912 uraufgeführt – gezeigt. Hier sind, von verschwindenden Ausnahmen abgesehen, alle Themen auf ein freies Intervallschema in Art einer Wellenbewegung zurückzuführen» (K. H. Wörner). Ähnlich arbeitet Janáček. In seiner Oper Katja Kabanowa verwendet er *Klangreihen* – Intervallgruppen, die pentatonisch oder diatonisch geordnet sind.

Dasselbe Verfahren finden wir in Gustav Mahlers *Neunter Sinfonie* und im *Lied von der Erde.* Die Grundstruktur der wesentlichen melodischen Vorgänge im Rückert-Lied *Ich bin der Welt abhanden gekommen* beruht auf folgender «melodischer Reihe» (pentatonisch):[117]

6. «Um 1910 entstehen umwälzende Ideen neuer Klangvorstellungen, die teilweise erst heute in ihren Möglichkeiten voll realisiert werden.»

In Ferrucio Busonis *Entwurf einer neuen Ästhetik der Tonkunst* (1906) lesen wir: «Nach welcher Richtung führt der nächste Schritt? Ich meine, zum abstrakten Klang, zur hindernislosen Technik, zur tonlichen Unbegrenztheit. Dahin müssen alle Bemühungen zielen, daß ein neuer Anfang jungfräulich erstehe.»

Busoni weist in dieser Schrift bereits prophetisch auf die Möglichkeit elektromagnetischer Klangerzeugung (das «Dynamophon» des Amerikaners Cahill), auf neue Tonleiterbildungen innerhalb eines «Zwölfton-Kaleidoskops» und auf Drittel- und Sechstelton-Systeme hin. In dieselben Jahre fallen die Idee der reinen «Klangfarbenkomposition» (Arnold Schönberg) und die Erfindung der «tone clusters», der sogenannten «Tontrauben», durch Henry Cowell.

Mahlers Rang auf dem Gebiet der Neudefinierung des Orchesterklanges ist inzwischen unbestritten. Sein Suchen nach neuen Klängen unter Ausnutzung des modernen Instrumentariums geht zum Beispiel aus einer Äußerung gegenüber Natalie Bauer-Lechner hervor (es handelt sich um Stellen in der *Ersten Sinfonie*):

«Im dritten Satz sind die Instrumente wieder auf andere Weise verkappt und gehen wie in fremder Erscheinung um: alles soll dumpf und stumpf klingen, wie Schatten an uns vorüberziehen ... Wenn ich einen leisen, verhaltenen Ton hervorbringen will, lasse ich ihn nicht ein Instrument spielen, das ihn leicht hergibt, sondern lege ihn in jenes, welches ihn nur mit Anstrengung und gezwungen, ja oft mit Überanstrengung und Überschreitung seiner natürlichen Grenzen zu geben vermag. So müssen mir Bässe und Fagott oft in den höchsten Tönen quieken, die Flöte tief unten pusten.»[118]

Auch vor geräuschhaften Mitteln schreckt Mahler nicht zurück (Hammer und Herdenglocken in der *Sechsten Sinfonie*), wie für ihn überhaupt, neben der Technik der «Klangverfremdung», die ungeheure Ausweitung des Schlagzeugapparates (schon in der *Zweiten Sinfonie*) charakteristisch ist, die ihn hinsichtlich der Radikalität der eingesetzten Klangmittel in die Nähe des sogenannten «Bruitismus» und der futuristischen Manifeste der Italiener Marinetti (1910) und Russolo (1913) rücken, die eine reine Geräusch- und Maschinenmusik fordern.

Abb. 13: Mahlers Vorliebe für geräuschhafte Wirkungen, die sich unter anderem in der Verwendung eines erweiterten Schlaginstrumentariums niederschlug, war ein gefundenes Fressen für die zeitgenössischen Musikkritiker. Der satirische Text zur abgebildeten Karikatur (aus: «Die Muskete», Wien, vom 19.1.1907) spricht für sich selbst: «Herrgott, daß ich die Hupe vergessen habe! Jetzt kann ich noch *eine Sinfonie schreiben.»*

7. *Gleichwertigkeit zentripetaler und zentrifugaler Formtendenzen.*

«Die Geschichte der Musik der letzten vier Jahrhunderte durchlaufen zwei Krafttendenzen des musikalischen Formgeschehens, zentripetale und zentrifugale Spannungen. Um 1910 erreichen die zentrifugalen Tendenzen ebenso einen Höhepunkt wie die zentripetalen.»

Dieser Sachverhalt verlangt eigentlich eine sehr viel ausführlichere Betrachtung. Wörner hat hier meines Wissens zum ersten Mal auf eine Polarität hingewiesen, deren Verständnis einen entscheidenden Schlüssel zur Erkenntnis der musikalischen Form seit dem 17. Jahrhundert liefert. Er geht dabei aus vom Gegensatz mittelpunktsbezogener, quasi zyklischer Formen und solcher, die mehr radialstrahlig in gänzlich freiem, wie aneinandergereihtem Wachstum entstehen: «*Zentrifugale Kräfte* schaffen Formen, deren einzelne Teile auseinanderstreben, die Kräfte wirken diffus, die Teile sind uneinheitlich, sie drängen in die Weite, sie sind Gegensätze, die in nichts einen gemeinsamen Nenner haben, sie bilden Kontraste, und die Kontraste werden nicht durch Gleichgewichtsbemühungen oder durch Entsprechungen ausgeglichen. – Die *Zentripetalkräfte* dagegen verbinden, sie streben nach einer Mitte, wenn diese auch oft nur vorgestellt ist, sie vereinheitlichen, sie wirken ausgleichend. Die musikalischen Formen, die von den Zentripetalkräften gebildet werden, sind mittelpunktsbezogen … Zentripetale und zentrifugale Kräfte in der Musik sind Korrelate. Zentrifugale Formtendenzen sind solche, die jede Zentrierung auf die Mitte abweisen. Die Folge ist der Mangel an Ebenmäßigkeit und an Gleichgewicht, die Ausschließlichkeit der Kontraste, die nun gerade nicht auf einer höheren Ebene überwunden werden sollen … Klassische und antiklassische Formbeziehungen – so könnte man entsprechend den zentripetalen und zentrifugalen Formkräften auch sagen.»[119]

Das heißt: Alle Formenbildungen, die auf Ausgleich und Symmetrie abzielen, also primär die *klassischen* Formen (Rondo, Sonatenhauptsatzform), sind durch mittelpunktsbezogene, symmetriebildende Tendenzen bedingt. Im Gegensatz dazu stehen die freien, rezitativisch-improvisierenden Formbildungen (Fantasie, Arioso, sinfonische Dichtung), wie sie sich im Laufe der musikalischen *Romantik* (Schumann, Liszt) immer stärker entwickeln. Als Beispiel für das Nebeneinander beider Tendenzen nennt Wörner Bruckners *Achte Sinfonie*. Ihr erster Satz ist von einem beeindruckenden klassischen Ebenmaß geprägt, der Finalsatz dagegen ist eine zerklüftete, sich auf weiten Strecken wie «gesetzlos» bildende «Momentform».[120]

Auch im Werk Gustav Mahlers zeigt sich zunächst ein ausgleichendes Wirken *beider* Formbildungstendenzen. Ist zum Beispiel die *Fünfte Sinfonie* in ihren ersten beiden Sätzen deutlich «antiklassisch» im Sinne zentrifugaler Kräfte (der «Hauptsatz» zerfällt in zwei separate Einzelsatz-Teile), so stellt ihr als symmetriebildende Mittelachse angelegter dritter Satz (Rondo) eine streng gebaute Zentripetal- oder «Gleichgewichtsform» dar.[121] Seine Riesendimensionen (819 Takte) erklären sich aus der Notwendigkeit, als symmetrisches Kraftzentrum die zentrifugal auseinanderstrebenden Außensätze der Sinfonie zusammenhalten zu müssen. Eine ganz besondere Rolle spielt in dieser Hinsicht das Finale der *Sechsten Sinfonie*. Im zweiten Teil (S. 200 ff.) werden wir darauf noch eingehen.

Anders steht es mit dem Spätwerk. Hier nimmt die zentrifugale Tendenz deutlich zu. Schon der Anfang des Adagios der *Zehnten Sinfonie*, noch stärker aber ihr Schlußsatz zeigt, daß hier eine neue, «antiklassische» Formenwelt betreten wurde: Die «heile», runde, symmetrische, auf Ganzheit angelegte Form ist nun endgültig liquidiert. Wo sie noch auftritt (beispielsweise im «Purgatorio»-Satz derselben Sinfonie), ist sie reine Reminiszenz, einsames Relikt einer vergangenen Zeit. Verständlich, daß es den Analytikern nie gelingen will, die formalen Aspekte der mittleren und späten Sinfonien im Sinne «klassischer Modelle» (Sonatenform, Rondo und so fort) befriedigend zu erklären.

Gerade am Wechselverhältnis von zentripetalen (mittelpunktsgerichteten, zusammenschließenden) und zentrifugalen (mittelpunktsflüchtigen, in die Auflösung strebenden) Kräften in der Musik um 1910 – sie manifestieren sich sowohl auf formalem als auch auf harmonischem Gebiet – wird die große Versuchung angesichts des anbrechenden «michaelischen Zeitalters» offenbar: Entweder man wagt den Schritt ins Neue, Unbekannte und zerbricht radikal die Fesseln der Vergangenheit – oder man wird «rückfällig» und sucht die sichere Stütze des Bestehenden, Gewordenen.

Es ist nicht ohne Tragik, diesen inneren «Rückfall» bei gerade jenen Komponisten konstatieren zu müssen, die als die entscheidenden Neuerer den Aufbruch ins Ungewisse gewagt hatten: Das einstige enfant terrible Paul Hindemith zum Beispiel verfällt mehr und mehr einem biederen, handwerklich-soliden Neoklassizismus. Ähnlich, wenngleich geistvoller, Strawinsky; und Schönbergs erstes konsequent zwölftöniges Werk, die Klaviersuite op. 25 (komponiert 1921), huldigt barock-klassischen Formen wie Präludium, Gavotte oder Menuett. Selbst beim späten Debussy setzt sich ein neuer Klassizismus durch, vom gänzlich rückwärtsgewandten Richard Strauss ganz zu schweigen.

Systeme, Dogmatismen und althergebrachte Ordnungsprinzipien statt Neugestaltung aus schöpferischer Intuition – die Parallelen zu den oben geschilderten Zeit-Tendenzen nach dem Ersten Weltkrieg sind unübersehbar.

Bei genauerer Betrachtung zeigt sich hier, daß die restaurativen gabrielischen Impulse des 19. Jahrhunderts, trotz aller michaelischen Aufbruchsbewegungen, noch weit bis ins 20. Jahrhundert hinein fortwirkten. Dabei ist zu bemerken, daß das 19. Jahrhundert selbst bereits einmal die Gegenkräfte zu diesen Zeit-Tendenzen klar ausgebildet hatte, an die man in jenen entscheidenden Jahren vor dem Ersten Weltkrieg hätte anknüpfen können: Im Kulturimpuls des *Goetheanismus* lag das entscheidende Lebenselixier, dessen die absterbende gabrielische Entwicklung dringend bedurft hätte.

Einzelne Geister, wie Anton Webern, haben dies ganz bewußt versucht.[122] Auch Mahlers Rückgriff auf Goethes Faust in der *Achten Sinfonie* ist in diesem Zusammenhang von großer geistesgeschichtlicher Bedeutung: «Alle meine früheren Sinfonien sind nur die Präludien zu dieser ...», äußerte Mahler selbst über sie – er konnte nicht anders, als in seinem «Hauptwerk», der Krönung seines Schaffens, an diejenige Persönlichkeit anknüpfen, die ihm als ein Träger der höchsten geistigen Impulse seiner Zeit erscheinen mußte: Goethe.

Paradoxerweise wurde genau dies von vielen seiner Zeitgenossen als ein Anachronismus aufgefaßt. So bezeichnet Theodor W. Adorno die *Achte Sinfonie* einmal als «symbolische Riesenschwarte». Heute stellt sich dies schon anders dar. Aufführungen von Mahlers *Achter* laufen bereits denen der Beethovenschen *Neunten* den Rang ab.

Es waltet eine ungeheure Tragik darin, daß jene Impulse aus dem ersten Drittel des 19. Jahrhunderts nicht aufgegriffen wurden. Wie wäre wohl die weitere Kulturentwicklung verlaufen, wenn sich die beschriebenen materialistischen Tendenzen nicht ab etwa 1840 in zunehmendem Maße ausgewirkt hätten? Und wie ist es zu erklären, daß sie sich so vehement durchsetzen konnten, daß bereits 1860, im Geburtsjahr Gustav Mahlers, Goethe und seine Mitstreiter zu überholten, nur mehr «historischen» Größen geworden waren?

Das Rätsel löst sich, und die geschichtliche Notwendigkeit dieser Entwicklung wird sichtbar, wenn man die Darstellungen Rudolf Steiners aus dem Jahre 1917 in Betracht zieht, die heute unter dem Titel *Die spirituellen Hintergründe der äußeren Welt – Der Sturz der Geister der Finsternis* vorliegen. Steiner schildert in diesen Vorträgen, daß dem Anbruch des Michael-Zeitalters im Herbst des Jahres 1879 einige Jahrzehnte gesteigert materialistischer, anti-michaelischer Kulturimpulse vorangingen. Das

19. Jahrhundert ist dadurch geradezu die Blütezeit des theoretischen Materialismus, wie das 20. diejenige seiner praktischen Nutzanwendung.

Hinter diesen Impulsen stehen – wie Steiner aufzeigt – geistige Wesen, die von ihm näher charakterisiert werden als «Geister der Finsternis»: in ihrer Entwicklung aus Weltennotwendigkeit zurückgebliebene «himmlische Heerscharen», die zu Gegnern der fortschreitenden, im Sinne Michaels verlaufenden Evolution wurden. Sie sind die eigentlichen Inspiratoren des Materialismus. Michaels «Kampf in den Himmeln» gegen die im Bilde des Drachen imaginierbaren Mächte (Apokalypse des Johannes, 12. Kapitel) spielt sich in den Jahrzehnten ab etwa 1840 ab und führt schließlich im Jahre 1879 dazu, daß jene Wesen, in der Sprache der Apokalypse, «auf die Erde gestürzt» wurden, wo sie fortan in viel direkterer, den Menschen näherer Weise wirksam sind. «Durch unsere Reihen schleichen die Dämonen» (Emil Bock) – bei dieser Aussage, die den Auftakt der vorangegangenen Betrachtungen bildete, handelt es sich um eine ganz konkrete Zeitrealität. Wer die menschenverachtenden Greuel und apokalyptischen Katastrophen unseres Jahrhunderts mit existentiellem Ernst auf sich wirken läßt beziehungsweise selbst in ihnen gestanden hat, der weiß, was diese Dämonen sind …

Hier nähern wir uns der *eigentlichen* Aktualität der Musik Gustav Mahlers. Denn in ihr ist der Kampf fortwährend Realität.

Wenn Gustav Mahler einmal, vom Schrecken über die Apokalyptik seiner eigenen Musik ergriffen, ausruft: «Was ist das für eine Welt, welche solche Klänge und Gestalten als Widerbild auswirft»,[123] so ist zu antworten: Es ist jene Welt, in der sich der «Kampf der Geister» abspielt.

Immer wieder wurden die Katastrophen und Gewitter, die jähen Abstürze und zerklüfteten Landschaften der Musik Gustav Mahlers in erster Linie als autobiographisch-programmatischer Natur gedeutet. Dies greift zu kurz. Denn die «finstere Vision» (C. Floros) des Finales der *Sechsten Sinfonie* beispielsweise und mit ihr das «Grauenvolle, gleichsam Entmenschlichte und

Entseelte», welches Arthur Schnitzler in ihr gewahrte, ist nicht mehr persönlich-seelischer, nicht mehr nur biographischer Natur, sondern Ahnung und Wahrbild der geistigen Zeitsignatur – wahrhaftig ein «Antizipando» der kommenden Weltereignisse. Die *Sechste* ist tatsächlich, wie es Alma Mahler einmal charakterisierte, «sein allerpersönlichstes Werk und ein *prophetisches* obendrein». Der Untergang des «Helden» im Finale nach dem zweimaligen Hammerschlag (den dritten und vierten hat Mahler später aus der Partitur getilgt) ist nicht nur autobiographisch zu verstehen – er symbolisiert zugleich den «Untergang des Abendlandes» und mit ihm der «Alten Welt». Diese Sinfonie heißt die «Tragische», und das wohl mit Recht: In ihr sind die Dämonen geschildert, die durch unsere Reihen schleichen – das «Schreiten der Engel» scheint dagegen noch kaum hindurch. Schon Bruno Walter sprach von den «finstern Mächten selbst», die in ihr ertönen, und von dem «furchtbaren musikalischen Bild einer entgötterten Welt», welches Mahler hier entworfen habe.[124]

An dieser Stelle sei ein letztes Mal auf das *Klagende Lied* hingeblickt, jene Ur-Keimzelle des gesamten Mahlerschen Oeuvres. Es entstand im wesentlichen um das Jahr 1879. – Wenn man will, kann man in ihm, neben allen bisher versuchten Deutungen, auch eine Abspiegelung jener geistigen Weltvorgänge im Laufe des 19. Jahrhunderts erkennen, die in eben diesem Jahr im Sieg Michaels über den «Drachen» und dessen «Sturz» kulminierten: Ist nicht der «finstere Bruder» *auch* ein Bild der Mächte der Finsternis, der Todeskräfte in der Kultur, die auf Erden das «lichte Prinzip» (scheinbar) verdrängen? Und dennoch: Die Kräfte des Lichtes, die «Himmelsstimme», sie sind nicht verstummt!

Ihnen Geltung zu verschaffen inmitten einer Welt des Untergangs war Gustav Mahlers Auftrag. Er war wie ein Rufer in der Wüste des Materialismus, ja sein ganzes Wesen war, um eine Formulierung Karl Königs aufzugreifen, «Anruf». Mehr noch: ein flammender Aufruf zur inneren Neuorientierung vor dem Antlitz des neuen Zeitgeistes – Michael.

INTERMEZZO: ZWILLING UND SCHÜTZE

Eine echte Schützenatur hat auf ihren Lebensweg einen ungewöhnlich großen Anteil der göttlichen Substanz mitbekommen, zugleich aber ist die Trennung von ihrem Ursprung bei ihr am allerstärksten vollzogen. Der Anteil, den ein solches Wesen mitbekam, äußert sich in seinem stürmischen Schaffensdrang, in seinem Bestreben, eine ganz neue Welt zu errichten. Immer wieder versucht es, sozusagen aus dem Nichts heraus, etwas Gewaltiges zustande zu bringen.[125]

Frits H. Julius

Immer wieder ist versucht worden, das Charakterbild Gustav Mahlers in eine Typologie einzuordnen, die das Rätsel dieses Menschen ein wenig erklärlicher, verständlicher erscheinen ließe. Meist vergeblich – zu gegensätzlich, zu unvereinbar scheinen die Facetten seines Wesens, als daß sich das Bild einer in sich geschlossenen, typologisch-einheitlichen Persönlichkeit gewinnen ließe. «Es bleibt das Geheimnis der Natur, wie sie einen lebensfähigen Menschen mit derartigem inneren Widerspruch schaffen, wie sie so viel Tatkraft und geistige Schärfe, Heiterkeit und selbstgenügende Ruhe mit so viel düsterer Heftigkeit, so viel Gefährdetheit aus drohenden Tiefen und mit so viel schrulligem Humor zu einer im Grunde gesunden, lebensfähigen Konstitution zusammenkneten konnte» (Bruno Walter).[126] Auch hier also wieder jener Dualismus, doch diesmal auf der Ebene der «Konstitution» des Menschen Gustav Mahler selbst.

Im folgenden soll der Versuch gewagt werden, aus den uns vorliegenden Bruchstücken eine Skizze der Persönlichkeit Gustav Mahlers zu entwickeln, hinter der schließlich so etwas wie ein dualistisches, wiewohl einheitliches Wesensprinzip sichtbar

Abb. 14: «Und da stand er nun in Person, bleich, mager, klein von Gestalt, länglichen Gesichts, die steile Stirn von tiefschwarzem Haar umrahmt, bedeutende Augen hinter Brillengläsern, Furchen des Leidens und des Humors im Antlitz.» (Bruno Walter) Zeichnung von Emil Orlik, Wien 1903.

werden kann. Der Versuch muß Hinweis, Fragment bleiben. Doch das «Rätsel Gustav Mahler» kann uns dadurch vielleicht ein wenig verständlicher werden.

Es gilt hier, verschiedene Ebenen zu beachten. Da ist zum einen die körperlich-konstitutionelle Seite, zum anderen die seelisch-geistige. Von beiden Aspekten besitzen wir Darstellungen, die uns wertvolle Dienste leisten können. Beginnen wir mit einer Skizze der physischen Konstitution und des Äußeren Gustav Mahlers. Wir verdanken die entscheidende Charakterisierung seinem Mitarbeiter und genialen Mitgestalter epochemachender Operninszenierungen, dem Maler, Bildhauer und Bühnenbildner Alfred Roller (1864-1935). Er gab, zusammen mit Alma Mahler, im Jahre 1921 das Büchlein *Die Bildnisse Gustav Mahlers* heraus. Mit scharfem, objektivem Blick lehrt er uns sehen, was bei der reinen Betrachtung der verschiedenen Porträts Gustav Mahlers zunächst verborgen bleiben muß. Ihres Umfanges wegen sei seine Beschreibung hier etwas gekürzt wiedergegeben.

Alfred Rollers Mahler-Bild

«‹Unansehnlich, schwächlich, häßlich, zappelndes Nervenbündel› – das sind gangbare Schlagworte über Mahlers äußere Erscheinung. Sie sind unzutreffend und nur teilweise durch ihn selbst veranlaßt. Um mit der äußeren Hülle zu beginnen: Mahler trug sich lässig. Er hatte in seiner reifen Zeit sehr gute Kleidung, behandelte sie aber achtlos. Die Überröcke wurden bloß auf dem obersten Knopf geschlossen und die Fäuste in die Taschen gestemmt, die Krawatte war in drei Sekunden zu irgendeinem schiefen Knoten geschlungen, der neueste Hut sah, mit beiden Fäusten an den Krempen gepackt und auf die Ohren herabgezerrt, bald formlos wie ein alter aus. Eine Vorstellung, die man ihm etwa über dergleichen machte, hörte er gütig lächelnd an, gleich als würde ihm ein kleines Kind eine recht alberne Geschichte

Abb. 15: Gustav Mahler nach dem Verlassen der Wiener Hofoper (1904). Mahlers eigentümliche Art des Gehens, wie sie häufig beschrieben wurde, läßt sich an dieser (ungestellten) Aufnahme andeutungsweise erkennen. Sein legendärer «Zuckfuß» äußerte sich beim Gehen «in der Form von drei kurzen, aus dem Rhythmus fallenden Schritten. Beim Stehen in einem leichten Aufstampfen, einer Art Tretens auf dem Platz ...» (A. Roller, 1921)

erzählen. Aus Gefälligkeit verbesserte er den bemängelten Unfug vielleicht sogar für den Augenblick – um ihn im nächsten wieder in seine Gewohnheitsrechte einzusetzen. So förderte er durch Gleichgültigkeit gegen den äußeren Eindruck, den er machte, die allgemeine Vorstellung von seiner dürftigen Körperlichkeit …

Tadellos gepflegt und neu war immer Mahlers Frackanzug. Da er ihn beim Dirigieren trug, nannte er ihn sein ‹Arbeitsgewand›. Alles aber, was irgendwie mit seiner Arbeit zusammenhing, hielt er seiner Aufmerksamkeit wert … Das beste Stück an Mahlers Alltagsgewand zum Beispiel war immer sein vortreffliches Schuhwerk … Er war einfach ein passionierter Fußgänger und wußte wie jeder solche den Wert und die Bedeutung vorzüglicher Beschuhung wohl zu schätzen.

Mahlers Gehfreude hatte ihren Grund in seiner großen Liebe zur freien Natur. Diese Liebe heftete sich durchaus nicht an bestimmte oder besonders großartige Objekte. Jeder Platz in Feld und Flur, auf dem er ungestört weilen konnte, entzückte ihn und schien ihm ‹der schönste› zu sein …

Eine Skizze des äußeren Gesamtbildes Mahlers darf seines vielberedeten ‹Zuckfußes› nicht vergessen. Er soll als Kind an unfreiwilligen Bewegungen der Extremitäten gelitten haben … Bei Mahler blieb leider das unfreiwillige Zucken des rechten Beines für Lebenszeiten zurück. Er hat zu mir nie darüber gesprochen, und ich nehme deshalb an, daß es ihm als auffällig peinlich war. Beim Gehen äußerte es sich in der Form von ein bis drei kurzen aus dem Rhythmus fallenden Schritten. Beim Stehen in einem leichten Aufstampfen, in einer Art Tretens auf dem Platz. Sein unvergleichlich starker Wille hielt diesen Reiz für gewöhnlich gebannt. Wurde der Wille aber irgendwie abgelenkt oder entspannt, dann stellte sich jedesmal dieses auffällige Gehaben des rechten Beines ein … Es war also unrichtig, wenn, wie dies oft geschah, dieses Stampfen für ein Zeichen der Ungeduld oder des aufsteigenden Ärgers gehalten wurde. Es stellte sich ebensowohl und oft stärker beim Lachen ein. Und Mahler lachte gern und herzlich wie ein Kind, so daß ihm die Tränen aus den Augen liefen. Dann nahm er die Brille ab, um die trüb gewordenen Gläser zu putzen, und trampelte dabei regelmäßig einen wahren Freudentanz auf dem Fleck, wo er gerade stand ... Im ruhigen Fluß der Gedanken oder der Rede trat das Zucken nie auf. Ebensowenig unter der gewaltigen Willensanspannung des Dirigierens. Wohl aber, wenn er, einsam wandernd, einem musikalischen Gedanken nachhing und ihn endlich, stehen bleibend, in sein winziges Skizzenbuch eintrug. Dann begann der Weitermarsch regelmäßig mit ein bis zwei zu kurzen Schritten ...

Mahler mußte unter uns Süddeutschen für klein gewachsen gelten. Gemessen habe ich ihn leider nie. Ich schätze, daß er nicht über 160 cm groß war. Den Kopf ließ das auf Frau Almas Wunsch ziemlich lang getragene, reiche Haar etwas zu groß erscheinen. Ich konnte im Sonnenbad, das Mahler eifrig pflegte, seinen nackten Körper aufmerksam studieren. Dieser Körper war von großem Ebenmaß und ausgesprochen männlichen Proportionen. Die Schultern waren breiter, als der bekleidete Körper vermuten ließ, und vollkommen symmetrisch gebaut. Das Becken war sehr schmal. Die Beine, keineswegs besonders kurz, hatten absolut schön und regelmäßig gestellte Achsen, harte, klar entwickelte Muskel und schwache Behaarung. Übertriebene Adernausprägung fehlte gänzlich. Die Füße waren klein mit hochgebautem Rist und kurzen, regelmäßigen, vollkommen fehlerfreien Zehen. Die Brust hatte kräftige Wölbung, geringe Behaarung und sehr klar gezeichnete Muskelansätze. Der Bauch war, bei starker Betonung des geraden Bauchmuskels, ohne jeden sichtbaren Fettansatz, wie übrigens der ganze Körper, und zeigte die Inskriptionen so deutlich wie bei einem Mustermodell ... Am schönsten entwickelt, geradezu sehenswert wegen der Klarheit ihrer Formen, war die Rückenmuskulatur. Ich konnte diesen prachtvoll modellierten, braungebrannten Rücken nie ansehen, ohne an ein fites Rennpferd erinnert zu werden. Seine Hand war eine rechte Arbeiterhand, kurz und breit, und die Finger ohne Verjüngung wie abgehackt endigend ... Schlank waren die Arme, wenigstens im Verhältnis zu ihrer großen Kraft. Denn Mahler war im Gegensatz zu der verbreiteten Vorstellung sehr muskelstark. Viele sahen ihn gelegentlich aus dem Orchester über die Rampe auf die Bühne hinaufvoltigieren ... Man konnte mit ihm ein sehr flottes Marschtempo gehen, ohne daß ihm das lästig wurde. Im langsamen Schreiten setzte er, beinahe zierlich, einen Fuß vor den anderen und streckte die Beine in den Kniekehlen stramm. Er ging so ‹in einer schmalen Spur›. Im Eilschritt aber, in dem sich die weiteren Spaziergänge vollzogen, trug er den Oberkörper leicht vorgeneigt, das Kinn vorgestreckt und trat fest, fast stampfend, auf. Diese Gangart hatte etwas Stürmisches, etwas ausgesprochen Triumphales. Zu schlendern vermochte Mahler überhaupt nicht. Sein Körper hatte immer Haltung, wenn auch nicht die konventionelle ... Mahler war ganz ungewöhnlich kurzschädelig. Er hatte sozusagen überhaupt keinen Hinterkopf. Die Impetuosität seines Wesens drückte sich in dem mächtigen Kuppelgewölbe der Stirne aus, die mit zunehmendem Alter das Antlitz immer mehr beherrscht. Dieser Bau des Schädels, zusammen mit dem mächtigen Unterkiefer und dem über die Stirne emporstrebenden, bis an das Ende dunklen, in schlangenartigen Strähnen natürlich gelockten Haar, gibt dem Kopf jene bezeichnende Ähnlichkeit mit einer antiken tragischen Maske.»

So weit Alfred Roller. Wir werden sehen, daß sich in diesen körperlich-typologischen Merkmalen etwas ausspricht, was wir auf der seelisch-charakterlichen Ebene wieder antreffen werden.

Zwillinge

Das Motiv der beiden Brüder, von denen der eine «himmlisch» und lichthaft ist, der andere dagegen «irdisch» und dunkel, begegnet uns als das Motiv der Zwillinge häufig in der Mythologie. Bekannt sind die beiden mythischen Begründer Roms, Romulus und Remus, sowie das «klassische» griechische Brüderpaar Castor und Polydeukes, die Dioskuren.

In ihnen tritt die Urpolarität in der Weise in Erscheinung, daß einer der beiden göttlicher Herkunft und daher unsterblich ist, der andere dagegen Mensch und sterblich. Nicht immer steht ihr Verhältnis zueinander im Zeichen der Konkurrenz oder der Eifersucht. Bei Castor und Polydeukes sehen wir, wie ein anderes Element hereinspielt: das Motiv der Bruderliebe. Sie führt dazu, daß der unsterbliche Bruder (Polydeukes) bereit ist, das Los seines sterblichen Bruders zu teilen. Dadurch wird beiden die halbe Unsterblichkeit zuteil: sie verbringen *beide* abwechselnd je einen Tag bei Vater Zeus im Olymp und den anderen in der Unterwelt. Sie sind es, die der Grieche im himmlischen Sternbild der Zwillinge wiedererkannte. Als Ganzheit, als zwei Aspekte eines einheitlichen Wesens aufgefaßt, sind sie ein Bild des Menschen-Ich, welches nachts in der geistigen Welt weilt und sich tagsüber mit dem irdisch-stofflichen, sterblichen Menschenleib verbindet. Nähme unser höheres Wesen nicht immer wieder Wohnung in uns, so müßten wir sterben. Durch es hat unser irdisches Wesen Anteil am Geistigen: Unser höheres Wesen «zieht uns hinan».[127]

Jeder Mensch ist also seinem Wesen nach ein «Zwilling»: ein irdisches Wesen, das vom Geist durchdrungen wird.

Wenn wir den Sachverhalt in dieser Weise formulieren, so ist das ganz «Mahlerisch» gedacht. Denn immer galt sein Streben der Vergeistigung des Irdischen. Insofern kann man ihn als eine «zwillingshaft» veranlagte Natur bezeichnen. Und viele Widersprüche seines Wesens lassen sich erhellen, wenn man bereit ist, Kategorien, die auf einer Charakteristik der Tierkreisbilder und der Kräfte, für die sie stehen, beruhen, als psychologisch-menschenkundliche Basis einzusetzen.

Daß dies möglich ist, hat bereits vor Jahrzehnten der niederländische Naturwissenschaftler und Philosoph Frits H. Julius bewiesen. In seinem Werk *Die Bildersprache des Tierkreises und der Aufbau eines neuen Gemeinschaftslebens* gelingt ihm die Grundlegung einer neuen, auf den Tierkreisqualitäten basierenden

Psychologie. Sein Ausgangspunkt ist dabei keineswegs mystisch oder spekulativ-astrologisch. Im Gegenteil: Aus der sorgfältigen Betrachtung des Sonnenlaufs und seines Verhältnisses zur Erde, wie sie sich unserer unmittelbaren Wahrnehmung darstellen, ergibt sich, daß die Tierkreisbilder als exakte Wahrbilder die jeweiligen Qualitäten der Sonnen-Erden-Konstellation im Jahreskreislauf abbilden. Jedes Tierkreisbild ist dadurch ein Ausdruck ganz bestimmter Kräftewirkungen. Diese lassen sich an den entsprechenden Vertretern im Tierreich exakt studieren und sodann in Beziehung setzen zu Wesenszügen des Menschen. Mit den von Julius aufgezeigten Charakter- oder Persönlichkeitstypen sind, das muß betont werden, nicht irgendwelche horoskopisch-astrologischen «Sternzeichentypen» gemeint, sondern geistig-seelische Ur-Konstitutionen, die im individuellen Menschen verschieden stark und in verschiedener Mischung erscheinen können.

Zunächst betrachten wir die Dynamik des Sonne-Erde-Verhältnisses in der Zeit von Mitte Mai bis Mitte Juni (Zwillinge), wie sie sich unserer Beobachtung darstellt.

Die Sonne erreicht in dieser Zeit ihren höchsten Stand. In hohem Bogen erhebt sie sich über die Erde, sie wie schwerelos mit ihrem Glanz überstrahlend. Die Erde selbst wird leichter, heller, «sonnenhafter». Sie gibt sich der Wärme und dem Licht, das sie so mächtig vom Kosmos her überstrahlt, voll hin und erblüht in farbiger Schönheit. Die Natur und mit ihr die Menschen sind in einer Stimmung der unbeschwerten Heiterkeit, ja Entrücktheit. Die Welt wird paradiesähnlich, die Seele kindhaft offen. «Die ganze Natur wird zu einem luftigen Spiel, als wären Sonne und Erde zwei fröhliche Kinder» (F. H. Julius).

Ähnliche Züge zeigt der «Zwillingstyp». Spielend, schenkend, sich verströmend und kindlich-heiter ist seine Seelenart.

«Zwillingshaft» in diesem Sinne ist an Gustav Mahler die «Kindesseite» seines Wesens. Wir brachten im Kapitel «Himmel und Erde» (S. 18 ff.) bereits einige Beispiele, aus denen die tiefe Beziehung zu allem, was kindhaft ist in der Welt, deutlich zum Ausdruck kommt, vom innigen Verhältnis zu seinen eigenen Kindern bis hin zum «Kinderton» der *Wunderhorn-Lieder*. Und immer wieder wird darauf hingewiesen, wie kindhaft-naiv er im Grunde seines Wesens war: die reine Andachts- und Hingabefähigkeit dieses Menschen, die es ihm ermöglichte, «der Welt abhanden zu kommen», wo immer er ging und stand.[128] Diese Eigenschaft war es auch, die ihn letztlich zum genialen Nachschöpfer der Werke anderer Komponisten machte. Mit derselben Hingabe seines ganzen Wesens gestaltete er jedes auch noch so unbedeutende Werk. Unter seinen Händen wurde es zur Perle. Kurzum: Die helle, warme, herzhafte Seite seines Wesens, die sich in seinem warmen Lachen, seinem schnurrigen Humor, seiner Innigkeit äußerte – sie ist der Zwillings-Sommer-Aspekt seiner Persönlichkeit.

Unter dieser Signatur darf wohl auch die Tatsache gesehen werden, daß es gerade die lichtvollen Sommermonate waren, in denen Mahler die entscheidenden Inspirationen zu seinen Werken empfing.

Im selben Zusammenhang muß auch seine Frau Alma Erwähnung finden. Denn sie stand ihm zur Seite als ein immer strahlendes Lichtwesen. Die Gedichte, die er ihr widmete, zeigen, daß er sie als die Sonne (den «Centralpunkt») seines Daseins empfand, und dies vor allem dann, wenn er mit den dunkleren, dämonischen Seiten seiner Natur zu kämpfen hatte.

Wo kommt diese Zwillings-Qualität in Mahlers Sinfonien zum Ausdruck? Zunächst im Kopfsatz der *Ersten Sinfonie*. Dort haben wir das Erwachen und Erblühen der Natur als Klangbild vor uns:

> Und da fing im Sonnenschein
> Gleich die Welt zu funkeln an …

lautet der Text des Wunderhorn-Lieds, das diesem Satz zugrunde liegt. Unbeschwerte Heiterkeit, zarte Schönheit, versonnen-entrücktes Träumen begegnen uns auch in den drei letzten Sätzen der *Fünften Sinfonie* sowie im «Andante moderato» der *Sechsten Sinfonie*. Generell ist diese Schicht immer da anwesend, wo die

Topoi «Verklärung» und «Transzendierung» (Vergeistigung) bei Mahler eine Rolle spielen: da, wo die sinnenfällige irdische Welt in Schönheit aufleuchtet und transparent wird für «Über-Sinnliches», Geistiges.

Im allgemeinen wird man Mahler jedoch weniger mit den hellen, zarten Stimmungen seiner Musik assoziieren. Die konflikthaften, von innerer Zerrissenheit zeugenden Kämpfe, das Quälend-Ringende sind weitaus stärker in ihr vertreten. Das hängt mit dem «Antagonisten» der Zwillingskräfte zusammen, dem Schütze-Kentauren, der in der finstersten Zeit des Jahres erscheint. Er soll nun betrachtet werden.

Schütze

Beobachtet man die Sonnenbewegung in der Winterzeit (Schütze), so wird man Zeuge eines dramatischen Ringens des Lichtes, das von der Finsternis bedroht scheint. Immer schwächer wird zunächst die Kraft des Lichtes, und fast will es scheinen, als würde die Sonne, die im Sommer so hoheitsvoll leuchtend hoch am Himmel stand, nun bald ganz verschlungen von der ewigen Nacht. Doch dies geschieht nicht. In langsamem, zähem Ringen wuchtet die Sonne sich langsam, aber stetig nach scheinbarem Stillstand wieder empor, immer sieghafter zu neuer Kraft anwachsend (Steinbock-Dynamik).

Im Bilde des Schützen, der ja im Sternbild als Kentaur erscheint, kommt diese Dynamik der Sonnenbewegung zum Ausdruck. Der Kentaur, halb Tier (er hat den Unterleib eines Pferdes), halb Mensch, zeigt bereits in seiner Gestalt den Dualismus zwischen den geführten Pfeil-Kräften des hellen Ich-Bewußtseins und den wilden, naturhaft-dionysischen Triebkräften der im Dunkel liegenden Seelenprovinzen des Menschen, die jene zu überwältigen drohen.

Persönlichkeitsstrukturen, die unter diesem Signum stehen, zeigen entsprechende Merkmale. Wir geben hier eine Schilderung des Wiener Musikkritikers Max Graf wieder, der Gustav Mahler während einer Probe in der Oper erlebte:

«Von der Persönlichkeit Gustav Mahlers, der ein dämonischer Mann war, gingen Ströme nervöser Energie aus und durchdrangen Bühne, Orchester und Zuhörerraum der Wiener Oper. Schon lange bevor Mahler im Orchesterraum sichtbar wurde, war die Zuhörerschaft aufgeregt. Wenn das Haus dunkel wurde, stürzte der kleine Mann mit den scharfgeschnittenen Zügen, bleich und von asketischem Aussehen, an das Pult des Kapellmeisters. Sein Dirigieren war in den ersten Jahren seiner Wiener Tätigkeit auffallend genug. Er ließ seinen Taktstock plötzlich nach vorwärts schießen, daß er wie die Zunge einer Giftschlange zu stechen schien. Mit seiner rechten Hand schien Mahler sich tief bückend aus dem Orchester herauszuholen, wie aus der tiefsten Schublade eines Kastens. Sein scharfer Blick blitzte bis zum entferntest sitzenden Musiker. Wenn er einen Einsatz gab, konnte er gleichzeitig nach einer Seite schauen und mit seinem Taktstock nach einer anderen Seite deuten. Das Orchester dämpfend oder antreibend, blickte er zur Bühne und machte beschwörende Gesten zu den Sängern. Mit einem Mal sprang er von seinem Dirigentenstuhl in die Höhe, als ob er gestochen worden wäre.»

Ähnlich auch Ernst Decsey: «Sein Körper war von Bewegung ganz durchwühlt, und im Halbdunkel machte er den Eindruck eines mystisch arbeitenden Zwerg-Fabelwesens.»[129] In diesen dämonisch-wilden Zügen erweist sich Mahler als echt kentaurische Natur. Es soll angeblich eine Karikatur existieren, die ihn tatsächlich als dirigierendes Pferde-Menschen-Wesen darstellt, und auch die anatomischen Details, die Alfred Roller anführt, lassen erkennen, daß seiner sehnig-gedrungenen, muskulös-spannkräftigen Gestalt eine ungeheure, ungebändigte Sprungkraft und Energie eigen war, die mit dem Bilde des Kentauren treffend charakterisiert ist.

Der Kampf zwischen Licht und Finsternis, zwischen den ab-

Abb. 16: Gustav Mahler als Dirigent (Scherenschnitte von Otto Böhler). Der phänomenalen, fast dämonischen Ausstrahlung des Dirigenten Mahler konnte sich niemand entziehen: «Unauslöschlich der Eindruck, wie er den Taktstock führte, Musik nicht im Flusse der Formen fordernd, sondern als Erleben eines Übersinnlich-Verborgenen, zwischen den Formen sinnvoll pointierend» (Rudolf Steiner, Mein Lebensgang).

sterbenden und den aufwärtsdrängenden Kräften, den wir im Winter am Sonnenlauf beobachten können, bildet sich in der seelischen Schütze-Konstitution ab. Schütze-Naturen sind, nach Julius, von unbändiger Tatkraft erfüllt, ihnen steht ein unerschöpflicher Vorrat an Energien zur Verfügung, und sie sind immerzu in Bewegung, höchsten Zielen nachjagend. Was sich ihnen als Widerstand in den Weg stellt, fordert sie zum Kampf heraus, aus dem sie zumeist sieghaft hervorgehen. Dabei verletzen sie unwillentlich andere und entfalten häufig eine durchaus zerstörerische Wirkung. Ihre Gedanken stehen ihnen so konkret und plastisch-greifbar vor Augen, daß sie, indem sie ausgesprochen werden, etwas Zwingendes, andere Menschen unfrei Machendes an sich haben. Ein echter Schütze-Mensch kann sich nur schwer vorstellen, daß andere seine Ideen und Ziele nicht teilen. Schnell ist er dann gereizt, empört, in Kampfesstimmung, die zum Angriff führen kann. – Die andere Seite dieser Eigenschaft ist die Fähigkeit, andere mitzureißen und sie über sich selbst hinauszuführen.

Von all diesen Eigenschaften besitzen wir zahllose höchst plastische Zeugnisse aus der Memoiren-Literatur um Gustav Mahler. Es sei hier noch einmal auf die ausgezeichnete Dokumentation *Gustav Mahler im Spiegel seiner Zeit* von Norman Lebrecht hingewiesen. Wenn etwas aus den darin gesammelten Zeugnissen als bestimmende Charaktereigenschaft Mahlers hervorsticht, so ist es seine kentaurische Schütze-Natur! Ihr aber ist jene andere Seite zugesellt, die bereits dargestellt worden ist: das Zwillingswesen. Die Kombination dieser beiden sich zueinander antagonistisch verhaltenden Seelentypen bedingt die einzigartige Mischung vollkommen gegensätzlicher Züge im Wesen Gustav Mahlers und erklärt so manches Rätsel, löst so manchen inneren Widerspruch.

Zum Schluß noch einige Worte zur *geistigen* Wesensart des Schütze-Typus. Die Fähigkeit, sich so ganz und gar *einem* als wahr oder richtig erkannten Ziel zu verschreiben, bedingt gleichzeitig die selbsterzeugte Abschnürung von allen sonstigen Möglichkeiten. In dieser Konzentration auf das Eine und Ausschließliche liegt zugleich eine ungeheure Selbstisolation und Tragik. Die extreme Ausrichtung auf ein Endziel führt einerseits zu der Fähigkeit, unbeirrt Größtes und Höchstes zu schaffen. Andererseits führt sie, wie geschildert, leicht zu einem Herausfallen aus dem Ganzen der Schöpfung. Im Bilde gesprochen: Der Schütze-Mensch wagt sich so weit vor und damit weg von seinem Ursprung, daß er unter Umständen den Rückweg nicht mehr zu finden weiß. Einsamkeit und Verzweiflung sind dann sein Los, denn er hat selbst alle Brücken hinter sich abgebrochen.

Das erklärt bis zu einem gewissen Grade die immerwährende Sehnsucht nach dem verlorenen Paradies, die solche Naturen beseelt. Denn bei ihnen ist die Trennung vom Ursprung – im Bilde: die «Tötung des Kindes» – am weitestgehenden vollzogen. Gleichzeitig sind sie, unter diesem Blickwinkel, die wahrhaft schöpferischen Menschen im Sinne der heutigen Zeit. Denn sie schaffen alles «aus dem Nichts», aus ungeheurer, titanenhafter eigener Kraftanstrengung, ohne Anleihe aus dem Garten Eden.

Das heißt, daß unter Umständen die so erreichten Resultate keine Ewigen, Bleibenden mehr sind, sondern nur von vorübergehender Dauer und Bedeutung. Einmal Erreichtes muß ständig neu errungen werden, oder, wie es Bruno Walter im Hinblick auf Gustav Mahler charakterisierte: «Er konnte eroberte seelische Positionen nicht halten ... Sein Leben und Wirken verlief in Impulsen, und so hatte er um alle seelischen Güter immer wieder aufs neue zu kämpfen.»[130]

Musikalisch haben wir ein Äquivalent zu dieser seelisch-geistigen Konstitution im Gestus des Anrennens und Aufbäumens, des verzweifelten Ankämpfens gegen etwas. Ein Beispiel par excellence ist der erste Satz der *Zweiten Sinfonie*[131] sowie das Finale der *Sechsten*. Besonders deutlich ist in dieser Hinsicht auch der Anfang des zweiten Satzes der *Fünften Sinfonie*:

mit größter Vehemenz
Stürmisch bewegt
Trp.
ff
rit.*)
a tempo
rit.
a tempo
(veloce)
Pos.
Hlzbl.
sf
Pos.
Vl.
fff
sf
Pos.
sf
Hr.
ff
Hlzbl.
sf
Vl.
fff
Trp.
Trp.

Diese skizzenhaften Hinweise sollen hier genügen. Frits H. Julius, dessen Typologie sie verpflichtet sind, weist darauf hin, daß solche «Typen» im allgemeinen nicht unvermischt und rein auftreten, es sei denn als dichterisch gestaltete Figuren in der Literatur und – unter Künstlern. Gustav Mahler scheint ein Beispiel für die Richtigkeit dieser Aussage zu sein.

ZWEITER TEIL:

DIE SINFONIEN

GUSTAV MAHLERS SINFONIEN ALS ENTWICKLUNGS-POLARITÄTEN

Meine ... Sinfonien erschöpfen den Inhalt meines ganzen Lebens ...
Und wenn einer gut zu lesen verstünde, müßte ihm in der Tat mein
Leben darin durchsichtig erscheinen ...
Der Parallelismus zwischen Leben und Musik geht vielleicht viel tiefer
und weiter, als man jetzt noch zu verfolgen imstande ist.[132]
Gustav Mahler

Betrachten wir zusammenfassend die Ergebnisse unserer bisherigen Untersuchungen, so wird ein Ur-Dualismus erkennbar, der Werk und Persönlichkeit Gustav Mahlers durchzieht. Es ist letztlich der Gegensatz von Himmel und Erde, Diesseits und Jenseits, zwischen der geistigen, übersinnlichen Welt und der irdischen, sinnlichen Welt.

Mahler richtet seinen Blick aus dem «irdischen Leben» immer wieder sehnsuchtsvoll auf das «himmlische Leben». Dies bewirkt den «eschatologischen Zug» seiner Musik. Als *Mittler* zwischen den beiden Welten erscheinen bei ihm das «Kindesprinzip» und das Prinzip des «Ewig-Weiblichen». Beiden ist gemeinsam, daß sie uns «hinanziehen» in jene ersehnte höhere Daseinsform. Dennoch gibt es einen charakteristischen Unterschied zwischen beiden Agenzien. Erscheint das «Kindesprinzip» deutlich rückwärtsgewandt und von der Sehnsucht nach dem verlorenen Paradies begleitet, so ist dies bei dem «Ewig-Weiblichen» anders: Es ist deutlich von der *Zukunft* her wirksam, ganz im Sinne der Worte: «Wenn er dich ahnet, folgt er nach.»

Zwischen dem verlorenen Paradies und dem «neuen Himmel» liegt das «irdische Leben». Damit erweitert sich der ursprüngliche Dualismus zu einer *Polarität* – einem Spannungsfeld, in dem das irdische Leben, das Erdenleben, wie ausgespannt erscheint zwischen Vergangenheit und Zukunft:

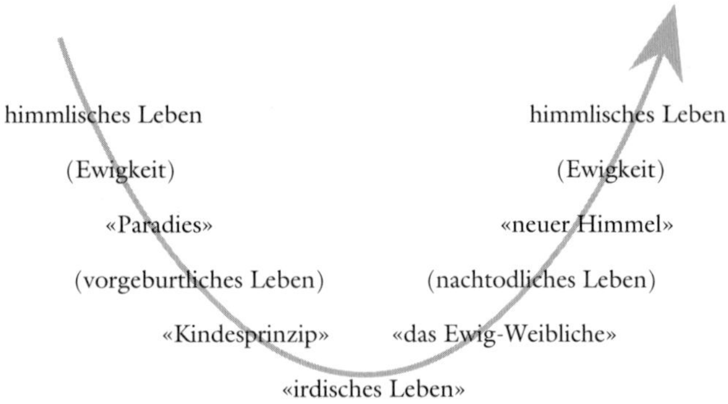

Das irdische Leben erscheint hier wie ein Durchgangsstadium zwischen geistigen Daseinsformen. Dabei muß allerdings ein innerer Wendepunkt, eine Umorientierung eintreten, sonst bliebe nur das rückwärtsgewandte, vergangenheitsbezogene Agens wirksam. Dieser Punkt liegt offensichtlich irgendwo in der Mitte jenes Kräftefeldes.

Betrachten wir nun einmal das Gesamtwerk unter diesem Blickwinkel!

Wir führten es bereits aus (in Anlehnung an Mahlers eigene Periodisierung, die im wesentlichen von Bruno Walter und Paul Bekker übernommen wurde): Die ersten Sinfonien bis einschließlich der *Vierten* sind von der «Wunderhorn-Sphäre» her bestimmt. Das «Kindesprinzip» ist wirksam. – Die mittleren Sinfonien stehen im Zeichen der Kämpfe, der Auseinandersetzung mit den handfesten irdischen Realitäten. Hier ist jenes «Rettende» kaum noch sichtbar. Das Lied, als Repräsentant der «anderen Welt», ist verstummt. In diesem Bereich liegt jedoch auch der innere Umschlagspunkt, der die Wende einleitet. In den *Kindertotenliedern* manifestiert er sich (siehe hierzu die Ausführungen in den Kapiteln «Leben und Tod» und «Gabriel und Michael»). – Ab der *Achten Sinfonie* ist das Lied, das vokale Element, in gesteigerter und metamorphosierter Form wiedererrungen. Das Ewigkeitsprinzip ist in neuer, nun nicht mehr resignativer, sondern lebensbejahender Form (als «Ewig-Weibliches») gegenwärtig.

Schematisierend ließe sich sagen:

Das Frühwerk (der erste Sinfonienkreis) steht im Zeichen der Kindheit, der Geburt, der Vergangenheit; die späten Sinfonien und *Das Lied von der Erde* stehen im Zeichen des Alters, des Todes, der Zukunft. Dazwischen siedeln sich die mittleren Sinfonien an, die große mittlere Lebensphase, den «großen Mittag» des Lebens repräsentierend.

Die *biographische* Polarität ist also zugleich eine *werkimmanente*. Mahlers Werk ist zutiefst subjektiv-persönlich geprägt. Und doch weist es über das rein Persönliche hinaus. Denn jede menschliche Biographie, das heißt unser aller «irdisches Leben» zwischen Geburt und Tod, steht im Grunde unter derselben Polarität.[133] Ja, diese ist, unter einem gewissen Blickwinkel, ihr Grundgesetz.

Daher ist es aufschlußreich, die beiden Abschnitte dieses Weges: den absteigenden, «inkarnierenden», und den aufsteigenden, «exkarnierenden», auch hinsichtlich des *Gesamtwerks* einander einmal gegenüberzustellen. Es werden dann die imposanten Stationen einer biographisch-seelischen wie auch künstlerisch-geistigen Lebensleistung sichtbar:

Es mag zunächst überraschen, ja irritieren, daß hier eine solche Gesetzmäßigkeit walten soll. Wir sind nicht mehr gewohnt, derartigen überpersönlich-objektiven Prägungen im Schaffen großer Persönlichkeiten Geltung einzuräumen. Hier darf jedoch daran erinnert werden, daß Mahler selbst davon überzeugt war, seine Musik sei nicht «seine» persönliche Leistung, sondern wie von höherer Weltennotwendigkeit ihm inspiriert und abgefordert: «Man ist sozusagen selbst das Instrument, auf dem das Universum spielt.» Der Künstler als ein Organ des Weltenwillens, als ein im wahrsten Sinne Berufener – solche Vorstellungen mögen uns heute suspekt erscheinen. Fest steht jedoch – und daran kommt keine Polemik vorbei –, daß sowohl Mahler als zum Beispiel auch Richard Wagner und Arnold Schönberg ihre historische Mission durchaus realistisch erkannt und eingeschätzt haben. Man könnte das gängige Bild daher ruhig einmal umkehren und behaupten: Erscheinungen wie Mahler oder Schönberg sind geradezu Beweise par excellence für das Walten innerer Entwicklungsgesetzmäßigkeiten der Kultur- und Geistesgeschichte.

Doch wenden wir uns nun der Betrachtung der Sinfonien im einzelnen zu.

Sie sollen paarweise, im Sinne der beschriebenen Polarität einander gegenübergestellt werden, wobei bestimmte Querbeziehungen und Entsprechungen zutage treten. Diese walten zwar auch anderweitig im gesamten sinfonischen Werk – die hier aufzudeckenden Korrespondenzen sind jedoch ganz bestimmte, tiefere, die sich weniger auf der motivisch-thematischen als auf der formalen und inhaltlichen Ebene (der des «inneren Programms», wenn man so will) bewegen. Wir werden diese Gegenüberstellung in Form einer «Spiegelung» konsequent bis hin zu den einzelnen Teilen beziehungsweise Sätzen der Werke durchführen. Dabei soll – aus methodischen Gründen – mit denjenigen Werken begonnen werden, die Anfang und Ende des beschriebenen sinfonischen Organismus bilden, also mit den Sinfonien *Eins* und *Neun*, um sodann entsprechend weiter fortzuschreiten bis zum mittleren Bezirk der *Fünften* und *Sechsten*, in deren Bereich die beschriebene latente Spiegelachse verläuft. Abschließend erfolgt dann ein Vergleich der beiden «unvollendeten» Schlüsselwerke, des *Klagenden Liedes* und der *Zehnten Sinfonie*. Sie sind ihrem «Inhalt» nach in gewissem Sinne noch (oder schon) jenseits der biographischen Schwelle von Geburt und Tod anzusiedeln: Das Jugendwerk stellt, wie wir sahen, Vorgänge dar, die mit der irdischen Leibannahme der Himmelsseele zusammenhängen, das unvollendete Spätwerk reicht schon hinüber nach jenseits der Todesschwelle.

Der Leser wird gebeten, das Vorgebrachte am erklingenden Werk nachzuvollziehen. Mittels der Schallplatte ist dies heute leicht möglich. Es kann sich allerdings innerhalb unseres Rahmens nur um Hinweise handeln, die zudem eine wenigstens anfängliche Kenntnis der Werke voraussetzen. An guten und detaillierten Einführungen in die Sinfonien Gustav Mahlers herrscht kein Mangel. Wir verweisen insbesondere auf die ausführliche Arbeit von Paul Bekker *Gustav Mahlers Sinfonien* sowie auf das dreibändige Werk *Gustav Mahler* von Constantin Floros (hier vor allem Band 3: *Die Symphonien*).

DES LEBENS FRÜHLING UND HERBST – DIE ERSTE UND DIE NEUNTE SINFONIE

Zwei Werke markieren Anfang und Ende der eigentlichen Sinfonik Gustav Mahlers: die *Erste* und die *Neunte Sinfonie*. Nach neueren Forschungen darf angenommen werden, daß die *Erste Sinfonie* im wesentlichen zwischen Ende Januar und Ende März 1888, während Mahlers Wirken am Leipziger Stadttheater, entstanden ist. Allerdings reichen ihre Wurzeln bis in das Jahr 1884 zurück. Wesentliche Teile basieren nämlich auf dem Material zweier *Lieder eines fahrenden Gesellen*, welche damals entstanden waren. Die *Neunte* dagegen datiert aus den Sommermonaten des Jahres 1909 in Mahlers «Komponierhäusl» in Altschluderbach. Trotz der relativ großen Zeitspanne zwischen der Entstehung beider Werke gibt es doch auffallende Wechselbeziehungen. Die *Neunte* ist der *Ersten* gewissermaßen unter «umgekehrten Vorzeichen» verschwistert. Um dies klarer zu sehen, müssen wir die «inneren Programme» beider Werke nebeneinanderstellen. – Hier die programmatische Erläuterung zur *Ersten Sinfonie* anläßlich der Hamburger Aufführung der überarbeiteten Fassung im Jahre 1893:

«*Titan*», eine Tondichtung in Symphonieform (Manuscript)

1. Theil

«Aus den Tagen der Jugend». Blumen-, Frucht- und Dornstücke

I. «*Frühling und kein Ende*» (Einleitung und Allegro comodo). Die Einleitung stellt das Erwachen der Natur aus langem Winterschlafe dar.

II. «*Blumine*» (Andante)

III. «*Mit vollen Segeln*» (Scherzo)

2.Theil: «Commedia humana»

IV. «*Gestrandet*» (ein Todtenmarsch in «Callots Manier»).

Zur Erklärung dieses Satzes diene folgendes: Die äußere Anregung zu diesem Musikstück erhielt der Autor durch das in Österreich allen Kindern wohlbekannte parodistische Bild: *Des Jägers Leichenbegräbniß*, aus einem alten Kindermärchenbuch: Die Thiere des Waldes geleiten den Sarg des gestorbenen Dichters zu Grabe; Hasen tragen das Fähnlein, voran eine Capelle von böhmischen Musikanten, begleitet von musicirenden Katzen, Unken, Krähen etc., und Hirsche, Rehe, Füchse und andere vierbeinige und gefiederte Thiere des Waldes geleiten in possirlichen Stellungen den Zug. *An dieser Stelle* ist dieses Stück als Ausdruck einer bald *ironisch-lustigen,* aber *unheimlich brütenden* Stimmung gedacht, auf welche dann sogleich

V. «*Dall' Inferno*» (Allegro furioso)

folgt, als der *plötzliche* Ausbruch der Verzweiflung eines im Tiefsten verwundeten Herzens. [Bei der Hamburger Aufführung heißt dieser Satz «*Dall' Inferno al Paradiso*» – eine wichtige programmatische Ergänzung!]

Sehen wir einmal von den literarischen Bezügen zu Jean Pauls *Titan* und E.T.A. Hoffmanns *Fantasiestücken in Callots Manier* und anderem ab beziehungsweise relativieren wir sie. Mahler selbst hatte, nach Aussage von Natalie Bauer-Lechner, einfach einen «kraftvoll-heldenhaften Menschen im Sinne, sein Leben und Leiden, Ringen und Unterliegen gegen das Geschick, ‹wozu die wahre höhere Auflösung erst die Zweite bringt›.» Dies ist aufschlußreich, denn es bedeutet, daß sich die Sinfonie als biographischer Vorgang verstehen läßt oder von Mahler vornehmlich so verstanden wurde. Die einzelnen Sätze sind demnach «Stationen im Leben seines Helden» (C. Floros). «Im ersten Satz reißt uns eine dionysische, noch durch nichts gebrochene und getrübte Jubelstimmung mit sich fort. Mit dem ersten Ton, dem langausgehaltenen Flageolett-A, sind wir mitten in der Natur: im Walde, wo das Sonnenlicht des sommerlichen Tages durch die Zweige zittert und flimmert ... ‹Im zweiten Satz [Scherzo] treibt sich der Jüngling schon kräftiger, derber und lebenstüchtiger in der Welt herum.›» Der später eliminierte «Blumine-Satz» sei eine «Liebesepisode», eine «Jugend-Eselei» seines Helden, und der (ursprünglich) vierte bringt die ersten Enttäuschungen und Niederlagen des Lebens: «‹Jetzt hat er (mein Held) schon ein Haar in der Suppe gefunden und die Mahlzeit ist ihm verdorben.›» Im Finale sehen wir dann «unseren Heros völlig preisgegeben, mit allem Leid dieser Welt im furchtbarsten Kampfe ... ‹Immer wieder bekommt er – und das sieghafte Motiv mit ihm – eins auf den Kopf vom Schicksal›, wenn er sich darüber zu erheben und seiner Herr zu werden scheint, und erst im Tode – da er sich selbst besiegt hat und der wundervolle Anklang an seine Jugend mit dem Thema des ersten Satzes wieder auftaucht – erringt er den Sieg (herrlicher Siegeschoral!).»[134] – So spannt sich der Lebensbogen von der Jugend bis zum Tode, der allerdings hier quasi abstrakt-programmatisch noch wie im Vorblick geahnt wird. Der Hauptakzent der Sinfonie liegt eindeutig auf der Frühlingsstimmung der Natur und des Lebens, den Lehr- und Wanderjahren des Helden.

Noch zu wenig beachtet wurde, neben der musikalischen, die *programmatische* Beziehung zu den *Liedern eines fahrenden Gesellen*, die die eigentliche Quelle der musikalischen Substanz dieser Sinfonie sind. Schon der erste Satz läßt sich tiefer nur von daher verstehen. Nach der langsamen Einleitung, in der die Natur allein das Wort hat – eine der gewaltigsten Naturschilderungen, die die Musikgeschichte kennt –, betritt unser Held die Bühne des Geschehens. Seinem Thema liegt das zweite der *Lieder eines fahrenden Gesellen* zugrunde:

> Ging heut' morgen übers Feld ,
> Tau noch an den Gräsern hing,
> Sprach zu mir der lust'ge Fink:
> Guten Morgen! Ei gelt? Du!
> Wird's nicht eine schöne Welt? ...

– Und da fing im Sonnenschein
Gleich die Welt zu funkeln an.
Alles, alles, groß und klein
Ton und Farbe da gewann.
Im Sonnenschein!
Blum und Vogel, Groß und Klein!

Ähnlich, wenngleich thematisch weniger deutlich sichtbar, ist die Beziehung des dritten Liedes zum Finale der Sinfonie:

Ich hab ein glühend Messer, ein Messer in meiner Brust,
o weh! O weh!
Das schneidt so tief in jede Freud und jede Lust,
so tief, so tief!
Ach, was ist das für ein böser Gast,
Nimmer hält er Ruh, nimmer hält er Rast,
Nicht bei Tag, noch bei Nacht, wenn ich schlief!
O weh! O weh!

Hier sind die «Inferno-Triolen», jener chromatisch-absteigende Lauf, mit dem das Finale einsetzt (der «Aufschrei eines im Tiefsten verwundeten Herzens») bereits vorgebildet (zum Beispiel bei Ziffer 21, « …noch bei Nacht, wenn ich schlief» und «o weh, o weh»).

Wir sehen: Es sind biographische Jugend- und Jünglingserlebnisse, Szenen («Frucht- und Dornstücke») aus der Wanderschaft des «fahrenden Gesellen», die in den ersten Sätzen musikalisch ausgemalt werden. Im Finale jedoch kommt ein anderes Motiv hinzu: Mit dem Weg vom Inferno (über das Purgatorio) zum Paradiso klingt Mahlers Ur-Lebensmotiv an. Bezeichnenderweise ist sein endgültiges Ziel nicht hier, auf *dieser* Welt, erreichbar, sondern «erst im Tode, da er sich selbst besiegt hat und der wundervolle Anklang an seine Jugend … wieder auftaucht».

Bedenkt man, daß dieser letzte Satz einen Weg schildert, der deutlich Bezug auf Dantes *Divina Comedia* nimmt, so erscheint dieser «Tod» in einem anderen Licht. Denn wenn man den Weg, den Dante in seiner Göttlichen Komödie geht, als einen christlichen Einweihungsweg liest,[135] so kann der hier gemeinte Tod durchaus als «mystischer Tod» im Sinne der alten Esoterik gelten. Die «Blumen- und Dornstücke» sind dann Stationen auf einem Läuterungs- und Einweihungsweg («Purgatorio») unseres «Helden», der schließlich zur Begegnung mit dem eigenen höheren Ich führt. Der «Sieg über sich selbst» ist der Sieg über das niedere, «irdische» Ich, der während dieses Weges viele Male errungen werden muß und im mystischen Tod zur letzten, höheren Stufe führt. Der «fahrende Geselle» ist also ein Bild für den Menschen, der «unterwegs» ist, sich auf den Weg der Einweihung begeben hat.

Allerdings ist dieser Weg in der *Ersten Sinfonie* nur *programmatisch* dargestellt, in einer Art von Vorschau als Fernziel und Motto des Lebensweges gewissermaßen. Daraus resultiert die «pomphafte» Darstellungsart, die notgedrungen noch «äußerlich» bleiben muß.[136] Erst auf dem Entwicklungsweg, der von Mahler dann beschritten wird, dem der Einweihung durch das Leben selbst, werden diese Dinge immer mehr zu real erlebten Realitäten. Äußere Markierungspunkte dieses inneren Entwicklungsweges sind die Sinfonien.

Den anderen Pol dieses Weges markiert die *Neunte Sinfonie.* Hier ist «Erreichnis», was in der *Ersten* nur unzulänglich geahnt werden konnte. Sehen wir dort die Frühlingsstimmung des Lebens, die himmelstürmenden Aufbruchskräfte der Jugend, so befinden wir uns hier im Bereich des Alters und der Todesnähe – einer Todesnähe allerdings, die nicht im Zeichen der Resignation, sondern der vollsten Lebensbejahung steht: «Es sei wie es wolle, es war doch so schön.» – «Lebensdurstiger als je» war Mahler nach eigener Aussage in jenen Jahren, doch war es ihm auch, als ob «ich plötzlich einen neuen Körper an mir bemerken würde (wie Faust in der letzten Szene)».

Wie Faust in der letzten Szene – deutlicher läßt sich der Punkt nicht umschreiben, an dem Mahler angekommen war. Und stand am Ausgangspunkt der Weg der «Verewigung» des Menschen, wie er sich in der spätmittelalterlichen *Divina Commedia* darstellt, so erscheint am Ende nun Goethes *Faust* – der den Weg des Menschen *unserer* Zeit schildert. Zeigte die *Erste Sinfonie* (und ähnlich die *Zweite*) noch einen Menschen, der darum kämpft, nicht in den Lebenswirren unterzugehen, seine Lebensideale nicht zu verlieren, so kann auch für die *Neunte* gelten: «Wie unsinnig ist es nur, sich vom brutalen Lebensstrudel so untertauchen zu lassen! Sich selber und dem Höheren über sich selbst nur eine Stunde untreu zu sein!» – Allerdings wird dies «erst im Tode» ganz Realität, vorher immer nur für Augenblicke: «Aber das schreibe ich nur so hin – denn bei der nächsten Gelegenheit … werde ich bestimmt wieder so unsinnig wie alle anderen.»[137]

Endet die *Erste Sinfonie* mit einem «herrlichen Siegeschoral» (des höheren Lebens über das «natürliche»), so beginnt die *Neunte* mit herrlichen Todes-Fanfaren. Im ersten Satz meldet der Tod sich immer mächtiger mit ihnen zu Wort, so daß Alban Berg bestürzt ausrief: «Diese ritterlichen Klänge: der Tod in der Rüstung. Dagegen gibt's kein Auflehnen mehr …» (T. 314–324, «mit höchster Gewalt» – siehe auch unsere Ausführungen im Kapitel «Leben und Tod», S. 67ff.). Auch zwischen den übrigen Sätzen gibt es teilweise direkte, teilweise umgekehrte Korrespondenzen. Paul Stefan hatte bereits 1920 auf die Verwandtschaft der Mittelsätze der beiden Sinfonien hingewiesen. So schien ihm der zweite Satz der *Neunten* («Im Tempo eines gemächlichen Ländlers. Etwas täppisch und sehr derb») dem zweiten Satz der *Ersten* zu entsprechen.[138] Dort sind wir, nach August Beer, dem Mahler anscheinend anläßlich der Budapester Uraufführung nähere Details mitgeteilt hat, «in der Dorfschänke. Er führt den Titel Scherzo, ist aber ein echter, rechter Bauerntanz, ein Stück voll gesunder, dem Leben abgelauschter Realistik mit schnurrenden, surrenden Bässen, kreischenden Geigen und quiekenden Klarinetten, zu welchen die Bauern ihren ‹Gestampften› tanzen.»[139] – Man mache einmal den Versuch und vergleiche die beiden Sätze. Auch thematisch gibt es verblüffende Beziehungen:

1. *Sinfonie, 2. Satz («Kräftig bewegt»), T. 8–21.*

Ähnlich verhalten sich die dritten Sätze beider Werke zueinander. Ihr gemeinsames Merkmal ist, bei allem Unterschied im Grundcharakter (Parodistischer Trauerzug in der *Ersten* – Rondo-Burleske in der *Neunten*), die echte Groteske, die ironische, fast schneidend-gemeine Parodie, ein Zug schwarzen Humors, in der *Neunten* gesteigert bis ins Grausam-Spukhafte.

Führt uns der Anfangssatz der *Ersten* aus dem beginnenden, noch ätherisch zarten Aufkeimen der Natur hinein in das «volle Leben» (sowohl der Natur als des Menschen), so ist dies bei der *Neunten* genau umgekehrt: Alles verläuft ins Nichts, eine Verdünnung tritt ein, die schließlich zur völligen Auflösung des musikalischen Gewebes führt. Nur ein letztes Merkmal der thematischen Substanz, das «Doppelschlagmotiv», hält bis zuletzt, da die Schwelle zum Unhörbaren erreicht wird, stand. Dort steht noch einmal, wie endgültig, jene Spielanweisung, die in diesem Stück so häufig erscheint, daß sie als sein inneres Motto gelten darf: «ersterbend» (morendo).

Wenn man will, läßt sich auch eine Verwandtschaft dieses Kernmotivs mit dem Kern des Hauptthemas im entsprechenden Satz der *Ersten Sinfonie* erkennen – allerdings auch hier buchstäblich «in Umkehrung» der Verhältnisse:

1. Sinfonie, 1. Satz: Hauptthema mit rhythmisierter umgekehrter Doppelschlagfigur.

9. Sinfonie, 2. Satz («Im Tempo eines gemächlichen Ländlers. Etwas täppisch und sehr derb»), T. 8–20.

9. Sinfonie, 4. Satz (Adagio), ab T. 49: die «Doppelschlagfigur».

EWIGKEIT UND VERGÄNGLICHKEIT – DIE ZWEITE SINFONIE UND «DAS LIED VON DER ERDE»

In den frühen Sinfonien Mahlers werden die Daseinsrätsel wie «von außen» her dargestellt: Wie bildhafte Schilderungen ziehen die Szenen aus dem Leben des «Helden» in der *Ersten* an uns vorüber. Wie eine Erzählung lassen sich die Stationen quasi illustrativ in einem «Programm» darstellen – einer der Gründe für Mahler, bald von derartigen «Verständnishilfen» abzusehen. Doch auch das Wesen der Inhalte der Sinfonien wandelt sich. In den mittleren und späteren Sinfonien handelt es sich immer stärker um seelisch-geistige, das heißt *innere* Entwicklungs- und Erkenntnisfragen existentieller Art, die sich gar nicht mehr in äußerer Weise formulieren lassen, dafür aber um so stärker in die musikalischen Prozesse selbst eingeflossen sind. Um dies an einem Beispiel zu verdeutlichen: Im letzten Satz der *Ersten Sinfonie* wird «Tod und Sterben» (im Sinne des Sieges des geistigen Prinzips über das Irdische) musikalisch-symbolisch realisiert. Eine Analyse der Tonsprache und ihrer Siegel, wie sie vor allem Constantin Floros unternommen hat, zeigt das semantische «Requisitarium» auf, dessen sich Mahler hier bedient. Das Ganze wirkt wie künstlich von außen als «Vorwurf» in die Musik hineingetragen, etwas programmatisch eben.

Anders im ersten Satz der *Neunten:* Hier liegt nicht ein Programm zugrunde, welches die Idee des Todes und des Sterbens zum Inhalt hat, der mit musikalischen Mitteln ausgedrückt werden soll, sondern *es sind die musikalischen Vorgänge selbst,* in denen «Sterben» stattfindet. So ist die Vortragsbezeichnung «morendo» kein symbolisches «als ob» mehr, sondern Ausfluß eines realen musikalischen Vorgangs: Die Musik «erstirbt» hier tatsächlich! – Kraß ausgedrückt, könnte man den Unterschied zwischen den beiden Prinzipien in die knappe Formel prägen: Hier wird nicht über das Sterben geredet – hier wird wirklich gestorben.

Gerade in der Gegenüberstellung der *Zweiten Sinfonie* und des *Liedes von der Erde* wird dieser Gegensatz besonders deutlich. Wo die *Zweite* «philosophiert» (nicht nur im letzten Satz, dem großen Auferstehungshymnus, sondern auch in dem Gesang «Urlicht»,[140] da begnügt sich das *Lied von der Erde* mit schlichten Tatsachen: Nicht Bekenntnisse werden abgelegt, sondern Verhältnisse, Daseinszustände werden vor uns hingestellt. Wo etwa von Vergänglichkeit die Rede ist, tritt diese als ein rein musikalischer Vorgang real in Erscheinung (zum Beispiel in der zerbrechenden Instrumentierung, den vergehenden instrumentalen Linien und so fort). Entsprechend tritt der Anteil des Zitathaften, des Ironisch-Uneigentlichen zurück zugunsten «rein musikalischer», das heißt nicht nur hinweisender, sondern real sich ereignender Prozesse.

Und wie steht es mit dem Text? Immerhin spricht doch das gesamte Lied von der Vergänglichkeit des irdischen Daseins, blickt zurück in entschwundene Jugendzeiten und ähnliches. Ist dies nicht genauso wie von außen hinweisend, symbolisch? Es zeigt sich, daß dies nicht der Fall ist, und zwar aus zwei Gründen:

Zum einen philosophiert der Text des *Liedes von der Erde* nirgends, sehen wir einmal vom ersten Gesang, dem «Trinklied vom Jammer der Erde», ab («Du aber, Mensch, wie lange lebst denn du? Nicht hundert Jahre darfst du dich ergötzen an all dem morschen Tande dieser Erde»). Er bleibt im wesentlichen im uninterpretierten, reinen Bild. Dieses Bild wird zum Gleichnis, welches unmittelbar wirkt. Es «meint» nicht etwas (was erklärt werden müßte), es *ist* bereits das Gemeinte.

Zum andern wird die Stimme hier ganz anders eingesetzt: «Mahler verändert das Verhältnis zwischen Gesangsstimme und Begleitung ... Die Singstimme wird immer wieder unterbrochen und in kantablen Instrumentalstimmen fortgeführt, so daß

Abb. 17: Gustav Mahler im Jahr 1892.

schließlich ein Dialog entsteht, in dem der eine Partner Wörter singt und der andere nur Vokalisen. Wer sich in dieser Musik auskennt, weiß, daß man Schwierigkeiten hat, welche Stimme denn nun gesungen werden soll, innerlich: die Gesangs- oder die Instrumentalstimme … Immer wieder hört der Gesang auf, um den intensiv singenden Instrumenten sozusagen das Wort zu geben.»[141] – Die Stimme ist selbst Instrument, Naturvorgang geworden, ihre Diktion im Vergleich zu den frühen Liedern überpersönlicher, objektiver. Dies und die Sprach-Kraft der Bilder, die den früher bevorzugten subjektiven Ausdruckswillen ersetzt, lassen die Aussage realer, allgemeingültiger und menschheitlichumfassender erscheinen, als das im Frühwerk der Fall war.

In diesem Sinne – einer Hinwendung zum Objektiven, Überpersönlichen – darf von einer «östlichen» Orientierung im *Lied von der Erde* gesprochen werden. Alle anderen Merkmale, die darauf zu deuten scheinen (Verwendung von Pentatonik und chinesischer Lyrik), stehen hier gerade *nicht* unter diesem Zeichen. Denn jegliche «Chinoiserie» à la *Madame Butterfly* ist von Mahler weitgehendst zurückgedrängt worden, sowohl im Text als auch musikalisch. Hier waltet gerade kein Exotismus, sondern ein allgemein-menschheitliches Element![142]

Nach diesen Vorbemerkungen sei nun Näheres zu den einzelnen Werken ausgeführt.

Die *Zweite Sinfonie* entstand in den Jahren 1888 bis 1894. Der erste Satz stellte anfänglich eine separate «symphonische Dichtung» unter dem Titel *Todtenfeier* dar. Die Mittelsätze entstanden im Sommer 1893, als Mahler auch an einigen Wunderhorn-Liedern arbeitete. So basiert der dritte Satz, ein Scherzo, auf dem Lied «Des Antonius von Padua Fischpredigt», der vierte ist das Lied «Urlicht», welches ursprünglich nicht zur Verwendung in dieser Sinfonie vorgesehen war. Der Finalsatz schließlich, die grandiose apokalyptische Vision des Jüngsten Tages, entstand im Jahre 1894 als Reaktion auf das Erlebnis der Trauerfeier für den Dirigenten Hans von Bülow: «Die Stimmung, in der ich dasaß und des Heimgegangenen gedachte, war so recht im Geiste des Werkes, das ich damals mit mir herumtrug. – Da intonierte der Chor von der Orgel den Klopstock-Choral *Auferstehn!* – Wie ein Blitz traf mich dies und alles stand ganz klar und deutlich vor meiner Seele!»[143]

Die drei Mittelsätze sind also umrahmt von zwei kolossalen Gebilden, deren Haupttopos Sterben, Tod und Auferstehung ist. Damit erweist sich die *Zweite Sinfonie* als direkte Fortsetzung der *Ersten*: «Ich habe den ersten Satz ‹Totenfeier› genannt, und wenn Sie es wissen wollen, so ist es der Held meiner D-Dur-Symphonie, den ich da zu Grabe trage, und dessen Leben ich, von einer höheren Warte aus, in einem reinen Spiegel auffange.» – Diese Bemerkung ist aufschlußreich: Ist die *Erste* eine «Vorausschau» des kommenden Lebensweges bis zum Todeserlebnis, so haben wir in der *Zweiten* eine «Lebensrückschau». Ihr erster Satz setzt kurz nach dem Tode des «Helden» ein: «Wir stehen am Sarge eines geliebten Menschen. Sein Leben, Kämpfen, Leiden und Wollen zieht noch einmal, zum letzten Mal, an unserem geistigen Auge vorüber.» Der Standpunkt ist dabei ein *äußerer*, es wird eine Art «Hohlform» gebildet, in der das Sein und Wollen des Verstorbenen sichtbar wird. Der Schlußsatz dagegen gibt den *inneren Aspekt* der Sache wieder. Dort wird geschildert, was der Verstorbene selbst erlebt: Nachtodliche Erlebnisse der Lebensrückschau («ein letzter zitternder Nachhall des Erdenlebens»), der Seelenläuterung (Dies Irae-Motiv, Weltgericht) und des Eintritts in «höhere Sphären». Typisch für Mahlers Darstellungsweise ist das Ineinandergreifen von individuell-nachtodlichen Vorgängen, wie sie jeder Einzelmensch nach dem Tode durchmacht, und der menschheitlich-apokalyptischen Dimension: So ist das «Purgatorio» des Einzelmenschen zugleich das «Weltgericht», das einst der gesamten Menschheit bevorsteht.[144]

Ganz deutlich ist die Hauptfrage: *Was geschieht im Tode?* Und ebenso deutlich ist, daß Mahler die Antwort nicht im Bereich der kirchlich-dogmatischen Vorstellungen sucht, sondern auf ältere, mysteriennahe Wahrbilder zurückgreift (siehe die Ausführungen über die altpersische Kultur S. 41 ff.). Äußerlich läßt sich der von ihm gedichtete Text durchaus traditionell im Sinne kirchlicher Jenseitslehren verstehen. Als verborgener, «okkulter» Sinn dagegen scheint sein Glaube an die Wiedergeburt im Sinne des Reinkarnationsgedankens hindurch. Dies ließe sich anzweifeln, gäbe es nicht jene deutliche Äußerung Mahlers aus den Hamburger Jahren, als er gerade die *Zweite* vollendet hatte, mit welcher er sich zur Idee der Reinkarnation bekannte (vgl. oben S. 61). So läßt sich die Botschaft dieser Sinfonie: «Sterben werd' ich um zu leben!» auf verschiedene Weise hören: zum einen als Gewißheit des Eintretens in das «höhere», nachtodliche Leben (damit dem Leben durch die Einweihung verwandt, welches der Held der *Ersten* erlangt), zum anderen als Verheißung der Wiederkunft.

Die Mittelsätze sind Bilder, Rückblicke in glückliche und wirre Zeiten, aus dem Leben des Verstorbenen. Sie entsprechen weitgehend den Szenen, die den Mittelsätzen der *Ersten* (dort als *Vorblick*) zugrunde liegen: des Lebens Glück und Leid. Mit dem Gesang «Urlicht» meldet sich der «naive Glaube» zu Wort, der Kinderglaube. Noch trägt er hinweg über die Abgründe des Lebens. In den mittleren Sinfonien wird auch diese kindliche Stimme verstummt sein, und die gähnende Leere eines existentialistisch verstandenen Nichts tut sich auf.

Aus anthroposophischer Sicht stellt sich diese «Lebens-Rückschau» als eine Phase dar, die unmittelbar nach dem physischen Tod des Menschen einsetzt und durch das Auftreten des sogenannten «Lebenstableaus» charakterisiert wird. Alles, was der Mensch im Erdenleben je erlebt hat, steht ihm nun in plastischster, eindringlichster Art in Bildern «vor Augen» – ein Vorgang, der auch bereits in Fällen einsetzt, wo die Trennung des Lebenskräfte-Organismus (des sogenannten Ätherleibes) vom physischen Körper zwar eingesetzt hat, jedoch wieder nachläßt und eine Rückkehr in den physischen Leib stattfindet; Erfahrungen, wie sie heute häufig nach Reanimationen oder Rettungen nach Unglücksfällen berichtet werden und inzwischen zu den «populärsten», meistdiskutierten Erlebnissen im Bereich des Todesproblems gehören.

Nach diesen Vorgängen (die etwa drei Tage dauern, worauf jene Bilder allmählich verblassen) setzt eine neue Phase ein, das «Kamaloka», in der Sprache des Mittelalters: Inferno und Purgatorio (Dante) oder das «Fegefeuer».

Es handelt sich um eine Region der «Seelenwelt», in der alle Begierden, Wünsche und Bedürfnisse, die im Erdenleben mittels des physischen Körpers befriedigt werden konnten, nun infolge ihrer Unerfüllbarkeit zu brennenden Qualen werden, bevor sie langsam seelisch «verarbeitet», das heißt geläutert werden und allmählich nachlassen.

Dieser Bereich wird, wenigstens ahnungsweise, in den Schilderungen des Finales erreicht. Mahler verfügte noch nicht über die exakten Bilder, die diesen Bereich hätten darstellen können. Statt dessen nimmt er Zuflucht zu den mittelalterlichen Vorstellungen vom Weltgericht am Ende der Zeiten.

Erst jene Welt, die im weiteren Hineinwachsen ins nachtodliche Dasein erreicht wird, ist dann wieder den Tatsachen entsprechender dargestellt: eine vierte Stufe, «in der die Seele frei von allen Bindungen und Nachwirkungen durch die leibliche Existenz als geläutertes Wesensglied im *Einssein* mit dem Geist lebt … Nach dem Tode wird die Seele zur Hülle des geistigen Wesenskerns der betreffenden Individualität. Sie wird damit zugleich einer Welt eingegliedert, die in der christlichen Tradition ‹Himmel› genannt wird. Vereint mit dem Geist fühlt sich die Seele als Geist unter Geistern» (Johannes Hemleben).[145] – Allerdings: «Nicht Ruhe und Frieden bis in alle Ewigkeit sind hier das Ziel des nachtodlichen Lebens, sondern das Ausarbeiten von Zukunftsplänen aus der Überschau und Abgeklärtheit göttlicher Ruhe und göttlichen Friedens». Das heißt, die alte, statische Auffassung vom «Himmel» als dem Ort ewigen Friedens metamorphosiert sich: Es wird in diesem Bereich bereits an der Vorbereitung eines neuen Lebens gearbeitet. Hier ist die Sphäre des Kamaloka bereits überwunden, und Mahler hat recht, wenn er im Programm der *Zweiten Sinfonie* diesen Zustand so beschreibt: «Hier ist nicht Strafe und nicht Lohn. Ein allmächtiges Liebesgefühl durchleuchtet uns mit seligem Wissen und Sein.»

In der *Achten Sinfonie* hat Mahler schließlich diese Vorgänge noch einmal dargestellt, nun anhand der exakt-künstlerischen Form, die Goethes *Faust* auszeichnet. Denn Fausts «Himmelfahrt» ist, wie wir sehen werden, nichts anderes als eine bildhaft-imaginative Darstellung der soeben beschriebenen nachtodlichen Vorgänge, jedenfalls bis zu einer gewissen Stufe. Und auch in der unvollendeten *Zehnten* betreten wir diesen Bereich noch einmal: Ihr «Inhalt» ist die Evozierung der Seelenerlebnisse jenseits der Todesschwelle. So spiegelt beispielsweise ihr zweiter Satz, «Purgatorio» (ursprünglich als «Inferno» bezeichnet), die Qualen des Kamaloka wider. Der immer wiederkehrende Klageruf des ihm zugrundeliegenden Wunderhorn-Liedes vom «Irdischen Leben» lautet bezeichnenderweise: «Mutter, ach Mutter, *mich hungert so!*»

Das Lied von der Erde hat Mahler in den Jahren 1907 und 1908 komponiert. Die Arbeit an dieser Komposition setzt nach den bereits erwähnten tragischen Schicksalsschlägen ein: «Jetzt, nach dem Tod des Kindes, nach der furchtbaren Diagnose des Arztes» – Mahlers Herzleiden wurde erkannt –, «in der schrecklichen Stimmung der Einsamkeit, fern von unserem Hause, fern von seiner Arbeitsstätte (die wir geflohen hatten), jetzt überfielen ihn diese maßlos traurigen Gedichte, und er skizzierte schon in Schluderbach, auf weiten einsamen Wegen, die Orchesterlieder, aus denen ein Jahr später ‹Das Lied von der Erde› werden sollte!» So beschreibt Alma Mahler die Entstehungsbedingungen des Werkes. «Diese maßlos traurigen Lieder» – das waren (ursprünglich) sieben jener Nachdichtungen aus dem Chinesischen des 8. Jahrhunderts nach Christus von Hans Bethge (1876–1946), die 1907 unter dem Titel *Die Chinesische Flöte* erschienen waren. «Ich glaube, daß es wohl das Persönlichste ist, was ich bis jetzt gemacht habe», schrieb Mahler einmal, und die Mahler-Literatur wird nicht müde, immer wieder auf die allerdings sehr «persönlichen» Entstehungsbedingungen dieses Werkes hinzuweisen: «All sein Leid, all seine Angst hat er in dieses Werk hineingelegt», meint Alma Mahler. «Denn er glaubte sich damals ... dem Tode nahe, und diese Stimmung, die ihm die Dinge des Lebens mit erhöhtem, schmerzlichen Glanz verklärte, brachte ihn zu den in ihrer stillen Verhaltenheit kaum zu ertragenden Worten und Klängen seines Werkes, das ... wohl ‹Das Lied von der Erde› heißen mag, aber ebenso ‹Das Lied vom Irdischen› heißen könnte – des Irdischen, von dem es scheiden heißt» (Richard Specht).[146]

Dennoch ist es in gewissem Sinne auch das *Überpersönlichste* aller Mahlerschen Werke, wie wir in unserer einleitenden Betrachtung zu zeigen versucht haben. Inhaltlich bildet *Das Lied von der Erde*, wie wir sogleich sehen werden, eine *absolute Parallele* zur *Zweiten Sinfonie*: «Wie ich Dir schon sagte, es ist so wie das Vorbeiziehen des Lebens, besser des Gelebten, an der Seele des Sterbenden ...» schreibt, noch unter dem Eindruck der (posthumen) Uraufführung, Anton Webern an seinen Freund Alban Berg. «Rückschau, Nostalgie, Abschiednehmen» sind nach Constantin Floros die «zentralen seelisch-geistigen Inhalte des Werkes». Doch auch der Ewigkeitsaspekt, die Frage nach dem «Warum» des Lebens und dem «Wohin», fehlt nicht: «Ewig – ewig ...» lauten die verklingenden Schlußworte des letzten Liedes. Ewigkeit und Vergänglichkeit sind die zentralen Topoi beider Werke.

Und dennoch: Jetzt, da Mahler das Sterben «subjektiv» viel näher rückt – er stand, wie er es einmal Bruno Walter gegenüber ausdrückte, in jener Zeit «vis-à-vis de rien» –, ist die ganze Darstellung weit objektiver als in der *Zweiten Sinfonie*, die Mittel sind beschränkter; die Darstellung ist zeitlos-gültig. Mutet die *Zweite* noch «protestantisch» an, so ist *Das Lied von der Erde* überkonfessionell, allgemein-menschlich gestaltet.

Das «Persönlichste» ist gleichzeitig das Objektivste – ein Indiz dafür, daß die höchste Ebene künstlerischer Gestaltung erreicht ist.

Woher kommt dies? – Wir können es nur vermuten:

Steht in der *Zweiten Sinfonie* die nachtodliche «Lebensrückschau», wie sie jeder Mensch durchmacht, im Zentrum, so haben wir im *Lied von der Erde* eine Frucht der *bewußt* unternommenen Lebensrückschau, wie sie schon zu Lebzeiten geübt werden kann. Die Klärung und Objektivierung im Hinblick auf den eigenen Lebenslauf, die sich dabei einstellt, kann eine echte Vorbereitung auf das «große Panorama» nach dem Tode sein. Mahler wandelte bereits im Bereich der Mozartschen immerwährenden Todesbereitschaft, als er das *Lied von der Erde* schrieb. Nur sie erklärt die zunächst unbegreifliche Heiterkeit und Gelassenheit, die aus dieser Musik spricht.[147]

Um nun die Parallelen konkret herauszuarbeiten, die zwischen den beiden Werken bestehen, wollen wir zunächst einmal das «Dresdner Programm» der *Zweiten* den entsprechenden Passagen des *Liedes von der Erde* synoptisch gegenüberstellen:

Programm zur *Zweiten Sinfonie* von Gustav Mahler	*Das Lied von der Erde*
	1. Das Trinklied vom Jammer der Erde Schon winkt der Wein im gold'nen Pokale, Doch trinkt noch nicht, erst sing ich euch ein Lied! Das Lied vom Kummer soll auflachend in die Seele euch klingen. Wenn der Kummer naht, liegen wüst die Gärten der Seele, Welkt hin und stirbt die Freude, der Gesang.
1. Satz: Allegro maestoso Wir stehen am Grabe eines geliebten Menschen. Sein Leben, Kämpfen, Leiden und Wollen zieht noch einmal, zum letzten Mal, an unserem geistigen Auge vorüber. Und	Dunkel ist das Leben, ist der Tod. Herr dieses Hauses! Dein Keller birgt die Fülle des goldenen Weins! Herr, diese Laute nenn' ich mein! Die Laute schlagen und die Gläser leeren, Das sind die Dinge, die zusammenpassen. Ein voller Becher Weins zur rechten Zeit

nun in diesem ernsten und im Tiefsten erschütternden Augenblicke, wo wir alles Verwirrende und Herabziehende des Alltags wie eine Decke abstreifen, greift eine furchtbar ernste Stimme an unser Herz, die wir im betäubenden Treiben des Tages stets überhören: Was nun? Was ist dieses Leben – und dieser Tod?
Gibt es für uns eine Fortdauer? Ist dies alles nur ein wüster Traum, oder hat dieses Leben und dieser Tod einen Sinn?
Und diese Frage müssen wir beantworten, wenn wir weiter leben sollen –
Die nächsten drei Sätze sind als Intermezzi gedacht.

2. *Satz Andante*

Ein seliger Augenblick aus dem Leben dieses theuren Toten und eine wehmütige Erinnerung an seine Jugend und verlorene Unschuld.

Ist mehr wert als alle Reiche dieser Erde!
Dunkel ist das Leben, ist der Tod.
Das Firmament blaut ewig und die Erde
Wird lange feststeh'n und aufblüh'n im Lenz.

Du aber, Mensch, wie lange lebst denn du?
Nicht hundert Jahre darfst du dich ergötzen
An all dem morschen Tande dieser Erde!
Seht dort hinab! Im Mondschein auf den Gräbern
Hockt eine wild-gespenstische Gestalt –
Ein Aff' ist's! Hört ihr, wie sein Heulen
Hinausgellt in den süßen Duft des Lebens!
Jetzt nehmt den Wein! Jetzt ist es Zeit, Genossen!
Leert eure goldnen Becher zu Grund!
Dunkel ist das Leben, ist der Tod!

3. *Von der Jugend*

Mitten in dem kleinen Teiche
Steht ein Pavillon aus grünem
Und aus weißem Porzellan.
Wie der Rücken eines Tigers
Wölbt die Brücke sich aus Jade
Zu dem Pavillon hinüber.
In dem Häuschen sitzen Freunde,
Schön gekleidet, trinken, plaudern,
Manche schreiben Verse nieder.
Ihre seidnen Ärmel gleiten

Rückwärts, ihre seidnen Mützen
Hocken lustig tief im Nacken.
Auf des kleinen Teiches stiller
Wasserfläche zeigt sich alles
Wunderlich im Spiegelbilde.
Alles auf dem Kopfe stehend
In dem Pavillon aus grünem
Und aus weißem Porzellan.
Wie ein Halbmond scheint die Brücke,
Umgekehrt der Bogen. Freunde,
Schön gekleidet, trinken, plaudern.

4. Von der Schönheit

Junge Mädchen pflücken Blumen,
pflücken Lotosblumen an dem Uferrande.
Zwischen Büschen und Blättern sitzen sie,
sammeln Blüten in den Schoß und rufen
Sich einander Neckereien zu.
Gold'ne Sonne webt um die Gestalten,
Spiegelt sie im blanken Wasser wider,
Sonne spiegelt ihre schlanken Glieder,
Ihre süßen Augen wider,
Und der Zephir hebt mit Schmeichelkosen
das Gewebe
Ihrer Ärmel auf, führt den Zauber
Ihrer Wohlgerüche durch die Luft.
O sieh, was tummeln sich für schöne Knaben
Dort an dem Uferrand auf mutgen Rossen?
Weithin glänzend wie die Sonnenstrahlen;
Schon zwischen dem Geäst der grünen Weiden
Trabt das jungfrische Volk einher!
Das Roß des einen wiehert fröhlich auf
Und scheut und saust dahin,
Über Blumen, Gräser wanken hin die Hufe,

Sie zerstampfen jäh im Sturm die
hingesunknen Blüten.
Hei! Wie flattern im Taumel seine Mähnen,
Dampfen heiß die Nüstern!
Gold'ne Sonne webt um die Gestalten,
Spiegelt sie im blanken Wasser wider.
Und die schönste von den Jungfrau'n sendet
Lange Blicke ihm der Sehnsucht nach.
Ihre stolze Haltung ist nur Verstellung.
In dem Funkeln ihrer großen Augen,
In dem Dunkel ihres heißen Blicks,
Schwingt klagend noch die Erregung ihres
Herzens nach.

3. Satz Scherzo

Der Geist des Unglaubens, der Verneinung hat sich seiner bemächtigt, er blickt in das Gewühl der Erscheinungen und verliert mit dem reinen Kindersinn den festen Halt, den allein die Liebe gibt, er verzweifelt an sich und Gott. Die Welt und das Leben wird ihm zum wirren Spuk; der Ekel vor allem Sein und Werden packt ihn mit eiserner Faust und jagt ihn bis zum Aufschrei der Verzweiflung.

5. Der Trunkene im Frühling

Wenn nur ein Traum das Leben ist,
Warum denn Müh' und Plag'?!
Ich trinke, bis ich nicht mehr kann,
Den ganzen lieben Tag!
Und wenn ich nicht mehr trinken kann,
Weil Kehl' und Seele voll,
So tauml' ich bis zu meiner Tür
Und schlafe wundervoll!
Was hör' ich beim Erwachen? Horch!
Ein Vogel singt im Baum.
Ich frag' ihn, ob schon Frühling sei,
Mir ist als wie im Traum.
Der Vogel zwitschert: Ja!
Der Lenz ist da, sei kommen über Nacht!
Aus tiefstem Schauen lauscht' ich auf,
Der Vogel singt und lacht!
Ich fülle mir den Becher neu
Und leer ihn bis zum Grund!
Und singe, bis der Mond erglänzt

Am schwarzen Firmament!
Und wenn ich nicht mehr singen kann,
So schlaf' ich wieder ein.
Was geht mich denn der Frühling an!?
Laßt mich betrunken sein!

4. Satz Urlicht (Altsolo)

Die rührende Stimme des naiven Glaubens tönt an unser Ohr:

O Röschen rot,
Der Mensch liegt in größter Not,
Der Mensch liegt in größter Pein,
Je lieber möcht ich im Himmel sein.
Da kam ich auf einen breiten Weg,
Da kam ein Engelein und wollt mich abweisen,
Ach nein, ich ließ mich nicht abweisen.
Ich bin von Gott, ich will wieder zu Gott,
Der liebe Gott wird mir ein Lichtchen geben,
Wird leuchten mir bis in das ewig selig Leben.

2. Der Einsame im Herbst

Herbstnebel wallen bläulich überm See;
Vom Reif bezogen stehen alle Gräser;
Man meint, ein Künstler habe Staub von Jade
Über die feinen Blüten ausgestreut.
Der süße Duft der Blumen ist verflogen;
Ein kalter Wind beugt ihre Stengel nieder.
Bald werden die verwelkten, goldnen Blätter
Der Lotosblüten auf dem Wasser zieh'n.
Mein Herz ist müde. Meine kleine Lampe
Erlosch mit Knistern, es gemahnt mich an den Schlaf.
Ich komm zu dir, traute Ruhestätte!
Ja, gib mir Ruh, ich hab' Erquickung not!
Ich weine viel in meinen Einsamkeiten,
Der Herbst in meinem Herzen währt zu lange.

Sonne der Liebe, willst du nie mehr scheinen,

Um meine bittern Tränen mild aufzutrocknen?

6. Der Abschied

Die Sonne scheidet hinter dem Gebirge.
In alle Täler steigt der Abend nieder
Mit seinen Schatten, die voll Kühlung sind.
O sieh! Wie eine Silberbarke schwebt
Der Mond am blauen Himmelssee herauf.
Ich spüre eines feinen Windes Weh'n
Hinter den dunklen Fichten!
Der Bach singt voller Wohllaut durch das
Dunkel.
Die Blumen blassen im Dämmerschein.
Die Erde atmet voll von Ruh und Schlaf,
Alle Sehnsucht will nun träumen.
Die müden Menschen geh'n heimwärts,
Um im Schlaf vergess'nes Glück
Und Jugend neu zu lernen!
Die Vögel hocken still in ihren Zweigen
Die Welt schläft ein!
Es wehet kühl im Schatten meiner Fichten.
Ich stehe hier und harre meines Freundes;
Ich harre sein zum letzten Lebewohl.
Ich sehne mich, o Freund, an deiner Seite
Die Schönheit dieses Abends zu genießen.
Wo bleibst du! Du läßt mich lang allein!
Ich wandle auf und nieder mit meiner Laute
Auf Wegen, die vom weichen Grase schwellen.
O Schönheit! O ewigen Liebens, – Lebens –
trunk'ne Welt!
Er stieg vom Pferd und reichte ihm den Trunk
Des Abschieds dar. Er fragte ihn, wohin er
führe
und auch warum es müßte sein.

Wir stehen wieder vor allen furchtbaren Fragen – und der Stimmung am Ende des 1. Satzes.

Es ertönt die Stimme des Rufers: Das Ende alles Lebendigen ist gekommen – das jüngste Gericht kündigt sich an, und der ganze Schrecken des Tages aller Tage ist hereingebrochen.
Die Erde bebt, die Gräber springen auf, die Toten erheben sich und schreiten in endlosem Zug daher. Die Großen und die Kleinen dieser Erde – die Könige und die Bettler, die Gerechten und die Gottlosen – alle wollen dahin – der Ruf nach Erbarmen und Gnade tönt schrecklich an unser Ohr. Immer furchtbarer schreit es daher – alle Sinne vergehen uns, alles Bewußtsein schwindet uns beim Herannahen des ewigen Geistes. Der «große Appell» ertönt – die Trompeten der Apokalypse rufen; mitten in der grauenvollen Stille glauben wir eine ferne, ferne Nachtigall zu vernehmen, wie einen letzten zitternden Nachhall des Erdenlebens!

Er sprach, seine Stimme war umflort. Du, mein Freund,
Mir war auf dieser Welt das Glück nicht hold!
Wohin ich geh? Ich geh', ich wand're in die Berge.
Ich suche Ruhe für mein einsam' Herz.
Ich wandle nach der Heimat, meiner Stätte.
Ich werde niemals in die Ferne schweifen.
Still ist mein Herz und harret seiner Stunde!
Die liebe Erde allüberall blüht auf im Lenz und grünt
Auf's neu! Allüberall und ewig blauen licht die Fernen!
Ewig … ewig … ewig … ewig … ewig … ewig … ewig …

Leise erklingt ein Chor der Heiligen und Himmlischen. «Auferstehen, ja auferstehen wirst Du». Da erscheint die Herrlichkeit Gottes! Ein wundervolles, mildes Licht durchdringt uns bis an das Herz – alles ist still und selig! Und siehe da: Es ist kein Gericht – Es ist kein Sünder, kein Gerechter, kein Großer – und kein Kleiner – es ist nicht Strafe und nicht Lohn! Ein allmächtiges Liebesgefühl durchleuchtet uns mit seligem Wissen und Sein.

Die «Synopse» macht die Parallelen deutlich. Ein frappierender Unterschied fällt dabei allerdings, vor allem im Vergleich der beiden letzten Sätze, sofort ins Auge: Während die *Zweite Sinfonie* nach kurzer Rekapitulation des Todesaugenblickes sogleich in die Darstellung der nachtodlichen Vorgänge (Fegefeuer und Jüngstes Gericht) springt, also von den Vorgängen «danach» handelt, richtet sich der Blick im *Lied von der Erde* auf die Situation «davor», auf den Abschied vom Irdischen. Das Entschweben der Seele in die Ewigkeit wird angedeutet durch die siebenmalige Wiederholung des Wortes «ewig» am Ende (auch in der *Zweiten* gibt es sieben Schläge des Glockenspiels, die, so Mahler, die Ewigkeit einläuten),[148] bleibt jedoch ansonsten völlig offen, undargestellt.

Darin scheint mir der wesentliche Unterschied zwischen beiden Werken zu liegen: In der *Zweiten Sinfonie* wird das Irdische bereits vom Standpunkt des Jenseits aus gesehen und dargestellt.[149] Daher erweist es sich als Schein und als vergänglich. Im *Lied von der Erde* dagegen wird Ewigkeit im Diesseits offenbar. Die Welt und die Erde erweisen sich dann als höchst reale, sinnlich faßbare Offenbarung des Himmlisch-Göttlichen.

Es sei an dieser Stelle noch einmal an unsere Ausführungen (im Kapitel «Licht und Finsternis») erinnert, in denen wir meinten, eine Ähnlichkeit der Vorstellungen Mahlers mit denen der urpersischen Kulturepoche erkennen zu können. Ein Merkmal dieser alten Kultur bestand darin, daß die Menschen noch nicht in der Lage waren, die göttlich-geistigen Gesetze im Irdisch-Materiellen zu erkennen. Die Materie war ihnen rätselhaft und dunkel. Man mußte sie bearbeiten, aber man «erkannte» sie nicht. Alle Nachfolge-Strömungen dieser alten Kultur, vom Manichäismus bis hin zu manch europäischer «Ketzergemeinschaft», hatten sich mit diesem Dualismus auseinanderzusetzen. So erscheint es mir bedeutsam, daß im Spätwerk Mahlers (ab der *Achten Sinfonie*) jener Punkt erreicht wird, wo dieser Ur-Gegensatz aufgehoben erscheint: Himmel und Erde sind eins. Der Himmel kann auch auf Erden gefunden werden.

Schauen wir uns nun noch einige musikalische Motive an, die auf eine Verwandtschaft der beiden Werke hinweisen. Da sind zum Beispiel die eigentümlichen rezitativischen Bildungen im Finale der *Zweiten* (UE-Partitur, nach Z. 30), die, wenn auch weniger komplex, in ganz ähnlicher Weise im *Abschied*, dem Finale des *Liedes von der Erde*, vorkommen (dort T. 19–26 und wiederum ab Ziffer 22 «es wehet kühl …»; siehe die Seiten 166–169).

Die Semantik ist verwandt: Ewigkeit klingt wie ein «Vorklang» herein in das irdische Leben, in der *Zweiten Sinfonie* ist es ein «zitternder Nachhall» des Erdenlebens (Vogelstimmen), der in die Welt der Ewigkeit (Rufermotive in den Trompeten) heraufdringt. Die Ewigkeit ist eine «zeitlose» beziehungsweise nicht in irdischen Zeitverhältnissen erfaßbare Dimension. Folglich wird das irdische Zeitgefüge auch im musikalischen Zusammenhang außer Kraft gesetzt, indem sich das metrische (Takt) und zeitliche (Tempo) Gefüge auflöst.

Zweite Sinfonie, Finale. Aufhebung von Raum und Zeit als Chiffre für «Ewigkeit».

«Das Lied von der Erde»: 6. «Der Abschied» (T. 19–26).

«Der Abschied» (T. 156–164): Auflösung des Zeitgefüges und Simultanität verschiedener Welten angesichts der Schwelle zur «Ewigkeit».

1. Fl.
Alt
Kb.
Freun - des.
Ich har - re
sein zum letz - - ten Le - - be -
wohl.
rit.

Auch zwischen den Eröffnungssätzen beider Werke lassen sich thematische Beziehungen erkennen. So etwa eine Verwandtschaft des Themenkernes der *Zweiten* mit dem thematischen Hornruf am Anfang des «Trinkliedes»:

«Das Lied von der Erde»: Das Trinklied vom Jammer der Erde, T. 1–10 (transponiert nach e-moll).

Zweite Sinfonie, 1. Satz a) T. 6 und 7, b) T. 27 – 29. Themen-Kern (a) und daraus abgeleitetes Gegenthema (b).

Ähnlich steht es mit jenen klagenden, den Raum einer Terz ausfüllenden Sekundenmotiven, die in beiden Sätzen auftauchen:

Zweite Sinfonie, 1. Satz (T. 43 – 47): «Klagemotiv»

«Das Trinklied vom Jammer der Erde» (T. 60 ff.): «Klagemotiv».

DAS WALTEN DES GEISTES IM MENSCHEN UND IM KOSMOS – DIE DRITTE UND DIE ACHTE SINFONIE

Wir kommen nun zu zwei Werken, die sich bereits rein äußerlich sehr ähnlich sind. Auffallendstes Merkmal ist die riesige Orchesterbesetzung und die Verwendung mehrerer Chöre und Solisten. Nicht ohne Grund hat die *Achte* den Beinamen «Sinfonie der Tausend» erhalten, obwohl sie sich auch mit einer kleineren Besetzung ohne weiteres darstellen läßt.

Ein weiteres gemeinsames Merkmal liegt in der Tatsache, daß hier auf den ersten Blick sehr heterogene Elemente zu einem großen Ganzen zusammengefaßt sind: in der *Achten* der große Pfingsthymnus «Veni Creator Spiritus» mit der Schlußszene aus Goethes *Faust*, in der *Dritten* der «Engelsgesang» aus *Des Knaben Wunderhorn* («Es sungen drei Engel ein' süßen Gesang») mit Nietzsches «Trunkenem Lied» aus dem dritten beziehungsweise vierten Teil seines *Also sprach Zarathustra.*

Dennoch haben diese Gegensatzpaare eines gemeinsam: Sowohl der Pfingsthymnus als der Wunderhorn-Text repräsentieren *mittelalterliches Denken*, Goethes *Faust* und Nietzsches *Zarathustra* sind, auf je eigene Weise, Äußerungen der Entwicklungsfragen und der Seelenproblematik der *modernen Menschheit.* Zwar offenbaren sich im *Zarathustra* Nietzsches auch uralte Kulturschichten (sowohl griechische als altpersische, wie bereits oben S. 44 dargestellt), doch dies ist im *Faust* nicht anders.

Ferner haben beide Werke einen verwandten Aufbau: Auf einen monumentalen, blockartigen ersten Satz folgen mehrere kleinere «Episoden», Zwischenstufen, die schließlich zum Gipfel des Finales hinführen. In der *Achten* ist dieser zweite Teil gewissermaßen durchkomponiert (in einem Satz), der sich jedoch deutlich erkennbar in mehrere Einzelepisoden untergliedert.[150] Beide Werke gliedern sich in zwei «Abtheilungen».

Ferner ist auffallend, daß es sich hier wie dort um eine aufsteigende Folge von *Daseinsstufen* handelt: Die *Dritte* steigt von der leblosen, unbeseelten (anorganischen) Natur bis hinauf ins «Reich der Geister, zu den Engeln», eine Art Himmels- oder Jakobsleiter also; die *Achte* geht aus vom Walten des alles durchdringenden Geistes in Mensch und Natur und schildert sodann Stufen im Bereich des Nachtodlichen – die «Himmelfahrt» Fausts in eben jenem Bereich der «Geister und Engel». Spricht die *Dritte* noch ganz allgemein von dem, «was mir die Liebe erzählt» (6. Satz), so schildert die *Achte*, anhand der Goetheschen Bilder, ganz konkret das Wirken und die Wirkenssphären jener göttlichen Liebe. Schematisch ließe sich sagen: Die *Dritte* schildert die Lebensstufenleiter des Daseins von der Erde bis zum Himmel, die *Achte* fährt dort fort, wo die *Dritte* endete, und schildert die Sphären der geistigen Welt.

Ist es in der *Dritten* «die Welt, die *Natur als Ganzes*, welche sozusagen aus unergründlichem Schweigen zum Tönen und Klingen erweckt ist»,[151] so beginnt in der *Achten* «das *Universum* zu tönen und zu klingen ... Es sind nicht mehr menschliche Stimmen, sondern Planeten und Sonnen, welche kreisen.»[152]

Die Darstellungsart ist allerdings – und das ist hier das eigentlich Entscheidende! – ganz unterschiedlich tingiert: In der *Dritten* sehen wir eine allgemeine, pantheistische (wenn man will: heidnische) Naturfrömmigkeit walten, in der *Achten* (allein schon durch die Textwahl) hingegen eine durch und durch *christliche* Anschauungsweise. Dies scheint uns wiederum bedeutsam: Mahler ist in seiner Biographie offenbar an einen Punkt gekommen, der ihn bereits durchmessene Bereiche unter einem neuen Blickwinkel, eben jenem christlichen, erfahren ließ. Was in den «Wunderhorn-Sinfonien» noch wie ein vorchristliches Element im scheinbar verchristlichten Gewand auftrat, ist nun, nach schwersten Daseinskrisen, erlebte Realität geworden;

«pantheistische» Weltgeisterfahrung wird zur Erfahrung des pfingstlichen, die Welt erneuernd durchwirkenden Geistes – des Parakleten.[153]

Die *Dritte Sinfonie* entstand in den Jahren 1895 und 1896, inmitten der grandiosen Naturumgebung des Attersees (Steinbach). Mahler hat sich vielfältig über dieses Riesenwerk geäußert, und wir haben bereits Berichte zitiert, die die «Ekstase» belegen, in der er sich während des Schaffensprozesses befand.

Der Grundgedanke des Werkes ist, wie geschildert, die Stufenleiter des Seienden von der unbelebten Natur bis hinauf in die göttliche Welt: «Das ist schon beinahe keine Musik mehr, das sind fast nur Naturlaute», sagte Mahler über den ersten Satz (Bauer-Lechner). «Und schaurig ist's, wie sich aus der unbeseelten, starren Materie heraus – ich hätte den Satz auch nennen können: ‹Was mir das Felsgebirg erzählt› – allmählich das Leben losringt, bis es sich von Stufe zu Stufe in immer höhere Entwicklungsformen differenziert: Blumen, Tiere, Mensch, bis ins Reich der Geister, zu den Engeln.» – Entsprechend lauten die Überschriften der einzelnen Sätze:

1. *Pan erwacht – Der Sommer marschiert ein («Bacchuszug»)*
(Stein)
2. *Was mir die Blumen auf den Wiesen erzählen*
(Pflanze)
3. *Was mir die Tiere im Walde erzählen*
(Tier)
4. *Was mir der Mensch erzählt*
(Mensch)
5. *Was mir die Engel erzählen*
(Engel)
6. *Was mir die Liebe erzählt*
(höhere Hierarchien)

Der ursprünglich geplante siebte Satz «Was mir das Kind erzählt» (das Wunderhorn-Lied «Vom himmlischen Leben») fand dann

Verwendung als Finale der *Vierten Sinfonie* – was in der *Dritten* wie ein Doppel der beiden letzten Stufen gewirkt hätte (ohne die eigentlich gemeinte Ebene ganz zu erreichen), wurde das geistige Zentrum eines neuen Werks.

Wir sprachen bereits über Mahlers Beziehung zur Natur. «Pan erwacht»: der «große Pan» (hier als *Dionysos-Pan*), der Gott der Wildnis, ist der Inspirator der grandiosen Naturmusik des ersten Satzes.[154] Es ist die noch nicht vom Menschen bearbeitete, die ungezähmte Natur, die auf Erlösung harrende «Schöpfung» des Römerbriefs.[155] Man denke an die Schilderung Bruno Walters (vergleiche oben S. 58f.): Diese wilde, noch unkultivierte Natur, sie «wuchtete» und wirkte in Gustav Mahler selbst. Die Naturkräfte waren *in ihm*, und sie sind auch in ihm noch *unverwandelt*. So geben die übrigen Sätze dem «Seufzen und Sehnen» dieser Kräfte Ausdruck: dem Sehnen nach Erlösung durch den pfingstlichen, verwandelnden Geist der Liebe, der auch die Schöpfung durchwaltet.

Daß wir mit dieser Deutung nicht fehlgehen, zeigt zum Beispiel eine Äußerung Bruno Walters (den ersten Satz betreffend) über den «Schmerzensschrei der kreißenden Erde». Die dionysische Atmosphäre des großen Bacchanals dieses Satzes bleibt, trotz aller triumphierenden Höhepunkte, zunächst unerlöst. – Auch im «Blumenstück», dem zweiten Satz, wird plötzlich «alles furchtbar ernst und schwer; wie ein Sturmwind fährt es über die Wiese und schüttelt Blätter und Blüten, die auf ihrem Stengel wimmern, *als flehten sie um Erlösung in ein höheres Reich*».[156]

Dasselbe gilt für die Tierwelt des «Tierstücks».

So wird das Motto über dem letzten Satz verständlich: *«Vater, sieh an die Wunden mein! Kein Wesen laß verloren sein!»* Höchste Manifestation der göttlichen Liebe, die diese Musik besingt, ist die Tatsache, daß der *Vater* seinen Sohn hergab, um die Welt, das heißt die *gesamte Schöpfung*, zu erlösen. Hier schließt sich der Kreis zur Thematik der *Achten*. Inwiefern?

Die Beziehung wird deutlich, wenn wir diejenigen Mittelsätze der *Dritten Sinfonie* betrachten, die durch die Verwendung menschlicher Stimmen gekennzeichnet sind: der vierte und der fünfte Satz.[157]

Nietzsches «Trunkenes Lied» (auch «Mitternachtslied» genannt) schildert das Sein des Menschen unter einem ganz bestimmten Blickwinkel. Wir kennen ihn bereits aus den vorangegangenen Darstellungen: Auch der Mensch ist Teil der Schöpfung und harrt auf Erlösung. Er unterliegt dem immerwährenden Kreislauf von Lust und Leid (Bedürfnis und Befriedigung), in ihm waltet die Sehnsucht, hindurchzustoßen zur Dimension, die «dahinter» liegt – die «eigentliche, andere Welt», das heißt letztlich: die Ewigkeit.

Dieses dem Irdischen Unterworfensein ist Folge des Ursündenfalls (siehe hierzu die Betrachtungen im Kapitel «Himmel und Erde»). So schließt der nächste Satz hier ganz logisch an: Er handelt von der «Übertretung der zehn Gebote». Die «Absolution» wird erlangt durch Buße und Gebet: «So fall auf die Knie und bete zu Gott / Bete zu Gott nur alle Zeit / So wirst du erlangen die himmlische Freud.»

Es mag deutlich sein, daß die eigentlichen, unserer Zeit gemäßen Antworten nicht mehr aus dem mittelalterlichen, gemüthaften Kinderglauben kommen können. Die *Achte Sinfonie* gibt diejenigen Antworten, die die *Dritte* noch nicht geben kann.[158]

Auch in Goethes *Faust* gibt es «Sünder» und «Büßer(innen)», Lust und Weh. Bei Goethe sehen wir zwei Prinzipien, die zur Überwindung der Schuld führen: 1. Das Prinzip des *«Wer immer strebend sich bemüht, den können wir erlösen»;* 2. Das Prinzip *«Und hat an ihm die Liebe gar von oben teilgenommen».*[159]

Der strebende Mensch und die göttliche Liebe – das sind die Wege, die die *Achte* aufzeigt. In ihr wird das bloße Sosein der Schöpfung transzendiert durch die Erlöserwirkung des Christus. Anders ausgedrückt: Die Welt des Vatergottes wird abgelöst von der des Sohnesgottes.

Wir haben die Parallelen zwischen beiden Werken bereits herausgearbeitet. Dem eröffnenden Kolossalsatz der *Dritten*

Sinfonie entspricht der mächtige Pfingsthymnus der *Achten*. Dort die noch unerlöste, «heidnische» Natur, hier der vom Pfingstgeist erfüllte Mensch als Empfänger der «Erstlingsgabe des neuen Geistes», auf den die Schöpfung sehnsüchtig wartet. Eine «dionysische» Stimmung waltet auch hier, doch es ist eine Art von Verzückung, die nun nicht aus dem Taumel eines Bacchanals hervorgeht, sondern aus dem Erfülltsein der Herzen mit dem «Geschenk des höchsten Gottes: lebendiger Quell, Feuer und Liebe, geistige Salbung» (Altissimi donum Dei, fons vivus, ignis, caritas et spiritualis unctio) – eine bisher unerreichte Evokation der wahren Pfingststimmung.

Der die Welt durchwaltende Geist der Liebe ist das Bindeglied zwischen den beiden Teilen der Sinfonie. Neben allem, was im Kapitel «Gabriel und Michael» bereits über dieses Werk zusammengetragen worden ist, mögen die folgenden Ausführungen genügen.

Die *Achte Sinfonie* ist die Fortsetzung der *Dritten* hinsichtlich der Stufenleiter des Seienden. Auch Goethes Faust bietet in seiner Art eine «Kosmologie». In der letzten Szene werden die liebedurchwalteten himmlischen Sphären durchlaufen, die bereits im Schlußsatz der *Dritten* allgemein und unbestimmt geschildert wurden.

Den geisteswissenschaftlichen Erläuterungen Rudolf Steiners zu Goethes *Faust* verdanken wir tiefe Einsichten in die Hintergründe dieser Schlußszene.[160] Steiner beschreibt darin auch die einzelnen Stadien der «Himmelfahrt» Fausts (« … gezeigt werden soll, wie von diesem irdischen Sein, dem physischen Plane aus, eine Seele sich erheben soll in die geistige Welt hinauf»). Diese nimmt ihren Anfang in eben jenen «Bergschluchten, Fels, Einöde», jener unbelebten Natur, die wir bereits aus dem ersten Satz der *Dritten Sinfonie* kennen. Doch diese Natur ist nicht leblos, hinter ihr waltet die «elementarische Welt» der Naturgeister. Indem die Waldung heranschwankt, die Felsen anklammern und so weiter, zeigt Goethe «das Lebendigwerden der Natur und das Entlassenwerden aus dem Leben der Natur gegenüber der Seele Fausts … Entwunden werden dem physischen Plane soll eine Seele – der physische Plan ist auch die Natur – entwunden werden soll sie der Natur.»

Goethe zeigt uns nun die geistige Welt, «indem er anknüpft an das, was dem Menschen auf dem physischen Plan entgegentritt, an die Natur, indem er gleichsam zeigt, *wie sich die Natur vor den gesunden Sinnen vergeistigt*». Es ist deutlich, wie innig dies im Einklang mit Mahlers Vorstellungen steht.

Nun schildert Goethe drei «Bewußtseine», aufeinanderfolgende Stufen seelischer Entwicklung (die drei «Patres»), die den geistigen Vorgang des Seelenaufstiegs Fausts anschauen – ein genialer Kunstgriff Goethes, der ihn vor der Versuchung einer nur symbolischen Darstellung des Vorgangs bewahrt. Während es der Pater ecstaticus noch mit «niederen Stufen der Vervollkommnung» zu tun hat, «mit den Sinnenerlebnissen, dem Selbstinnensein», ist der Pater profundus schon so weit, daß er von innen nach außen geht, daß er das erlebt, *was als Geist die Natur durchlebt und zugleich Menschengeist ist.* Er steht höher als der Pater ecstaticus, vom geistigen Gesichtspunkt aus gesehen ... Der Pater Seraphicus sieht unmittelbar in die Welt des Geistes hinein, für ihn offenbart sie sich nicht durch die Natur hindurch, sondern er hat es unmittelbar mit dem Geiste zu tun.»

Eigenartig: Mahler hat diese dritte Stufe nicht vertont; der Pater Seraphicus, der unmittelbar in die Welt des Geistes Hineinschauende, fehlt in der *Achten*. So entfällt auch jene wunderbare Gebärde des Insichhineinnehmens der Knaben, der «Mitternachtsgeborenen». Es folgt sogleich der Chor der Engel: «Gerettet ist das edle Glied der Geisterwelt vom Bösen ...» (Frauenchor), der simultan mit dem Chor der seligen Knaben erklingt: «Hände verschlinget freudig zum Ringverein» (T. 385 ff). Im weiteren Verlauf türmt sich das Ganze in unerhörten Steigerungen empor, wobei musikalisch und inhaltlich mannigfaltige Beziehungen zum ersten Satz erkennbar sind. So wird die Stelle «Infunde amorem cordibus» zu einem Schlüssel (Leitthema) des Ganzen, beispielsweise in eben jenem Chore der Engel («schwebend in der höheren Sphäre, Faustens Unsterbliches tragend»):

Das «Infunde-Thema» aus dem 1. Satz der Achten Sinfonie (T. 272f.), einer Variante des «Accende-Themas»:

Vergleiche dazu Teil II (T. 384f.):

Die Absicht ist klar: Es ist die göttliche Liebe, die uns ergreift, emporzieht und schließlich errettet (die drei Büßerinnen, Una Poenitentium und schließlich Faust selbst). So kann man die Äußerung Rudolf Steiners verstehen, daß sich im Verlauf der Szene «der Liebesimpuls des Christus wie eine Welle ausbreitet», auch die Schuldigen ergreifend und «immer weitere Kreise ziehend». Schließlich sind wir «mit der ganzen Vorstellung in unmittelbarer Nähe der Person des Christus». Diesem wellenartigen Ausbreiten des «Liebesimpulses» entsprechen die Steigerungen des Satzes, die sich quasi konzentrisch in zunehmender Intensität ausbreiten. Der Mittelpunkt, von dem diese Wellen ausgehen, ist – und dies wird erst am Ende offenbar – der «Chorus Mysticus». Auch die melodische Substanz des «Das Ewig-Weibliche zieht uns hinan» entstammt dem Liebes-Thema, welches hier in höchster Verklärung erscheint.

Das Accende-Thema wiederum, als Inbegriff der Welten-Liebes-Macht, ist eng verflochten mit dem Hauptthema des ersten Satzes, mit welchem der Heilige Geist angerufen wird:

Eine musikalisch-exakte «Theologie» enthüllt sich so. Wir müssen uns mit diesen Hinweisen begnügen. Hinsichtlich weiterer verborgener musikalischer Beziehungen zur *Dritten Sinfonie* sei auf den Anmerkungsteil verwiesen.[161]

ZWISCHENWELTEN – DIE VIERTE UND DIE SIEBTE SINFONIE

Die *Vierte Sinfonie* ist in gewisser Hinsicht ein «Ableger» der *Dritten*. Denn das Lied «Vom himmlischen Leben», welches den Keim dieses Werkes bildet, hätte ursprünglich seinen Platz im Gefüge der sechs Sätze des vorangegangenen Werks finden sollen. Fragt man sich, auf welcher Stufe es in jener Leiter von Seinsbereichen, die dort entwickelt wird, anzusiedeln ist, so dürfte es wohl zwischen «Mensch» und «Engel» einzuordnen sein. Denn dieses himmlische Leben, dieser Himmel ist nicht jene hohe Sphäre der göttlichen Liebe, die dort (im Schlußsatz) erreicht wird. Das «Paradies» der *Vierten* ist ein recht irdisches – ein «Schlaraffenland» (Goethe nannte das Gedicht «eine christliche Cocagne, nicht ohne Geist»), eine *Zwischenwelt* gleichsam, halb Himmel, halb Erde. Die Heiligen sind noch recht menschlich: Sie braten, schlachten und backen; und die Engel sind noch nicht verklärt.

Mit Recht lautete der frühere Untertitel dieses Liedes «Was mir das Kind erzählt». Es ist der «Kinderstandpunkt» der Welt gegenüber, der hier eingenommen wird, die Weltsicht des Menschen am Morgen des Lebens.[162] Denn auch das Kind lebt noch in «beiden Welten», ist himmlisches und irdisches Wesen zugleich. Doch die Ursprungs-Welt verdunkelt sich immer mehr, und wir alle wachsen immer weiter ins «irdische Leben» hinein. Die Himmelsnähe läßt nach, die Auseinandersetzung mit den harten Realitäten des Diesseits nimmt zu. Wir verlassen den Garten Eden irgendwann definitiv. Die folgenden Sinfonien, die *Fünfte* und die *Sechste*, legen davon Zeugnis ab.

Paul Bekker vertrat die Ansicht, diese Sinfonie sei gleichsam vom Ende aus entstanden: Ausgangspunkt und Keimzelle des Ganzen sei das Lied-Finale, aus dem sich die anderen Sätze entwickelt hätten.[163] So wäre es durchaus berechtigt, die Sinfonie einmal rückwärts, allerdings mit vertauschtem ersten und zweiten Satz, zu hören. Es ergibt sich dann ein stufenweiser Abstieg, ein stufenweises Irdisch-Werden aus jenem himmlischen Zwischenreich des Liedes über das Adagio, den Eröffnungssatz bis hin zu dem schauerlichen Scherzo, in dem der Tod die Fiedel streicht und nur noch wie von ferne, in den Trioteilen, die alte Lichtwelt aufglänzt. – Ob die Entstehung der Sinfonie tatsächlich in dieser Reihenfolge vor sich ging, läßt sich nicht nachweisen und ist im Grunde auch irrelevant.[164]

Daß Mahler eine andere Anordnung wählte, hängt zum einen mit den Tonartenverhältnissen zusammen,[165] zum anderen mit der Absicht, alles wie vorbereitend auf das Lied-Finale hin zu beziehen. Als Ziel erschien ihm eben dieses aus seiner eigentümlichen, rückwärtsgewandten Paradiesessehnsucht heraus, mit der wir uns oben bereits befaßt haben: Ende und Ziel ist auch in der *Vierten Sinfonie* noch immer das «verlorene Paradies», welches in der Zukunft zu liegen scheint und dabei doch längst vergangen ist! Es wäre wohl für Mahler in dieser Phase undenkbar gewesen, eine Sinfonie so «pessimistisch» ausklingen zu lassen, wie es später in der *Sechsten* geschehen wird.

Irgendwann in diesen Jahren, zwischen der Vollendung der *Vierten Sinfonie* (Januar 1901) und dem Beginn der Arbeit an der *Fünften* (Sommer 1901) muß Mahler sich jedoch dessen bewußt geworden sein, daß der fortwährende Rückbezug auf das vorgeburtliche Dasein eine einseitige Weltsicht darstellte, die bestimmte Daseinsbereiche nicht erfaßte. In den mittleren Sinfonien fehlt das «Paradieseselement» (in der *Vierten* gibt es, nach Floros, sogar noch ein «Paradiesesthema»!) jedenfalls ganz. Sie sind von den Kämpfen *dieser Welt* erfüllt. Das Adagietto der *Fünften* ist eine musikalische Liebeserklärung an seine Frau Alma, die er im November 1901 kennengelernt hatte. Nicht die metaphysische

Liebe Gottes, sondern die irdisch-persönliche Verherrlichung der geliebten Frau ist hier (zunächst) Inhalt der Musik.

Die Ursache für diese bedeutsame innere Umorientierung können wir nur vermuten: Sie mag mit der schweren gesundheitlichen Krise zusammenhängen, die Mahler nah an den Rand des Todes führte, eine Hämorrhoidalattacke (24. Februar 1901), die gerade noch durch eine Notoperation behoben werden konnte.[166] Nach dieser Zeit ereignen sich große Umwälzungen in Mahlers Leben: Die langjährige freundschaftliche Beziehung zu Natalie Bauer-Lechner, einer seiner intimsten Vertrauten, zerbricht, denn er lernt die damals einundzwanzigjährige Alma Schindler kennen. Ein neues, zweites Leben beginnt. Es bringt ihn auch in Kontakt mit völlig neuen Menschenkreisen, während alte Freundschaften (ebenfalls unter Einfluß Almas), wie zum Beispiel die mit dem Dichter Siegfried Lipiner, abkühlen. Vor allem: Mahler lernt jetzt – so dürfen wir vermuten – die Freuden und Segnungen des «Diesseits» kennen und schätzen. Der Einsiedler, der bis dahin eher wie ein Mönch gelebt haben soll, findet mehr und mehr «hinein ins volle Menschenleben».

Was nun aber die *Vierte* betrifft, so muß die Erkenntnis von Constantin Floros, ihr Sujet sei (wieder) das «Leben nach dem Tode» in einem entscheidenden Punkte modifiziert werden. Ihr Inhalt ist kein nachtodlicher, sondern ein *vorgeburtlicher.* Die Himmelsnähe des Kindes – und um ein «Kinderstück» handelt es sich hier – ist auf die *Herkunft* des Menschen hin orientiert, mit anderen Worten: auf das Tor der Geburt. Es sei an dieser Stelle noch einmal auf unsere Deutung des *Klagenden Liedes* hingewiesen als Bild für Erdenabstieg und Geburt der menschlichen Entelechie.

Nehmen wir in diesem Sinne das Lied vom «Himmlischen Leben» einmal ernst. Es schildert eine Art Himmel auf Erden, ein Schlaraffenland. Das *Schlaraffenland* aber ist nichts anderes als ein Bild für die Vorgänge während der Embryonalzeit des Menschen: Wir brauchen uns nicht um Essen und Trinken zu kümmern, in der deutschen Variante jenes Landes wachsen uns, wie könnte es anders sein, sogar die Würste von selbst in den Mund – von Wein und Bier ganz zu schweigen.

Das Ganze ist somit ein exaktes Bild für die ernährende Funktion der Nabelschnur, über die wir immerzu «von selbst» gespeist und getränkt werden. Die Embryonalzeit ist eine Zwischenwelt im wahrsten Sinne: Wir sind in dieser Lebensphase noch halb im Himmel und doch auch schon halb auf der Erde, deren Wirkungen wir wie «von ferne» bereits wahrnehmen.

So ist es das «*Kind*, welches uns die eigenartige höhere, uns fremde Welt» (Mahler) erklärt, in die uns diese Musik entführt, da «es im Puppenstand doch dieser höheren Welt schon» – man könnte auch sagen: noch – «angehört». Daß sich mit dieser Musik allerfrüheste Kindheitseindrücke Mahlers verbinden, geht aus seinen eigenen Äußerungen hervor, jenes «Lächeln der heiligen Ursula», welches im dritten Satz, dem Adagio, aufglänzt, erinnere ihn auch an das «mit tiefer Traurigkeit und wie durch Tränen lachende Antlitz seiner Mutter [...], die auch unendlich gelitten, aber alles immer liebend aufgelöst und vergeben habe».[167]

Aufschlußreich ist der Text eines der fünf Rückert-Lieder, die Mahler im August 1901 als «Nachlese» der Arbeit an der *Fünften Sinfonie* komponiert hat:

Ich bin der Welt abhanden gekommen,
Mit der ich sonst viele Zeit verdorben,
Sie hat so lange nichts von mir vernommen,
Sie mag wohl glauben, ich sei gestorben!

Es ist mir auch gar nicht daran gelegen,
Ob sie mich für gestorben hält.
Ich kann auch gar nichts sagen dagegen,
Denn wirklich bin ich gestorben der Welt.

Ich bin gestorben dem Weltgetümmel
Und ruh' in einem stillen Gebiet!
Ich leb allein in meinem Himmel,
In meinem Lieben, in meinem Lied.

(Fassung Gustav Mahlers)

«Ich leb allein in meinem Himmel» – ist das nicht eine Schilderung der adventlichen Sphäre des «Lebens vor dem Leben»?[168] Ist sie es nicht, die mit dem «Paradies» der *Vierten Sinfonie* gemeint ist? Immerhin zeigt ihr Adagio (wie auch das Adagietto der *Fünften*) Anklänge an die musikalische Substanz jenes Rückert-Liedes.

Nun kann diese Deutung allerdings noch erweitert werden. Wir sagten es bereits: Es handelt sich bei dem hier gemeinten «Himmel» gar nicht unbedingt um ein «Jenseits» im Sinne der ersten drei Sinfonien, obwohl es als hohes, fernes Ziel durchaus hindurchschimmert.

Man kann nur vermuten, welcher Art das Bewußtsein des Ungeborenen während der Embryonalzeit ist. Es ist jedoch erwiesen, daß vieles Irdische (so zum Beispiel akustische Eindrücke), wenn auch «gefiltert» und transformiert, von ihm schon wahrgenommen wird. Auf der anderen Seite darf angenommen werden, daß wir alle in diesem Stadium auch noch Wahrnehmungen jener Welt haben, aus der wir herkommen. Auch sie haben vielleicht nur eine indirekte, traumartige Form. So scheint der Vergleich mit dem menschlichen *Traumbewußtsein* am besten den eigenartigen «Zwischenzustand» wiederzugeben, der diese frühe Lebensphase charakterisiert.[169]

Denn auch die Traumwelt ist eine *seelische Zwischenwelt*, die einerseits irdisch, andererseits jenseitig orientiert ist – eine Welt, in der sich Bilder, die unserem Tagleben entstammen, mit Wahrbildern, die auf andere, höhere Daseinsbezirke hinweisen, mischen. Dies bildet die Brücke zum Verständnis der folgenden Ausführungen:

Bruno Walter erläuterte die *Vierte Sinfonie* einmal im Auftrag Gustav Mahlers brieflich dem Musikhistoriker L. Schiedermair. Dabei charakterisiert er das Adagio folgendermaßen: «‹Sankt Ursula selbst dazu lacht› könnte der dritte Satz genannt werden, die ernsteste der Heiligen lacht, so heiter ist diese Sphäre, das heißt sie lächelt nur, und zwar lächelt sie so, erzählte mir Mahler, wie die Monumente der alten Ritter oder Prälaten, die man beim

Durchschreiten alter Kirchen mit über der Brust gefalteten Händen sieht und die das kaum bemerkbare *friedenvolle Lächeln des zu ruhiger Seligkeit hinübergeschlummerten Menschenkindes haben* [Hervorhebung F.B]; feierliche, selige Ruhe, ernste, milde Heiterkeit ist der Charakter dieses Satzes, dem auch tief schmerzliche Kontraste – wenn Sie so wollen, als Reminiszenzen des Erdenlebens – sowie eine Steigerung der Heiterkeit ins Lebhafte nicht fehlen.»[170]

Das «zu ruhiger Seligkeit hinübergeschlummerte Menschenkind» – die alten Sargmonumente zeigen den Menschen, als ob er *schliefe*. Und genau das ist die Ebene, auf die uns Mahlers Musik hier führt: die des Schlafes und des Traumes. Der Schlaf ist, nach einer alten Weisheit, der «jüngere Bruder des Todes» – wir sind hier tatsächlich «der Welt abhanden gekommen», doch in ein Jenseits, aus dem wir immer wieder erwachen. Die «Reminiszenzen des Erdenlebens», von denen Walter spricht, stellen sich auch im Träumen ein, als Traumesglück, als Traumeswirren. Beides findet sich hier ständig bunt gemischt: Neben Momenten der höchsten Glückseligkeit, in denen paradiesisches Licht erstrahlt, gibt es in der *Vierten* auch «mystische, verworrene und unheimliche», ja «spukhaft-schauerliche, grauenvolle» Momente, in denen uns «ein panischer Schreck überfällt» (Gustav Mahler), so zum Beispiel im ersten Satz (Takt 221 und folgende).

Im Traum sind die gewohnten Zeitbegriffe, aber auch die Schwerkraft und das Gesetz von Ursache und Wirkung außer Kraft gesetzt. Der Hintergrund des ersten Satzes sei, so Mahler einmal, «die Welt als *ewige Jetztzeit*». Ursprünglich war ein Scherzo in D-Dur geplant, welches «*Die Welt ohne Schwere*» darstellen sollte. Und an dem Lied «Das himmlische Leben» bewunderte er, wie Natalie Bauer-Lechner berichtet, daß darin «‹alles auf den Kopf gestellt [sei], *die Kausalität hat darin gar keine Gültigkeit!* Es ist, wie wenn du plötzlich auf jene uns abgewandte Seite des Mondes blicktest›, sagte er, auf den sich erhebenden Vollmond deutend. – Der Mond erhob sich über dem Gebirge und umwob Meer und Land träumerisch mit seinem goldenen Licht, als

Mahler und ich nach dem Abendmahl den wundervollen Strandweg entlang gingen. Mahler erinnerte sich an einen seltsamen Traum seiner Kindheit ... der sich in solcher Lebendigkeit vor seinem inneren Schauen ereignete, daß er lange unter seinem Eindruck stand und ihn bis heute nicht vergessen konnte.»

Es folgt die Beschreibung eines Alptraumes: Der Himmel verfinstert sich plötzlich mit gelben Dämpfen, die Sterne verschlingen einander wie bei einem Weltuntergang und so fort. Bei dieser Gelegenheit (Ende März 1901) kommt die Rede auch noch auf einen anderen Traum, in welchem Mahler sich vom Tod in der Gestalt eines «Lebemanns» verfolgt fühlt. Dieser packt ihn mit eisernem Griff am Arm und sagt: «Du mußt mit mir!»

Ist es schon eigenartig genug, daß Mahler über diese Dinge ausgerechnet anläßlich einer Darlegung über seine *Vierte Sinfonie* zu sprechen anfängt, so ist es geradezu eine Offenbarung, wenn wir lesen, daß sich im ersten Satz der sonst so blaue Himmel verfinstere und «spukhaft schauerlich» werde, woraus ein «panischer Schrekken» resultiere.[171] Auch die Szene mit dem Tod kommt uns nur zu bekannt vor (aus dem zweiten Satz). Sollten wir es hier mit einem Stück des wahren Programms jener Sinfonie zu tun haben?

Jedenfalls scheinen sich hier früheste, ja vielleicht selbst vorgeburtlich-embryonalzeitliche Kindheitserinnerungen mit geheimnisvollen Traumszenen zu vermischen, die im Zwischenbereich von Tag- und Nachtbewußtsein gewoben werden. Damit ist bereits das Stichwort zur Betrachtung der *Siebten Sinfonie* gegeben.

Ist die *Vierte* wie ein Gang zurück in die Traumwelt des Paradiesesgartens, so mutet die *Siebte Sinfonie* nach der Finale-Katastrophe der *Sechsten* wie eine «Rückkehr ins Leben» an.[172] Stellt sich dort die Stimmung der letzten Szene von *Faust I,* die Verzweiflung im «Kerker», ein, so könnte das Motto dieser Sinfonie heißen: «Des Lebens Pulse schlagen frisch lebendig, ätherische Dämmerung milde zu begrüßen ...» Aus den todesmatten Anfangsakkorden mit dem «Jammerton» (Mahler) des Tenorhorns heraus hellt sich der erste Satz immer mehr auf. «Im Dämmerschein liegt schon die Welt erschlossen, der Wald ertönt von tausendstimmigem Leben» heißt es bei Goethe, Mahler äußerte einmal über das Hornmotiv: «Hier röhrt die Natur!» Der Weg führt über die beiden «Nachtmusiken» und das Scherzo, die zusammen *einen* großen Mittelkomplex innerhalb der Sinfonie bilden,[173] in die gleißende Helle des Finales, die teilweise so grell ist, daß man vor ihr die Augen verschließen muß:

> Tönend wird für Geistesohren
> Schon der neue Tag geboren.
> Felsentore knarren rasselnd,
> Phöbus' Räder rollen prasselnd,
> Welch Getöse bringt das Licht!
> Es trompetet, es posaunet
> Auge blinzt und Ohr erstaunet …

Vor dieser Helle verziehen sich die Wesen des nächtlichen Zwischenreiches, der «Geisterkreis» der Elfen und so fort («anmutige kleine Gestalten»), die unter Führung Ariels die Lebenskräfte des im Todesschlaf befangenen Faust erneuern:

> Schlüpfet zu den Blumenkronen,
> Tiefer, tiefer still zu wohnen,
> In die Felsen, unters Laub;
> Trifft es euch, so seid ihr taub …

Womit könnte die Atmosphäre dieser Musik besser korrespondieren als mit der Anfangsszene des zweiten Faust-Teiles?

Und dazwischen: die drei «Nachtstücke», eine «Insel der Träume» (R. Specht) fürwahr, in denen allerlei heimliche Geister ihr nächtliches (Un-)Wesen treiben. Man ist versucht, an Shakespeares *Sommernachtstraum* zu denken: Von den Feen und Elfen über die kosenden Liebespaare bis zu den Rüpeln und Tölpeln – vom Spuk bis zum Ulk ist die komplette nächtliche Szenerie dieses Shakespeareschen «Traumstücks» hier vertreten.[174] Und auch hier ist alles im Dämmer- und Nachtbereich angesiedelt, in bester Nachbarschaft zu Goethe.

Welch ein Unterschied aber zur *Vierten!* Was sich dort immer weiter sublimiert bis zur endgültigen Entrückung in den «Himmel», ist hier ersetzt durch eine stufenweise «Kondensierung» und Konkretisierung des inneren Geschehens bis zum schließlichen Ankommen im Erden-Tageslicht. Dort ein Entschlafen in das Meer der Ur-Vergangenheit – hier ein Erwachen zu den Forderungen des Hier und Jetzt. *Dieser* Traum führt nicht rückwärts ins Vorgeburtliche, sondern vorwärts ins irdische Leben. Nie sonst hat Mahler ein so handfest-penetrantes, durchweg fast unerträglich «positives» Stück geschrieben – und das obendrein noch in C-Dur! – wie das Finale der *Siebten*. Dennoch ist dieses Stück keineswegs ironisch gemeint, es ist keine Parodie oder Persiflage, sondern eine naiv-ehrliche Beschreibung jenes «Lichtgetöses», von dem Goethe spricht. Die Nähe zu dem «Die Sonne tönt» der ersten Szene des Ersten Faust-Teiles ist offenkundig. Schon kündigt sich die ebenfalls ganz ungebrochen-positive Welt der *Achten* an, die ja auch Widerhall tönender Planeten und Sonnen sein will.

Gibt es *musikalische* Gemeinsamkeiten zwischen der *Vierten* und der *Siebten*? Wir meinen, ja. Allerdings wiederum nur mit gewissen Einschränkungen beziehungsweise unter «umgekehrten Vorzeichen», wie es der dargestellten inneren Programmatik entspricht. So werden wir das «Finale» der *Vierten*, das Wunderhorn-Lied, nicht in den Vergleich mit einbeziehen, nicht etwa, weil es nicht anginge, ein Orchesterlied mit einem rein instrumentalen Satz zu vergleichen – entscheidend ist allein die innere, programmatische Kongruenz –, sondern weil wir der Ansicht sind, daß dieser Satz noch in den Bereich der *Dritten Sinfonie* gehört und nur wie ein Katalysator in die *Vierte* hineinragt, der für das Entstehen des Werkes zwar unabdingbar ist, selbst jedoch von diesem nichts annimmt. Was nicht heißt, daß wir die Tatsache verkennen würden, daß fast die gesamte thematische Substanz dieser Sinfonie aus ihm hervorgegangen ist. Im Gegenteil: Er entzieht sich der eindeutigen vergleichenden Zuordnung, gerade weil er gewissermaßen immer und überall im Ganzen anwesend ist.

Wem dieser Gedanke unsympathisch ist, der kann «Das himmlische Leben» durchaus als Ergänzung, Erfüllung und Verlängerung des dritten Satzes, des Adagios, betrachten. Denn in diesem Satz werden wir bis an die «Himmelstür» geführt (gemeint ist die Stelle bei «Vorwärts» bei T. 315, wo in strahlendem E-Dur die Vision eines offenen Himmels erklingt), jenseits derer sich das elysische Geschehen des Liedes abspielt. So schließt das Adagio auch mit einem Halbschluß auf der Dominante D-Dur, einem Doppelpunkt gleich, der vorausweist auf das Lied (G-Dur).

Doch zunächst zu den ganz allgemeinen Parallelen.

Mahler faßte beide Werke als «durchaus heiter» auf. Über die *Siebte* schrieb er an seinen Verleger: «Dieses Werk hat alle Aussicht – sowohl in Folge seines heiteren und ansprechenden Charakters als auch seiner verhältnismäßig kleinen Orchesterbesetzung – in nächster Zeit durch die meisten Concertsäle zu gehen» (Sommer 1908 an den Verlag Bote & Bock). Ganz ähnlich äußerte er sich über die *Vierte*. Allerdings täuschte er sich hinsichtlich der erwarteten Rezeption der Werke: Die von ihm als kompliziert und unverständlich eingestufte *Vierte* hat sich, vermutlich wegen ihres «klassizistischen» Charakters, sehr schnell in den Konzertsälen eingebürgert, während die *Siebte* lange Zeit selbst Kenner der Mahlerschen Sprache wie zum Beispiel den niederländischen Komponisten Alphons Diepenbrock befremdete.

Beide Werke haben eine relativ kleine Orchesterbesetzung, wobei dieser Begriff bei Mahler mit Vorsicht anzuwenden ist. Immerhin benötigt die *Siebte* immer noch vier Flöten, drei Oboen, drei Klarinetten und Baßklarinette, drei Fagotte und Kontrafagott, vier Hörner und ein Tenorhorn, drei Posaunen, Tuba, ein reichhaltiges Schlagzeugarsenal, dazu in den Nachtmusiken noch Gitarre und Mandoline!

Ein anderes Kennzeichen beider Werke ist der «naive» Tonfall (Mahler über die *Vierte*: «Die ist wieder ganz *Humor – ‹naiv›* etc.»), die stark diatonische Melodik, der kinderliedhafte Ton mancher Themen. Man vergleiche nur einmal folgende Themen miteinander:

«Kinderthemen» der 7. Sinfonie (Finale, a) und 4. Sinfonie (1. Satz, b)

Oder, ganz ähnlich gelagert, jedoch mehr im pastoral-rustikalen Gestus:

«Pastorale Themen» der 7. Sinfonie (a, Rondo-Finale, T. 56–58, «behaglich») und 4. Sinfonie (b, 1. Satz, T. 47 und 48, «bedächtig» bzw. «gemächlich»).

Die Korrespondenzen liegen nicht nur auf der Ebene des Charakters dieser Themen. Wie in geheimnisvoller Metamorphose erscheinen sie untergründig verwandt. Ähnlich steht es mit den zahlreichen menuett- und gavotteartigen Passagen beider Sätze (zum Beispiel Hauptthema Kopfsatz *Vierte Sinfonie* – Zweites Seitenthema Finale der *Siebten Sinfonie*, T. 100 f.), mit der Vortragsbezeichnung «grazioso» oder «graziosissimo».

Dies führt uns auf einen weiteren Faktor: Beide Werke tragen den Stempel einer extrem starken *Stilisierung*, die oftmals bis an die Grenze des Gekünstelt-Gewollten führt. Das veranlaßte Adorno dazu, von der *Vierten* zu sagen, sie sei ein «Als-Ob von der ersten bis zur letzten Note». Gleiches gilt für das Finale der *Siebten*. Die Exegeten rätseln immer wieder daran herum, ob es sich hier wohl um eine grandiose Persiflage «meistersingerhaften» Musizier- und Komponiergebarens oder etwa um eine Bestandsaufnahme der im Auseinanderfallen begriffenen musikalischen Umwelt handele.

Alma Mahlers Aussage (im Zusammenhang mit der *Vierten*): «... er war so naiv ... Er war kindhaft. Das konnte man nicht gleich verstehen, wenn man ihn zuerst sprechen hörte», trifft exakt den Kern der Sache. Mahler meint diese Musik tatsächlich «ernst». Es ist der Ernst des Kindes beziehungsweise des im Inneren kindhaft Gebliebenen, der Ironie und Doppelbödigkeit des Daseins zeitweilig verdrängt hat.

Ganz bewußt haben wir bisher vornehmlich den Kopfsatz der *Vierten* mit dem Finale der *Siebten* verglichen.[175] Es herrscht in ihnen eine verwandte Stilgebärde und Musizierhaltung, es gibt thematische Metamorphosen vom einen Satz zum andern.[176] Und auch vom Programmatisch-Inhaltlichen läßt sich Vergleichbares sagen: Führt uns der Schlußsatz der *Siebten* mitten hinein in die lärmende Freude des «irdischen Lebens», ins volle Menschenleben, auf die irdische Festwiese sozusagen, so tut die *Vierte* im ersten Satz ein gleiches, allerdings in *umgekehrter Richtung:* Sie versetzt uns (so Mahler) in eine Welt der «unerhörten Heiterkeit» und der «unirdischen Freude», auf die himmlische Festwiese ...

Kindlich-naive, innige Herzenswonne (im Kopfsatz der

Vierten), Breughelscher Bauernfrohsinn (im Finale der *Siebten*) – das sind die Pole, zwischen denen sich die Welt der beiden Werke entfaltet. Dazwischen: Landschaften voller Licht und Schatten, Rembrandtsches «clair-obscur», wahnwitzige Tänze am schaurigen Abgrund des Todes, Alpträume am Rande der ewigen Nacht. Dem schattenhaften Scherzo der *Siebten* entspricht der Holbeinsche «Totentanz» der *Vierten*. Diese beiden Sätze bilden innerhalb der Sinfonik Mahlers ein aufs engste verwandtes Paar. Allerdings muß die Sache differenziert betrachtet werden: Die Trio-Teile des Totentanzes enthalten im kleinen wie im Keim bereits jene Sphäre, in die dann die beiden Nachtmusiken der *Siebten* führen. Man mache einmal die Probe aufs Exempel und höre sich die Stücke in dieser Zuordnung an![177]

Und schließlich die beiden Adagio-Sätze; ein relativ streng gebauter Sonatensatz in der *Siebten*, ein Variationensatz in der *Vierten* – lassen sie sich überhaupt vergleichen? Formal sicher nur bedingt,[178] stimmungsmäßig und von den musikalischen Vorgängen her durchaus. Wir erwähnen nur die «durchbrochene», von vielen Kontrasten und Tempowechseln geprägte Gestalt beider Sätze. Selten hat Mahler so viele Ausdruckscharaktere auf so kleinem Raum zusammengeballt: «Die Palette ... reicht in der Tat vom Trauermarsch bis zum Allegro con fuoco, vom Marsch bis zum visionären Choral, von überaus herben Partien bis zur schwungvollen Musik» (C. Floros über den Kopfsatz der *Siebten*). Mahler sagte über das Adagio seiner *Vierten*, er könne es ebensogut Moderato, Presto oder Allegro nennen – alle Charaktere kommen darin vor und wechseln ständig miteinander ab. Vor allem die stetige Temposteigerung ab T. 222 erinnert stark an die ähnliche Progression in der Exposition der *Siebten*.

Ferner vergleiche man die weitläufigen Mollkomplexe im Adagio der *Vierten* (T. 62–106 sowie die variierte Form dieses Teils T. 179–221) mit ihren klagenden Hornrufen und sturzartigen Höhepunkten mit den ganz ähnlichen Gebilden im Kopfsatz der *Siebten!*

Doch auch die Grundstimmung des «*Ruhevollen*» (Mahler: «Feierliche selige Ruhe, ernste, milde Heiterkeit»), die in der

Vierten zunächst vorherrscht, erscheint in der *Siebten* wieder. Die entrückten, choralartigen Passagen (Floros spricht von einer «religiösen Vision»), die dort am Ende der Durchführung wie aus einer anderen Welt hereinscheinen, entstammen demselben Bereich.

Und schließlich: Der Moment, da sich (in der *Vierten*) die «Paradiesespforte» kurz öffnet, um bereits etwas vom Licht des «Himmlischen Lebens» aufglänzen zu lassen (E-Dur, ab T. 315), spiegelt sich in der *Siebten* in jener H-Dur-Stelle ab T. 317, die Constantin Floros mit Recht als das «Zentrum des Satzes» definiert. Man achte auf die Ähnlichkeit der Faktur beider Stellen (Art der Akkordbrechungen in den tieferen Streichern, hymnischer Charakter der Stelle; siehe die Seiten 195-197).

Daß wir hier beide Male im selben Bereich sind – man könnte auch sagen, hier liege die Stelle, wo die inneren Orte beider Sinfonien zur Deckung kommen –, ergibt sich aus dem Thema der ersten Violinen und der Flöten, welches in der *Siebten* an dieser Stelle erscheint (Floros: «religiöse Vision»):

Es ist eine Vorstufe dessen, was in der *Achten* dann als *Symbol der göttlichen Liebe* (Accende-Thema) erscheinen wird!

Man vergleiche dazu auch folgende Passage aus dem 2. Teil der *Achten* (T. 639f.): Doctor Marianus schaut «entzückt» die Vision der Himmelskönigin

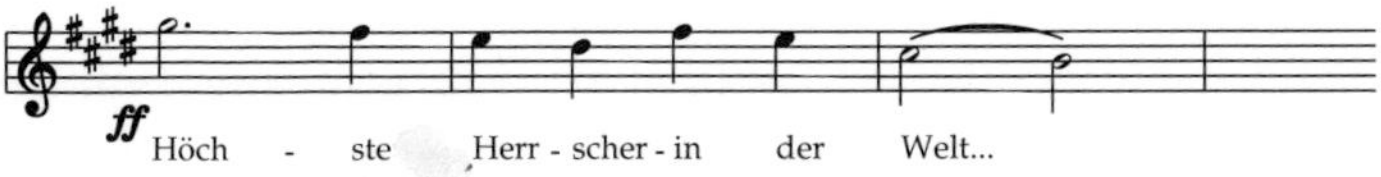

sowie die aus diesem Thema abgeleitete Figur in den Violinen:

So ließen sich die Entsprechungen schematisch folgendermaßen darstellen:

	Vierte Sinfonie		*Siebte Sinfonie*
4. Satz (Sehr behaglich)	1. Satz (Bedächtig, nicht eilen)		5. Satz (Allegro ordinario)
		Trio I	4. Satz (Nachtmusik II)
	2. Satz (Scherzo: In gemächlicher Bewegung)		3. Satz (Scherzo. Schattenhaft)
		Trio II	2. Satz (Nachtmusik I)
	3. Satz (Ruhevoll. Poco Adagio)		1. Satz (Langsam. Adagio)

Es ergibt sich in der *Vierten* eine dreiteilige Form (mit angehängtem Schlußsatz), deren mittlerer Satz ebenfalls dreiteilig (Scherzo plus 2 Trios) ist (A-B-A'-C-A''). In der *Siebten* haben wir die zwei großen Außensätze, die ein «dreisätziges Zwischenspiel» (R. Specht) umrahmen. Sie ist in ihrer übergeordneten Gliederung also nicht fünf-, sondern ebenfalls dreiteilig. Über die Einordnung des Lied-Finales der *Vierten* haben wir bereits das Nötige dargelegt.

Diese Hinweise müssen hier genügen. Noch vieles würde eine Betrachtung lohnen. Doch es sind bereits so viele Symbole und Metaphern bemüht worden, daß wir meinen, es sei Zeit, zur klingenden, lebendigen Musik selbst zurückzukehren, um ihr *hörend* ihre Geheimnisse abzulauschen.

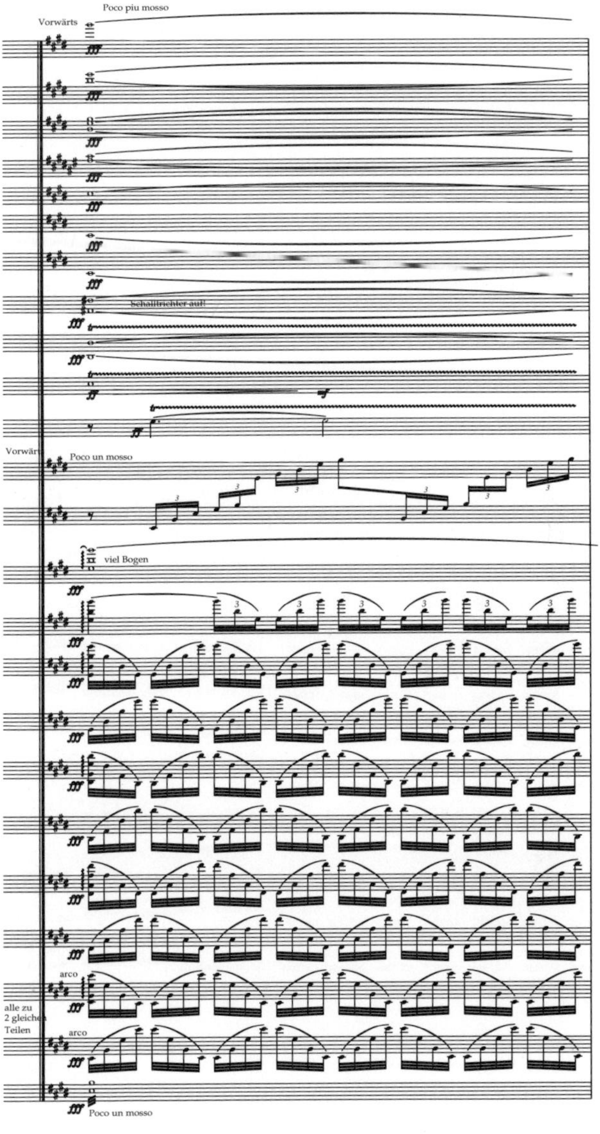

Seite 195–196:
«Paradieses-Stelle» im Adagio (3. Satz) der Vierten Sinfonie (T. 315)

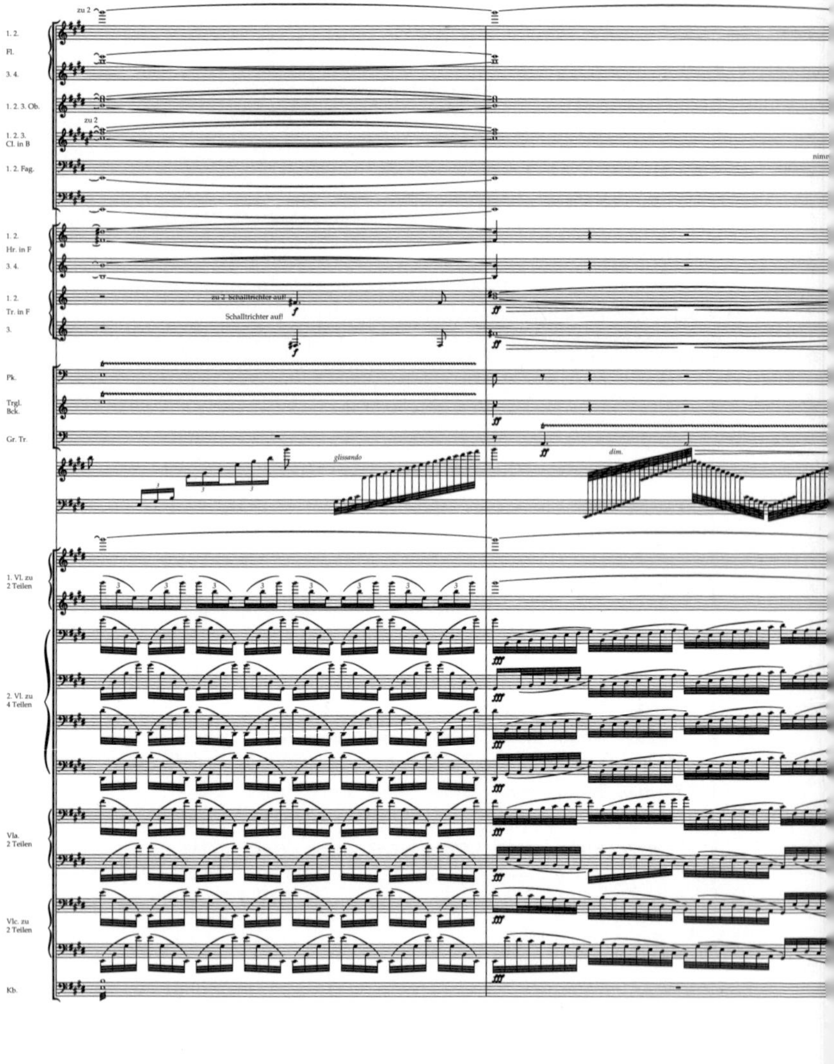

Seite 197:
«Religiöse Vision» (offener Himmel) im Kopfsatz der 7. Sinfonie (T. 317). Nach C. Floros ist diese Stelle das Zentrum des ganzen Satzes (Durchbruch zum Licht).

Sehr breit
Tempo (molto moderato)
mit Dämpfer
mit Dämpfer
8va
pizz.
mit Dämpfer
arco
pizz.
mit Dämpfer
arco
pizz.
mit Dämpfer
arco
Sehr breit
Tempo (molto moderato)

DER MENSCH IM ZENIT DES LEBENS – KÄMPFE, SIEGE, NIEDERLAGEN: DIE FÜNFTE UND DIE SECHSTE SINFONIE

«Mit der Fünften beginnt ein neuer Mahler. Die ersten vier Sinfonien bilden ein Bündel ... Die Fünfte hat damit gar nichts mehr zu tun, meine ich. Und was mich daran fasziniert? In der Fünften findet zum ersten Mal die gewaltige Bataille zwischen Mahlers Ego und der Welt statt. Sicherlich war das auch in den vorhergehenden Sinfonien der Fall, aber doch nicht mit solcher Verve, mit solcher Konsequenz: Mahlers Ich hat sich gestärkt. Es behauptet sich in ganz anderer Weise gegenüber den Kausalitäten und Modalitäten dieser Welt. Er jammert nicht mehr, er klagt nicht mehr aus Selbstmitleid, er will sich behaupten. Klage ist höchstens noch eine stabile Äußerung, eine Art von Virtus, ein Element, das man nicht verbergen kann, das man aber männlich beherrscht. Es fehlt das Visionäre. Die Fünfte ist eine Symphonie der Realitäten.»[179]

So äußert sich Alma Mahler am Ende ihres Lebens über die *Fünfte Sinfonie*, an deren Entstehungsprozeß sie intensiv teilgenommen hatte. Die Sinfonie entstand im wesentlichen im Sommer 1901 (die ersten drei Sätze), das Adagietto und das Finale erst später (vermutlich zur Zeit der Verlobung mit Alma beziehungsweise im Sommer 1902).

Dieser Charakterisierung ist im Grunde nichts hinzuzufügen, außer daß man sie auch auf die *Sechste Sinfonie* ausdehnen möchte. Denn sie bestätigt voll und ganz, was Ausgangspunkt unserer Betrachtungen zur biographisch-musikalischen Gesetzmäßigkeit des Mahlerschen Werkorganismus war: Wir haben es hier nicht mehr mit der «Wunderhorn-Welt» und dem Zurücksehnen ins vorgeburtlich-himmlische Leben zu tun, sondern mit den Realitäten des Hier und Jetzt. Das Jenseits ist in die Ferne gerückt, das «Kindesprinzip» spielt vorerst keine Rolle mehr in den Sinfonien. Das Paradies ist endgültig verlassen worden.

Ausdruck dieses Abschieds sind die *Kindertotenlieder*, jene in derselben Zeit entstandenen Gesänge, die das Sterben des «Kindes» selbst zum Thema haben. Sie tragen eine doppelte Symbolik in sich. Zum einen sind sie in gewissem Sinne Ausdruck der Vorahnung kommender biographischer Ereignisse. Andererseits sind sie Widerhall des Abschieds von den himmlischen Welten des Vorgeburtlichen, deren Boten die Kinder sind.

Der Blick richtet sich nun ganz auf das «irdische Leben». Kurz, die Welt der Lebensmitte und ihrer Gesetzmäßigkeiten ist erreicht (Gustav Mahler über die *Fünfte Sinfonie:* «Es ist der Mensch im vollen Tagesglanz, auf dem höchsten Punkt des Lebens»). Wir dürfen annehmen, daß die Begegnung mit Alma wesentlich zur Neuorientierung in Richtung des «Diesseits» beigetragen hat.

Der Verlauf der mittleren Sinfonien ist, so betrachtet, charakteristisch: Am Anfang der *Fünften Sinfonie* steht ein Trauermarsch, gefolgt von einem wilden, kämpferischen Stück, das den eigentlichen Hauptsatz darstellt. Wir haben bereits darauf hingewiesen, daß sich hier Anklänge an Beethovens Fünfte Sinfonie und ihr «Schicksalsmotiv» finden. Inhalt dieser Musik ist der Kampf mit den Gewalten dieser Welt. Gäbe es nur diese beiden ersten Sätze der *Fünften*, so käme man unweigerlich zu dem Schluß, daß hier das Unterliegen und Scheitern des «Helden», das heißt des Menschen-Ich, an den Klippen des irdischen Daseins Klang geworden sind. Insofern besteht eine exakte Korrespondenz mit dem riesenhaften, pessimistischen Finale der *Sechsten Sinfonie* (1903). Der gemeinsame Nenner dieser beiden Außenpfeiler jenes Zweigespanns der mittleren Sinfonien ist: Untergang. Dieser Tenor nuanciert sich in der *Fünften* in Richtung des «persönlichen Scheiterns»,[180] in der *Sechsten* dagegen – wir haben dies bereits ausführlich dargestellt – in Richtung des Unterganges des Menschlichen schlechthin. In dieser Chiffre lassen sich alle Deutungen von der «nihilistischen Weltsicht» (Furtwängler) über die «Tragödie des Menschen der Neuzeit» (Willem Mengelberg) bis zur schrecklichen «Vorausahnung des grausigen Geschehens von Treblinka, Auschwitz» (Max Brod) zusammenfassen. Es ist die Sphäre des Nur-Irdischen, in der kein Himmelslicht mehr scheint. Wir haben sie bereits bei der Betrachtung des *Klagenden Liedes* kennengelernt: der Sturz in die Finsternis des «äußeren Daseins», wie der Schreiber des Matthäus-Evangeliums es formuliert. Hier herrscht tatsächlich «Heulen und Zähneklappern» (Luther), «Inferno»-Stimmung.

Insofern darf durchaus von einer weitestgehenden Übereinstimmung der Rahmenteile dieses Sinfonienpaares gesprochen werden. Denn auch das Finale der *Sechsten* besitzt eine extrem großdimensionierte Einleitung, die dem vorgeschalteten Trauermarsch der *Fünften* formal und stimmungsmäßig durchaus vergleichbar ist.[181]

Sucht man weitere Korrespondenzen zwischen beiden Werken als Ganzen, so wäre auf folgendes hinzuweisen:

Beide stehen im Zeichen des «*Dur-Moll-Siegels*». Bereits die Trompetenfanfare zu Beginn der *Fünften* schwankt hinsichtlich ihrer tonalen Orientierung zwischen cis-moll und A-Dur. Die *Sechste* steht durchweg unter dem Zeichen einer Akkordfolge, die zuerst im Kopfsatz (T. 57), zuletzt als Fazit der ganzen Sinfonie am Ende des Finales erscheint:

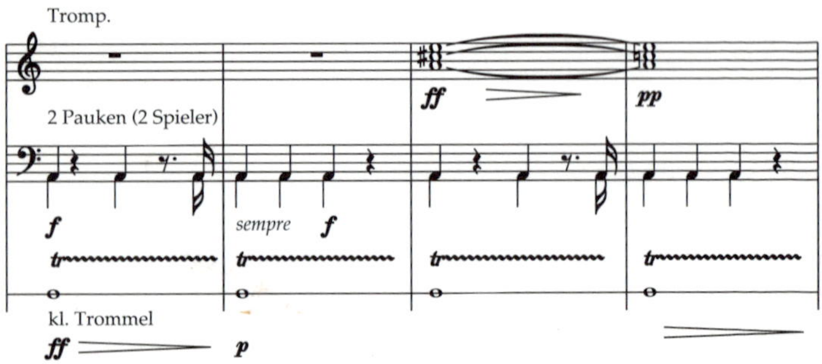

Bezeichnenderweise erscheint dieses Akkordsiegel hier im Zusammenhang mit einem *Leitrhythmus*, der, in leichter Metamorphose, bereits im Trauermarsch der *Fünften* auftrat:

Der Keim dieses Rhythmus liegt schon im Adagio der *Vierten* verborgen (♩ ♩ 𝄽 ♩ | ♩ ♩ 𝄼), und im Kopfsatz der *Siebten* erleben wir seine allmähliche Auflösung – ein evolutionärer Prozeß.

Eine Entsprechung bildet auch das Auftreten eines *Chorals* in beiden Werken. Der in sich zusammenstürzende Choral der *Fünften* hat als Beispiel einer «negativen Positivität» Berühmtheit erlangt: Er ist nicht mehr, was er einmal war und noch zu sein vorgibt; ein ausgedienter Hoffnungsträger nur noch, dessen Kraft erloschen ist, Symbol der verlorenen Kraft des (Kinder-)Glaubens. – Ähnlich erscheinen Bruchstücke choralartiger Faktur in der *Sechsten* (etwa im Finale, T. 49ff.), in ähnlich hoffnungsloser Funktion – längst erstorbene Vision einst lebendiger Welten. Auch dieser Faktor ist bereits in der *Vierten* vorgebildet und tritt in der *Siebten* in ein Stadium der Rückbildung ein.[182]

Wie sind die übrigen Sätze der beiden Werke beschaffen?

Da sind zunächst, als auffälligste Gegenpole zur düsteren Welt der Rahmensätze, das als Filmmusik zu zweifelhafter Berühmtheit gelangte *Adagietto* der *Fünften* und das *Andante Moderato* der *Sechsten*. Wir wissen (unter anderem aus Mitteilungen Willem Mengelbergs, der bis zur Unterlegung eines Textes geht), daß es sich beim Adagietto um eine musikalische Liebeserklärung Mahlers an Alma Schindler handelt, die er damals heftig umwarb. Hier liegt einer der Lichtpole inmitten der ansonsten dunklen oder unechten Welt der *Fünften Sinfonie*. Den inneren Ort dieser musikalischen «Alma-Huldigung» beschreibt ein Gedicht aus späteren Jahren, als Mahler seine Frau erneut heftig umwarb:

Nachtschatten sind verweht an einem mächt'gen Wort,
Verstummt der Qualen nie ermattet Wühlen.
Zusammen floß zu einem einzigen Akkord
Mein zagend Denken und mein brausend Fühlen. [...]
Ich liebe Dich! – ward meines Lebens Sinn.
Wie selig will ich Welt und Traum verschlafen,
O liebe mich! – Du meines Sturms Gewinn!
Heil mir – ich starb der Welt – ich bin im Hafen!

Und in einem anderen Gedicht aus derselben Zeit (August 1910) finden sich die Zeilen:

O Sehnen, das mich ewig an die Stelle zwingt,
wo mir das Leben ward aus süßestem Munde!
Zusammenfassen will ich alle Schauer meiner Lust,
der Gotteswonne Ewigkeit an ihrer Brust
zu einer Melodie, die wie der Sonnenbogen
den Himmel ihrer Holdheit kühn durchzogen.

Nun, diese Melodie, diesen «einzigen Akkord» – es gab sie bereits: im *Adagietto* der *Fünften!*

Hans Heinrich Eggebrecht hat noch auf etwas anderes hingewiesen. Das Adagietto zeigt starke Ähnlichkeit mit einem der fünf Rückert-Lieder. Es ist jenes *«Ich bin der Welt abhanden gekommen.»* Da wurde der Himmel beschworen («Ich leb' allein in meinem Himmel/ In meinem Lieben, in meinem Lied»), das Ziel dessen , der «der Welt gestorben» ist, jener Ort der Ewigkeit, fern dem «Weltgetümmel». – Diese selbe Sphäre ist gemeint mit den Worten: «Heil mir – ich starb der Welt – ich bin im Hafen.» Der Hafen, er wird hier erreicht nicht in der Flucht nach rückwärts, sondern durch die Liebe zu einem anderen Menschen – Alma.

Was heißt das? Auch in der *Fünften* (und *Sechsten*, wie sich sogleich zeigen wird) erscheint «die andere Welt». Doch es ist nicht mehr die Kinderwelt, das vorgeburtliche Paradies, sondern ein stiller Hafen, eine Enklave inmitten dieser Welt; nicht im Jenseits, sondern – wenngleich nur zuzeiten – im Diesseits zu finden. Die Geliebte, nicht irgendein schönes Jenseits, ist der Ort der Begegnung mit dem Ewigen. Der neue Himmel ist «der Himmel ihrer Holdheit», die Ewigkeit – die der «Gotteswonne an ihrer Brust».

Hier liegen die Wurzeln jenes Prozesses, der schließlich zur Komposition der *Achten* führt. In der hymnischen Verklärung der Geliebten im Adagietto der *Fünften* scheint das Prinzip des «Ewig-Weiblichen» zum ersten Mal im Gesamt-Organismus der Sinfonien auf.[183]

So ist es nur eingeschränkt richtig, wenn Alma Mahler bemerkt, in der *Fünften Sinfonie* fehle das Visionäre. Es ist durchaus vorhanden. Doch es ist nicht jenseitsorientiert, sondern beschwört das Transzendente im Hier und Jetzt der Gegenwart, der Realitäten, «Kausalitäten und Modalitäten» dieser Welt. So endet das Adagietto auch nicht entschwebend-ätherisch im dreifachen Piano (ppp) wie das ihm so verwandte Rückert-Lied, sondern im vollen Fortissimo-Streichersatz («viel Ton!»), der erst ganz zuletzt abebbt: keine Transzendierung oder Sublimierung, sondern in die höchste Verdichtung im Bereich des Sinnlichen, das heißt auch: des Klangsinnlichen, führend.

Aufschlußreich ist ein Vergleich des *Adagietto* der *Fünften* mit dem *Andante moderato* der *Sechsten Sinfonie*. Auch hier gibt es Momente, die Ewigkeitsstimmung in sich tragen, mithin auf Transzendentes verweisen. Wir meinen zum Beispiel jene Stellen, wo die Herdenglocken erklingen. Sie sollen «wie ein ganz aus weitester Ferne erklingendes, verhallendes Erdengeräusch» wirken, ein «Nachhall des Erdenlebens» (Zweite Sinfonie!) gleichsam, ein Eindruck «als ob [man] auf höchstem Gipfel im Angesicht der Ewigkeit stehe». Trotzdem: Es sind nicht mehr die himmlischen Glocken der Engelwelt (Dritte Sinfonie) oder die sieben Töne des Glockenspiels, die die in die Ewigkeit eintretende Seele empfangen (Zweite Sinfonie), sondern *irdische* Laute, irdische Gipfelerfahrungen – Mahler war ein begeisterter Bergwanderer –, die als metaphysisches Klangsymbol beziehungsweise metaphysische Situation bemüht werden.

Werfen wir noch einen Blick auf die beiden *Scherzi*. Das der

Fünften ist ein riesenhaft dimensionierter Satz, «durchgeknetet, daß auch nicht ein Körnchen ungemischt und unverwandelt bleibt. Jede Note ist von der vollsten Lebendigkeit und alles dreht sich im Wirbeltanz», so Gustav Mahler. Was läßt sich zu diesem «Chaos, das ewig aufs neue eine Welt gebärt, die im nächsten Moment wieder zu Grunde geht, zu diesen Urweltsklängen, zu diesem sausenden, brüllenden, tosenden Meer, zu diesen tanzenden Sternen, zu diesen verathmenden, schillernden, blitzenden Wellen» sagen?[184]

Jedenfalls ist die wirbelnd-ausgelassene Stimmung keine ungebrochene. Willem Mengelberg sieht darin «forcierte Fröhlichkeit, will es vergessen das Leid [der Trauermarsch und der zweite Satz], kann es noch nicht, es wirkt forciert – trüber Grundton, hier und dort sogar ein Totentanz». Und C. Floros spricht mit Recht von dem «Media vita in morte»-Charakter des Satzes: eine künstliche, bemühte doppelbödige Fröhlichkeit, hinter der immer etwas Bedrohliches lauert.

Dies nun steigert sich im dämonischen Scherzo der *Sechsten* noch. Die «altväterischen» Grazioso-Teile des Satzes, in denen hellere, kindliche Töne vorherrschen, kontrastieren stark mit den schauerlichen, massiv-erdrückend orchestrierten Passagen der Rahmenteile. Graue, bleierne Schwere herrscht hier, gequälte Heiterkeit, angesichts derer einem das Lachen im Halse steckenbleibt.

Plötzlich «wie gepeitscht» aufgejagte schrille Schreie (Violinen, Hörner T. 10-11), stampfendes, wuchtiges Marschieren (im 3/8-Takt). – Max Brods Anspielung auf die Greuel der Konzentrationslager ist nicht aus der Luft gegriffen!

Bleibt noch die Frage nach dem Verhältnis zwischen dem so lebensfrohen *Rondo-Finale* der *Fünften Sinfonie* und dem so düsteren Anfangssatz der *Sechsten (Allegro energico)*, die zugleich die Frage nach dem Wesensverhältnis der beiden Sinfonien überhaupt enthält. Um hier eine Antwort zu finden, müssen wir etwas weiter ausgreifen.

Eine der auffälligsten Entdeckungen, die man beim Studium der *Sechsten* machen kann, ist die, daß in der *Sechsten* schon manche Keime der *Achten* anzutreffen sind. Zwei Beispiele:[185]

1) Die eigenartig fahlschillernden Celesta-Posaunen-Passagen (im ersten Satz der *Sechsten*, ab T. 109, im Finale ab T. 9) muten wie eine Vorwegnahme der ähnlich gehaltenen Stelle im Pfingsthymnus der *Achten* an (bei T. 211 «Sehr fließend»):

6. Sinfonie, 1. Satz

8. Sinfonie, 1. Teil, T. 211

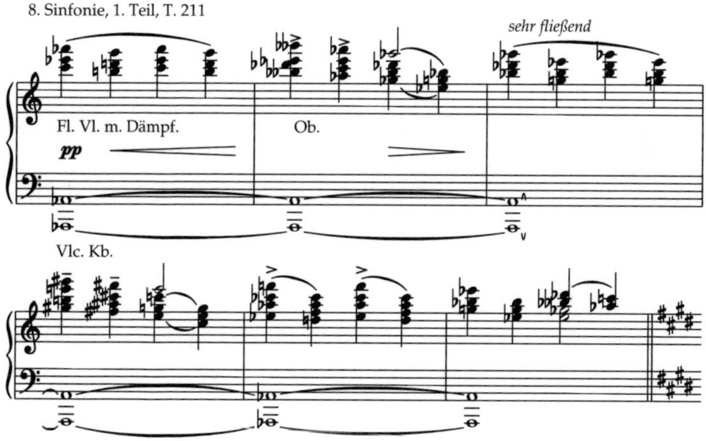

In der *Achten* führen diese Klänge zur (zweiten) Textstelle «Infirma nostri corporis/virtute firmans perpeti», deren Oktavengestus dem Hauptthema der *Sechsten* eng verwandt ist.

8. Sinfonie, 1. Teil, T. 218

6. Sinfonie, 1. Satz, T. 6

Der innere Zusammenhang dieser Stellen besteht darin, daß «corporis» hier das Sinnbild des vergänglichen «Fleisches» (des physischen Leibes) des Menschen ist und in der *Sechsten* eben diese Vergänglichkeit des Äußerlich-Materiellen der Welt und des Menschenlebens thematisiert wird: Die Geste des idealistischen Aufschwungs (der Begeisterung) wird daher, besonders im Finale, immer wieder abgelähmt durch katastrophenartig abstürzende Passagen – es sieht so aus, als ob der «willige» Geist durch die Macht der Materie (des Fleisches) immer wieder geschwächt, gefesselt würde.

2) Das Motiv des «Chorus Mysticus» (Achte Sinfonie, Zweiter Satz, Coda, ab T. 1449,

(T. 1449)

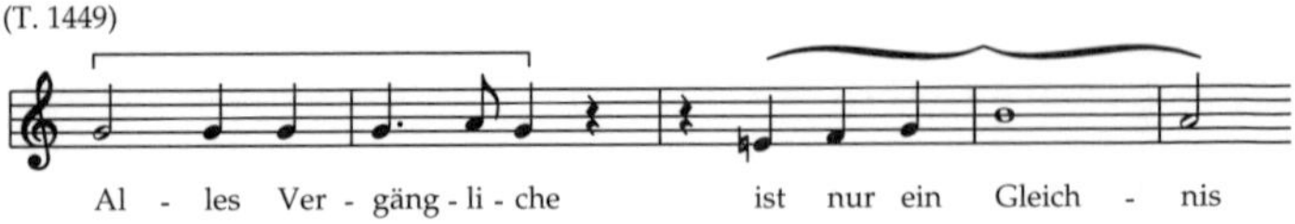

ist bereits vorgebildet im Kernthema des Finales der *Sechsten*. Zwei Stellen daraus belegen dies deutlich:

6. Sinfonie, Finale

6. Sinfonie, Finale

«Vergänglichkeitsmotive» in der Achten (Chorus mysticus) und im Finale der Sechsten Sinfonie.

Der ins Negative gewendete Charakter des Motivs tritt klar hervor. Es fungiert noch nicht als Symbol des Transzendenten, wie in der *Achten*, sondern als Chiffre für das «Vergängliche», das Irdische, welches hier eben *nicht* als Gleichnis, sondern als einzig gültige, auf keinerlei höheres Prinzip verweisende Realität erscheint. Auch in diesem Zusammenhang gelten Alma Mahlers Worte von der Auseinandersetzung mit den «Kausalitäten und Modalitäten dieser Welt».

Sowohl die «infirma»-Stellen der *Achten* als die Kernthemen der Rahmensätze der *Sechsten* bilden sich aus dem Intervall der *Oktave*. Die Oktave, symbolisiert durch die Zahl Acht, war von jeher

Ausdruck des höheren Lebens (daher zum Beispiel die Oktogonform der mittelalterlichen Taufkapellen) beziehungsweise des «höheren Prinzips» im Menschen, des (höheren) Ich. Dieses Ich ist es, welches sich strebend bemüht und dadurch Erlösung erlangen kann. Insofern ist es aufschlußreich, daß im Kopf des Kernthemas der *Sechsten* das Oktavintervall konsequent beibehalten wird und damit zum Ausdruck des Bleibenden, Unzerstörbaren im Menschen wird. Dieses thematische Prinzip der Oktave zieht sich, wie sich bei aufmerksamer Beobachtung erweist, durch alle Stadien der *Sechsten*, seien sie auch noch so pessimistisch!

Wir haben es also nicht mit einem finalen Scheitern zu tun, wie man zuerst meinen könnte, sondern mit einer «großen Bataille zwischen Mahlers Ego und der Welt». Das Ich siegt nicht in der *Sechsten*, dennoch geht es gestärkt aus der Schlacht hervor. Ausdruck für das «Intaktbleiben» des höheren Prinzips ist die gerade in diesem Werk, besonders im Finale, in strengster und zugleich souveränster Gesetzmäßigkeit gewahrte klassische (Sonaten-)*Form*. Obwohl ihr Inhalt ein sie zutiefst bedrohender, sie von innen her zersprengender geworden ist, wird diese Form, als geistiges Prinzip, nicht aufgegeben, sondern aufs neue gesetzt. Kein Zerfall herrscht in ihr, im Gegenteil: Bewährung, Erhalt, Wesensbehauptung.

So ist Bernd Sponheuers Charakterisierung[186] des im Finale waltenden Prinzips unter der zunächst paradox anmutenden Devise «Scheitern als Gelingen» unter *diesem* Blickwinkel höchst treffend! Die klassische Form, bisher Ausdruck und Garant der positiven Lösung der in ihrem Innern aufgebauten Spannungen und Konflikte im Sinne eines Ausgleichs, der Synthese, der Überhöhung, wird hier gewissermaßen «umfunktioniert»: «Wird also in der Sechsten Symphonie mit allem Nachdruck die naive, vorkritische Illusion des affirmativen Ansichseins der geschlossenen Form und ihrer immanenten, gleichwie automatischen Sinnerfülltheit drangegeben, indem sich der Immanenzzusammenhang als negativer erweist, so ist es doch gerade dieser Verlust aller *systematisch* [d.h. durch das geschlossene System der ‹musikalischen Form› F. B.] garantierten Sicherheiten, der nun erst recht zu rigoroser Durchkonstruktion treibt: Ist der unbezweifelbare Glaube an die Autorität der überlieferten Formen einmal dahin, so muß alle Kraft verwandt werden auf die – nun erst in Wahrheit immanente – Tragfähigkeit der Konstruktion und des Konstruierten selbst.»[187] – Eine Ich-Leistung ohnegleichen!

Man könnte dies mit Erfahrungen vergleichen, wie sie immer wieder von Menschen in Situationen extremer, existentieller Bedrohung berichtet werden, etwa in Kriegszeiten oder in Konzentrationslagern: Nur wer sich selbst trotz des Verlustes aller bürgerlichen, «systematisch» gegebenen Sinnzusammenhänge im Innersten aufrechtzuerhalten und von daher neu zu definieren vermochte, überlebte seelisch.

Man ist ferner versucht, an die Prüfungen des Hiob im Alten Testament zu denken: Auch er gerät an die Grenze der Vernichtung seiner physischen Existenz, angesichts derer er nur durch einen inneren Akt der «Ich-Setzung» zu überleben vermag – im unzerstörbaren Vertrauen auf die göttliche Weltenmacht.

Damit sind wir wieder bei der existentiellen Dimension dieser Sinfonie.

Mahler nannte sie seine «Tragische». Man könnte sie auch seine «heroische», faustische nennen. Wie bei der antiken Tragödie liegt ihre (Überzeugungs-)Kraft in der Tatsache, daß das Scheitern des «Helden» kein absolutes ist, sondern ein «Lernprozeß» seines Ich. Das Erleben des tragischen Verlaufs führt im Zuschauer/Zuhörer zur Katharsis, zur Seelenwandlung. Das Paradebeispiel solch einer «positiven Negativität» ist, und dies war ganz bestimmt auch Gustav Mahlers Auffassung des «Tragischen», Goethes *Faust*. Der geistige Hintergrund dieser Tragödie ist umrissen durch die Worte: «Es irrt der Mensch, solang er strebt» (Prolog im Himmel) und «Wer immer strebend sich bemüht, den können wir erlösen» (Schlußszene Faust II). Allerdings, wer nur den *irdischen* Schauplatz, das heißt das Ganze *ohne* Prolog und Schlußszene, sieht, muß unweigerlich zu einer negativen, nihilistischen Deutung des Werkes kommen.[188]

Dies ist der Tenor der meisten Interpretationen der *Sechsten Sinfonie*. Doch es gibt auch andere Stimmen. So schreibt beispielsweise Bruno Walter über das Finale der *Sechsten:* «Es geht auf das Ende zu, das keine Auflösung im Sinne der Materialisten ist. Wie könnte sonst all dem Bedrohlichen, dem Unausweichlichen, ein Choral entgegenstehen? Hier zeigt sich, daß Gott bei Mahler immer noch eine Funktion hat. Und wenn dieser Satz auch pessimistisch schließt, in seinem Schöpfer ist doch noch ein Fünkchen Wissen darum vorhanden, daß es eine höhere Macht gibt, die der absoluten Auflösung entgegentritt und die Seele bewahrt vor der letzten, endgültigen Verzweiflung.»[189] Womit die apokalyptischen Schrecknisse dieser Musik keineswegs bagatellisiert oder als bloßer Schein hingestellt seien. Im Gegenteil: Diese Musik atmet höchsten Ernst, Wahrhaftigkeit. Doch es werden inmitten des physischen Untergangs geistige Aufgangskräfte spürbar.

Demgegenüber ist die scheinbar problemlose Finallösung der *Fünften* geradezu unglaubwürdig. Zumeist werden unbeschwerte, «ausgelassene Fröhlichkeit ... Glücksgefühl, Spielfreudigkeit – unbekümmertes Musizieren» (Willem Mengelberg) hervorgehoben. Doch gerade im Vergleich mit der *Sechsten* vermag dies nicht zu überzeugen. Ist das alles nicht doch nur Oberfläche, Strauss'sches Blendwerk, Gleisnerei? Sponheuer spricht wohl mit Recht vom «Schein des Affirmativen», der über diesem *Finale* liegt. Hier haben wir jene schon sinnentleerte Form, jenes Adornosche «Als-ob», welches in der *Sechsten* ab der ersten Note bereits aufgegeben worden ist.[190] In höchstem Maße geistvolles, gekonntes Spiel, souveräne Zurschaustellung des erreichten Könnens – wohl nie hat sich Mahler weiter von sich selber entfernt als hier.

Aus dem oben Dargestellten ergeben sich formale Konsequenzen. Denn es wird deutlich, daß die beiden Sinfonien sich an einer verborgenen Achse spiegeln, sowohl in ihren formalen Großteilen als auch von ihrem inneren Weg her:

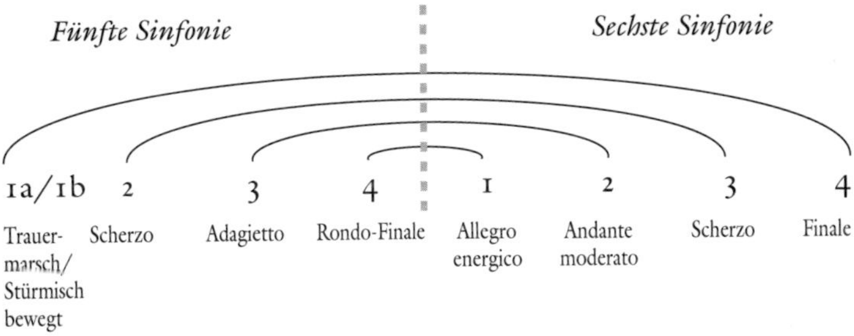

Aus diesen Erwägungen eines symmetrischen Verhältnisses ergäbe sich, daß das *Andante moderato* der *Sechsten* wohl doch an die Stelle gehört, die Gustav Mahler ihm in der zweiten und dritten Fassung der Sinfonie zuwies: als *zweiter* Satz der Sinfonie. In heutigen Ausgaben ist dieser Satz wieder an die dritte Stelle gerückt worden, obwohl Mahler selbst sich in keiner der neuerlichen Revisionen der Sinfonie dazu entschließen mochte.

Die Grundfigur wird deutlich. Führt die *Fünfte* nach außen und verliert sich schließlich beinahe in äußerer Glanzentfaltung, die absolute Beherrschung dieser Welt und das Zuhausesein in ihr demonstrativ herauskehrend, so schlägt die *Sechste* den umgekehrten Weg ein: Sie spricht das «non placet zu dieser Welt», ein «emphatisches Nein», ihre «Grundstimmung stammt vom bitteren Geschmack im Trank des Lebens» (Bruno Walter). Und es zeigt sich: Mit den Mitteln «dieser Welt» ist das Dasein nicht zu ergründen, es bleiben nur Schein, Rätsel, Sinnlosigkeit.

Da ist das alte Thema wieder, doch nun verwandelt: Das Streben «nach oben» ist, anders als in den ersten vier Sinfonien, nun geboren aus realer, physischer Erdenerfahrung. Das «non placet» spricht einer, der das Dasein in seiner ganzen Breite erfahren hat. Aus dem einstigen Idealisten ist ein Realist geworden, ein spiritueller Realist allerdings.

Würde sich die Linie der *Fünften* weiter fortsetzen, so gäbe es vermutlich nicht das Spätwerk. Mahler wäre vielleicht ein zweiter Richard Strauss, ein sensiblerer wohl, geworden. Die innere Wende, von der die *Sechste* zeugt, ist einer der mysteriösesten Punkte in dieser Biographie. Ihr verdanken wir in einem gewissen Grade, daß es die «Neue Musik» gibt.

Das Gesetz der ersten Sinfonien war: allmähliches Heraussterben aus dem vorgeburtlichen Leben. Die Devise, die die zweite Werkhälfte prägt, heißt: Leben aus dem Tode. In den mittleren Sinfonien sehen wir, wie der Übergang vom einen zum andern vollzogen wird.

SCHWELLEN-ERLEBNISSE IM UMKREIS VON GEBURT UND TOD: «DAS KLAGENDE LIED» UND DIE ZEHNTE SINFONIE

Mit der *Sechsten Sinfonie* ist ein innerer Umschwung markiert. Was dort noch, von außen betrachtet, wie ein Resignieren vor den Schicksalsgewalten dieser Welt aussehen mag, eine Wiederholung des «Gestrandet – ein Todtenmarsch in Callots Manier» mit anschließender Inferno-Szenerie wie in der *Ersten Sinfonie*, erweist sich, wenn wir den inneren Aspekt der Sache ins Auge fassen, nicht als Ende, sondern als Anfang. Der «Tod» des Helden, der hier gemeint ist, ist einer, der seelische Aufgangskräfte entbindet, trotz oder eben wegen der physischen Zerstörungstendenzen. Das «non placet» zur Welt, von dem Bruno Walter spricht, ist eine Geste des Ich, welches sich weigert, das Primat des Materiellen anzuerkennen. Das macht das Heroische der *Sechsten* aus und entlarvt das gefällige Kokettieren der *Fünften* mit den Vokabeln des «Weltlichen» als die *eigentliche* Resignation: Insbesondere das schablonenhafte, distanzlose Hereinnehmen des Choralthemas dort wirkt unglaubwürdig. Es ist wie ein Haltsuchen an längst versagt habenden überkommenen Werten angesichts der Angst vor den sich öffnenden existentiellen Abgründen der ersten beiden Sätze. Gerade an der vergeblichen Beschwörung der Vokabel «Choral» – einst Ausdruck des Glaubens und der Zuversicht – zeigt sich, daß Gott *keine* Funktion mehr hat, um die Formulierung Bruno Walters noch einmal aufzugreifen. In der *Sechsten* dagegen tritt Choralmäßiges ganz anders in Erscheinung: ohne jeden Anspruch, automatischer Garant des Seelenheils zu sein, bruchstückhaft, stammelnd, als wenn jegliches Beten neu gelernt werden müßte.[191]

Fatalerweise gelangen die meisten Deutungen, vor allem aus den ersten Jahrzehnten nach Mahlers Tod, zu einer konträren Ansicht: Sie alle betonen den «Sieg des Lebens» (Finale) über den Tod (Trauermarsch),[192] den «Triumph des Willens», den unzerstörbaren Optimismus, der sich hier kundtue, und so fort. Demgegenüber muß die Welt der *Sechsten* notwendig negativ, ohne Hoffnungsschimmer, nihilistisch, dem endgültigen Verderben preisgegeben erscheinen.

In Wahrheit verhält es sich genau umgekehrt. Der Verzicht auf das Prinzip des (gewaltsamen) «Durchbruchs», dem noch die *Erste, Dritte* oder die *Fünfte* huldigen, führt in der *Sechsten* zur «ehrlichsten Lösung», die es überhaupt gibt. Wir meinen, daß hier die eigentliche Leistung Mahlers sichtbar wird: im Hintersichlassen aller materialistischen Lösungsmuster der «sinfonischen Frage», die das 19. Jahrhundert ausgebildet hatte.

Die *Sechste* wird dadurch zum Keim des Spätwerks. Ihre Todesprozesse sind gleichzeitig fruchtbare Keime der kommenden Werke. Was in den ersten fünf Sinfonien noch durch Programmatik und Proklamierung des eigentlich Gewollten und Gemeinten wie künstlich herbeibemüht erscheint, ist ab jetzt real als rein musikalischer Prozeß, als Bildekraft *im Werk selbst* anwesend. Am Beispiel der *Zweiten Sinfonie,* die wir mit dem *Lied von der Erde* verglichen, doch auch in der neuerrungenen Positivität der *Achten,* die nichts «Scheinheiliges» mehr an sich hat, wird dies deutlich.

Diese Vorbetrachtung ist für das Verständnis des *Klagenden Liedes* notwendig, dem wir uns nun zuwenden wollen. Denn in ihm ist die «tragische Lösung» der *Sechsten* bereits vollständig vorgebildet. Auch hier gibt es keinen affirmativen Durchbruch, kein «happy end». Doch auch hier ist das, was auf der einen Seite als «Tod» erscheint, auf der anderen als «Geburt», als Neuanfang verstehbar.

Erinnern wir uns: Im ersten Kapitel wagten wir eine Deutung, die darauf hinauslief, daß es sich bei dem Sterben des «lichten Bruders» eigentlich um ein Bild für die Vertreibung aus dem Paradies handele. In gewissem Sinne findet diese *immer* statt, wenn wir geboren werden. Wir sterben aus dem «himmlischen Leben» heraus, etwa im Sinne des Novalis-Wortes: «Sollte es nicht auch drüben einen Tod geben, dessen Resultat irdische Geburt wäre?» – Folgerichtig konnte gesagt werden, daß es sich bei dem «Spielmann» um die *irdische* Manifestation jenes himmlischen Bruders handelt. Wir haben hier ein Bild für das «höhere Ich» des Menschen, welches sich in einer gewissen Abschattung, das heißt immer nur partiell, in seinen irdischen Hüllen verkörpert. Darin tritt es nur gebrochen, gespiegelt als «niederes Ich» in Erscheinung. Die Wesensidentität beider Gestalten, des lichten Bruders und des Spielmanns, kommt in der Tatsache zum Ausdruck, daß der eine mit der Stimme des anderen spricht und dessen Impulse im Irdischen weitervertritt, als Anwalt, Mittler oder Diener.

Hinter dieser Mittlerfigur werden, wie wir zu zeigen versucht haben, noch andere Dimensionen sichtbar. Denn der Mensch ist nicht nur Ausdruck seines persönlichen höheren Wesens. Es ist auch möglich, daß er zum Träger überpersönlicher Impulse wird. Die Propheten, Priester, Könige und Eingeweihten des Altertums waren nicht nur Ausführende ihres eigenen Lebensauftrages, sondern zugleich Künder und Diener höherer Weltenmächte.

Auch diese Identifikation läßt sich auf die Figur des Spielmanns anwenden: Er ist Ankläger, Prophet, der an das Gewissen appelliert. Sein Wort bringt die Illusionen buchstäblich zum Einsturz. Wir entdecken diesen Zug auch an Gustav Mahler – sein immerwährender feuriger Anruf an die Menschheit vor dem Hintergrund des Zeitgewissens: Michael.

Auch der Spielmann hat sein Erdenschicksal. Sein Dasein kennt viele kleine und große Tode. Chiffre dieser Entwicklung sind die Sinfonien.[193] Der große Tod der *Sechsten* entpuppt sich als «Kunstgriff» der eigenen höheren Natur, das heißt des höheren

Ich, «viel Leben zu haben» (Goethe). Denn in diesem Tod liegt der Aufgang beschlossen, der schließlich zum Wiedereintritt in das höhere Dasein des «himmlischen Lebens» führt. Ein Bild dieser Schwelle ist die unvollendete *Zehnte Sinfonie*.

Thesenhaft kann gesagt werden: Ist das *Klagende Lied* ein Bild vorgeburtlicher Vorgänge, so ist die *Zehnte* deren Entsprechung im Nachtodlichen. Die Korrespondenzen zwischen den beiden Werken gehen dabei sehr weit.

Beide Werke haben ein ähnliches Schicksal – sie sind in gewissem Sinne Torso geblieben, das *Klagende Lied* aufgrund bewußter Eliminierung des ersten Teils, des «Waldmärchens», durch Gustav Mahler, die *Zehnte* aufgrund der Tatsache, daß der Tod ihre endgültige Ausgestaltung verhinderte.

Immer wieder wurde daran herumgerätselt, was den Komponisten bewogen haben könnte, jenen ersten Teil des *Klagenden Liedes* wegzulassen. Bekanntlich unterzog Mahler die Partitur in späteren Jahren mehreren Umarbeitungen. Erst 1898 erschien die zweiteilige Fassung, deren Uraufführung schließlich am 17. Februar 1901 stattfand, wenige Tage bevor Gustav Mahler jenen lebensgefährlichen Blutsturz erlitt, doch buchstäblich im letzten Moment noch gerettet werden konnte.

Wenn wir im ersten Kapitel die Vermutung äußerten, Mahler habe das «Waldmärchen» gewissermaßen der Öffentlichkeit «verschweigen» wollen, so ist das richtig, kann nun aber, aufgrund unserer letzten Betrachtungen, noch präzisiert werden. Denn wir können jetzt feststellen, daß eine extreme innere Trennungslinie durch das Werk hindurchgeht: Der erste Teil, das «Waldmärchen», ist ein Bild *vorgeburtlicher* Vorgänge, die anderen beiden Teile spielen sich dagegen *auf der Erde*, im «irdischen Leben» ab. Das gesamte Geschehen im Umkreis des Brudermordes ist ein *übersinnlicher* Vorgang, die Gestalt des Spielmanns ist jedoch eine sinnliche Manifestation des himmlischen Lichtwesens des Menschen im *Irdischen*. Auch die nicht stattfindende Hochzeit ist ein Bild der *auf Erden* gesuchten Vereinigung mit der geistigen

Welt, der ersehnten, doch noch nicht erreichten Rückkehr ins Paradies. Dieses letzte Motiv verschwieg Gustav Mahler nicht. Im Gegenteil, es kehrt auf vielfältige Weise im gesamten Werk und besonders deutlich in den ersten vier Sinfonien wieder. Doch die übersinnliche Komponente des Geschehens, seine Vorbereitung im Leben vor der Geburt, bleibt scheu verborgen.

So ergibt sich heute die eigenartige Situation, daß bei einer Gesamtaufführung des Werks zwei Fassungen nebeneinander stehen: der erste Teil in der Urfassung aus den frühen achtziger Jahren und die beiden anderen Teile in der revidierten Fassung. Obwohl die Motive und Themen die gleichen sind und ein starkes inneres Band zwischen allen Teilen besteht, läßt sich an der andersartigen Instrumentation der Gegensatz deutlich erkennen. Außerdem verlangt das «Waldmärchen» einen Solisten (Bariton) mehr als die anderen beiden Teile.

Ein ganz ähnliches Schicksal hat die *Zehnte Sinfonie*. Denn auch sie liegt nur zum Teil in der Mahlerschen Orchestrierung vor. Zwei Sätze, das einleitende *Adagio* und das kurze «Purgatorio»-Fragment, sind so weit ausgearbeitet, daß man von einer für Mahler typischen Klanggestalt sprechen kann (das «Purgatorio» wurde nicht mehr vollständig orchestriert, ließ sich aber durch Analogieprinzipien vervollständigen). Alle übrigen Sätze sind nur im sogenannten Particell mit teilweise sehr dürftigen Instrumentationsangaben überliefert. Heute wird auch dieses Werk wie eine «ganz normale» Mahler-Sinfonie im Konzertsaal aufgeführt. Daß dies möglich ist, verdanken wir den Bemühungen des Engländers Deryck Cooke, der in jahrzehntelanger Arbeit eine «performing version» (Konzertfassung) erstellt hat, die sich heute überall durchgesetzt hat.[194] Aber dabei geht ein charakteristischer Qualitätsunterschied verloren: Man hört nämlich nicht mehr, was noch von Mahler selbst herrührt und was nicht mehr. Was Deryck Cooke als Kompliment zu machen ist – es ist eine bemerkenswerte Leistung, so weit in die Mahlersche Instrumentationswelt einzudringen –, verschleiert andererseits eine ähnliche innere

Bruchlinie, die durch diese Sinfonie verläuft. Diese Bruchlinie ist die exakte Spiegelung jener anderen im *Klagenden Lied.* Denn auch hier handelt es sich um ein (allerdings bewußtes) «Verschweigen» bestimmter Teile des Werkes.

Dazu muß man folgendes wissen: Die Sinfonie entstand im Sommer des Jahres 1910 in Toblach. Über die durchaus dramatischen Monate dieses Sommers, in die die Entfremdung von Alma und die neuerliche Verbindung mit ihr sowie die Konsultation Sigmund Freuds im holländischen Leiden fallen, ist bereits viel, vielleicht zuviel geschrieben worden. Wesentlich ist aber, daß Mahler die Skizzen des Werkes, entgegen seiner Gewohnheit, nicht im darauffolgenden Winter ausarbeitete, obwohl er sie mit auf seine letzte Amerikareise genommen hatte. Er hatte, wie Alma Mahler berichtet, eine «Art Scheu, sich damit zu befassen». Dann, beinahe auf den Tag genau zehn Jahre nach seiner schweren Gesundheitskrise, bricht am 20. Februar des Jahres 1911 in New York die tödliche Krankheit endgültig durch. An eine kompositorische Arbeit ist nicht mehr zu denken. Am 18. Mai 1911 stirbt Gustav Mahler in Wien.

Wir können über diese «Art Scheu», die ihn hinderte, an der *Zehnten* weiterzuarbeiten, nur spekulieren. War es der Niederschlag leidvoller Erfahrungen des vorangegangenen Sommers, die in diese Musik eingeflossen waren, der solche Scheu bewirkte? War es der Mangel an Zeit durch die Fülle der amerikanischen Verpflichtungen? Wohl nicht. Denn auch in den Jahren zuvor war Mahler in Amerika zum Arbeiten gekommen. Und was die leidvollen Erfahrungen betrifft: Die Ehekrise war im Abklingen, als er an den letzten Sätzen arbeitete, der Wunsch, die Beziehung zu seiner Frau neu und tiefer zu gründen, stärker denn je.

Wir vermuten, daß eine Barriere anderer Art aufgetreten war: Es ist dieselbe Schwelle, die bereits im *Klagenden Lied* erschien. Der erste Satz läßt sich noch fast ganz im Bereich des *irdischen* Geschehens ansiedeln, wie wir zeigen werden. Die anderen betreten Seelenregionen, die bereits im *«Jenseits»* liegen. Da es sich hier aber um zukünftige, nur erst zu erahnende, da *nachtodliche*

Bereiche handelt, war es schlechterdings unmöglich, ihnen dieselbe konkrete Gestalt zu verleihen, wie das bei den bereits durchlebten Szenarien des *Klagenden Liedes* möglich war. Niemand kann im voraus seinen eigenen nachtodlichen Werdegang komponieren, es sei denn als skizzenhafte Ahnung oder als Bild. Genau das hat Gustav Mahler im Spätwerk ständig getan. Nach der vorstellungsmäßig-philosophierenden Durchdringung jener Bereiche in der *Zweiten* und *Dritten Sinfonie* wird, als Spiegelung dieser Anstrengungen, in der *Achten* und im *Lied von der Erde*, was zuerst bildhaft-gedanklich erschlossen worden war, nun tiefer gefaßt und durchlebt. Keine Programme, sondern Erfahrungen, die sich in musikalischen Prozessen niederschlagen, sind das Resultat dieser Metamorphose. Die *Neunte* führt dann bis in den realen Todesprozeß selbst hinein. Die *Zehnte* bricht konkret dort ab, wo die Todesschwelle überschritten wird. Wie tastende Ahnungen künden die letzten Sätze von einer Welt «danach». Allerdings: Einige Ausblicke in jene Welt werden uns gegönnt, so zum Beispiel im dritten Satz (in der Cookeschen Fassung). Ihm liegt das Wunderhorn-Lied vom «Irdischen Leben» zugrunde, und er schildert das, was wir bereits aus der *Zweiten* kennen: das Erleben der Welt des «Fegefeuers». Doch dort mußte alles noch im *Bild* bleiben.

Dieser Satz trägt den Untertitel *Purgatorio* nebst der durchgestrichenen Ergänzung «Inferno». Hier finden sich auch die erschütternden Randbemerkungen: «Erbarmen!! O Gott! O Gott! Warum hast du mich verlassen? – Dein Wille geschehe!», und zwar ganz am Ende des Satzes, da, wo die Musik mit einem schauerlichen, einem Aufschrei gleichen Harfenakkord in die Tiefe, ins Nichts stürzt (siehe Notenbeispiel S. 220–221). Ähnlich die Thematik des zitierten Liedes: Ein Kind fleht seine Mutter hungernd um Brot an, wird jedoch von ihr immer wieder vertröstet, bis es zu spät ist. Das Lied endet mit den Worten: «Und als das Brot gebacken war, lag das Kind auf der Totenbahr'.»

Haben wir es hier nicht mit Schilderungen dessen zu tun, was wir bereits bei der Betrachtung der *Zweiten Sinfonie* als Erfahrung

Die Schlußtakte des «Purgatorio»-Fragments der 10. Sinfonie in der «Konzertfassung» von Deryck Cooke.

des «Kamaloka» beschrieben, jenes nachtodlichen Zustandes, der gekennzeichnet ist durch einen Lösungsprozeß des Ich vom «Anziehungsband an die äußere Welt» (R. Steiner), das heißt von dem Wunsche nach Befriedigung all derjenigen Bedürfnisse, die durch die Organe eines physischen Leibes auftreten und nur durch sie gestillt werden können? Dieser Zustand wurde im Mittelalter «Fegefeuer» genannt, in der Anthroposophie wird er als

Abdruck mit freundlicher Genehmigung des Verlages AMP New York.

«Kamaloka» bezeichnet. Daß Mahler diesem Satz den Titel «Purgatorio/Inferno» gab, beweist, daß er spürte, welche Welt er darin schilderte.

Was hat nun das Motiv des «hungernden Kindes» mit jenem nachtodlichen Erlebnisbereich des «Purgatorio/Kamaloka» zu tun? Aufschluß gibt hier vielleicht folgende Passage aus Rudolf Steiners *Geheimwissenschaft im Umriß*:

«Was jetzt im Menschen vorgeht, davon läßt sich nur ein Begriff bilden, wenn man sich vorstellt, jemand leide brennenden Durst in einer Gegend, in der weit und breit kein Wasser zu finden ist. So geht es dem Ich, insofern es nach dem Tode die nicht ausgelöschten Begierden nach Genüssen der äußeren Welt hegt und keine Organe hat, sie zu befriedigen. Natürlich muß man den brennenden Durst, der als Vergleich mit dem Zustande des Ich nach dem Tode dient, sich ins Maßlose gesteigert denken und sich vorstellen, daß er ausgedehnt sei auf alle dann noch vorhandenen Begierden, für die *jede Möglichkeit* der Erfüllung fehlt. Der nächste Zustand des Ich besteht darin, sich frei zu machen von diesem Anziehungsband an die äußere Welt. Das Ich hat in sich eine Läuterung und Befreiung in dieser Beziehung herbeizuführen. Aus ihm muß alles herausgetilgt werden, was an Wünschen von ihm innerhalb des Leibes erzeugt worden ist und was in der geistigen Welt kein Heimatrecht hat.»[195]

Dieser Austilgungsprozeß ist ein schmerzhafter, da die geschilderte Begierdenwelt wie ein Gegenstand, den das Feuer erfaßt und verbrennt, aufgelöst und zerstört wird:

«Es eröffnet sich damit der Ausblick in jene Welt, welche die übersinnliche Erkenntnis als das ‹verzehrende Feuer des Geistes› bezeichnen kann. Von diesem ‹Feuer› wird eine Begierde erfaßt, welche sinnlicher Art ist, aber dieses so ist, daß das Sinnliche *nicht* Ausdruck des Geistes ist.»

Der Lösungsprozeß vom Bedürfnis nach Stillung der rein physisch bedingten Wünsche und Begierden ist die Spiegelung eines anderen, *vorgeburtlichen* Vorgangs. Dort findet etwas Umgekehrtes statt: Das Ich wird mehr und mehr von einem Drang zur Inkarnation in einem physischen Körper und zum Wiedereintritt in die irdisch-physische Welt erfaßt. Ein Bild *dieser* Vorgänge haben wir im *Klagenden Lied*: Der Drang, die schöne, stolze Königin zu besitzen («wem blühet wohl dein süßer Leib?»), ist nichts anderes als der Ausdruck der Sehnsucht nach Verkörperung im Sinnlichen. Folgerichtig führt die Suche nach der roten Blume zum «himmlischen Tod», das heißt zur irdischen Geburt, zur Annahme eines Erdenleibes.[196] So spiegeln sich vorgeburtlicher, zur Bindung an den irdischen Körper führender «Daseinsdurst» und nachtodliche Lösung vom «Erdenrest». Man kann verstehen, warum die Schlußszene des *Faust* Mahler so sehr anzog; gibt sie doch in ihrer Art eine genauso anschaulich-exakte Schilderung der nachtodlichen Regionen wie die Geschichte vom «singenden Knöchlein» die der vorgeburtlichen.

Damit haben wir eine Brücke zum Verständnis des vierten Satzes *(Scherzo II)* gefunden. Die Position auch dieses Satzes innerhalb der Sinfonie ist nicht eindeutig. Mahler hatte ihn offenbar auch als «2. Satz» vorgesehen, dann wieder als «Finale», ja selbst als «1. Scherzo (I. Satz)». Wesentlich ist jedoch folgendes:

Im Charakter ähnelt er stark dem «Totentanz» der *Vierten Sinfonie* – ein dämonisch-heiterer Tanz wie dieser. Auch das Scherzo der *Siebten* hat Pate gestanden.[197] Auf das Vorderblatt der Skizzenbögen schrieb Mahler: «Der Teufel tanzt es mit mir.» Und gleich darunter:

> «Wahnsinn, faß mich an, Verfluchten!
> vernichte mich
> daß ich vergesse, daß ich bin!
> daß ich aufhöre zu sein
> daß ich ver.»

C. Floros vermutet nun, das letzte, nicht ausgeschriebene Wort, könnte «verende, verkomme oder verrecke sein». Außerdem meint er, daß Mahlers Seelenverfassung im Sommer 1910 «zeitweise an Wahnsinn grenzte».[198] Nichts ist unwahrscheinlicher als das! Die Briefe aus jenen Wochen zeigen, daß Gustav Mahler im souveränen Besitz seines seelischen Gleichgewichtes war, trotz aller krisenhaften Ereignisse im Zusammenhang mit Alma.

Wie aber sind diese Worte zu deuten?

Die Lösung findet sich in der Schlußszene des zweiten Teils des *Faust*, in den Worten des «Pater ecstaticus»:

Ewiger Wonnebrand
Glühendes Liebeband,
Siedender Schmerz der Brust,
Schäumende Gotteslust.
Pfeile, durchdringet mich,
Lanzen, bezwinget mich,
Keulen, zerschmettert mich,
Blitze, durchwettert mich!
Daß ja das Nichtige
Alles verflüchtige,
Glänze der Dauerstern,
Ewiger Liebe Kern.

Bedenkt man, daß es sich hier um die «Himmelfahrt» einer Seele handelt, um nachtodliche Szenen also, so sind diese Worte eine exakte Beschreibung von Kamaloka-Erlebnissen. Und deren Sinn ist, wie wir sahen, die Läuterung und Befreiung von den Bindungen an die physische Welt. Nach Goethe besteht der Sinn dieser Schlußszene in folgendem: «Das Irdische fällt alles ab, das Geistige steigert sich bis zur Himmelfahrt und zur Unsterblichkeit» (Brief an Zelter v. 10.12.1816).

Vergleicht man nun die Worte des Pater ecstaticus mit den Ausrufen Mahlers auf dem Titelblatt des zweiten Scherzos, so fällt sofort das Gemeinsame der beiden Aussagen ins Auge: «daß ich *vergehe*», so könnte der letzte Satz wohl lauten, ganz im Sinne des «Daß ja das Nichtige / Alles verflüchtige» – wir haben es hier mit weiteren «Purgatorio-Erlebnissen» zu tun, einer Fortsetzung des dritten Satzes in gesteigerter Form gewissermaßen.[199]

Andererseits beinhaltet der vierte Satz auch Reminiszenzen des Erdenlebens. So der Schlag der vollständig gedämpften Trommel, mit dem er ausklingt. Alma Mahler berichtet, daß es sich hierbei um eine Erinnerung an eine Art Traueraufzug für einen Feuerwehrmann handelt, der bei einem Brand den Tod fand. Aus dem Fenster des 11. Stocks des Hotel Majestic in New York verfolgten die Mahlers diese Szene. «Der Obmann tritt vor, hält eine kurze Ansprache, wir ahnen im 11. Stock mehr als wir hören, daß gesprochen wird. Kurze Pause, dann ein Schlag auf die verdeckte Trommel. Lautloses Stillstehen – dann Weitergehen. Ende.»

Diese Szene hatte Mahler zu Tränen gerührt. Nun erscheint sie in der *Zehnten Sinfonie* wieder, wie eine *Erinnerung*, ein *Bild* aus dem vergangenen Erdenleben. «Du allein weißt, was es bedeutet. Ach! Ach! Ach! Leb' wol mein Saitenspiel! Leb wol! Leb wol ...!» vermerkte Mahler an dieser Stelle in der Partitur. «Mein Saitenspiel», so nannte er seine Frau gerne. Diese Eintragung besagt andererseits, daß Mahler sich während der Komposition im klaren war, daß auch er bald wie jener Feuerwehrmann zu Grabe getragen werden würde, im Beisein seiner Frau, gefolgt von einem Trauerzug – es handelt sich also zugleich um eine Art *Vorausschau* künftiger Lebens-Ereignisse.[200] So meint der Schlag der dumpfen Trommel hier, am Ende jenes grotesken Walzers: «Der Tanz ist aus!»

Solche Vorausschau-Erlebnisse während des Lebens haben ihr Pendant als *Rückschau nach dem Tode*. Wie ein großes «Panorama» stehen die Ereignisse des vergangenen Erdenlebens während der ersten drei Tage nach Eintritt des Todes vor der Seele des Verstorbenen. Doch auch bei Unglücksfällen und dergleichen, die bereits während des Lebens an den Rand des Todes führen, stellt sich ein solcher Lebensrückblick als rasche Rückwärtsfolge von Bildern ein. Es handelt sich bei diesem «Lebenspanorama» um die erste Phase nach dem Ablegen des physischen Leibes, noch vor der Kamaloka-Zeit.

Insofern wäre zu erwägen, ob dieser Satz nicht vielleicht besser an die Stelle des ersten Scherzos der Cooke-Fassung zu setzen wäre, da er inhaltlich deutliche Bezüge auf die zeitlich früheste Phase des nachtodlichen Daseins zeigt, die schließlich in das Erleben der nächsten Phase übergehen. So schlösse sich daran dann logisch das «Purgatorio» an. Das andere Scherzo stößt dagegen nicht weiter in neue Bereiche vor, sondern kehrt zurück in bereits durchmessene Gefilde. Eine ausführlichere Begründung dieser

These wird im Anmerkungsteil gegeben.[201] So gesehen, sind die beiden Sätze wiederum durchaus austauschbar. Der Unterschied liegt aber in der «inneren Richtung»: eindringend in oder rückkehrend aus jenen «höh'ren Sphären».

Die entscheidende Frage ist jedoch die nach dem inneren Ort des Hauptsatzes, des berühmten *Adagios*. Dieser Satz ist ja tatsächlich noch «von dieser Welt», denn er ist in hohem Maße auskristallisiert. Allerdings ist das Stadium auch dieser Partitur immer noch das eines Entwurfs, also weniger weit entwickelt als selbst die *Neunte* oder das *Lied von der Erde!*

Womit haben wir es hier zu tun?

Der Schluß liegt nahe, daß es sich um Prozesse handelt, die ganz konkret ein Bild des eigentlichen *Schwellenübergangs*, des Todesaugenblickes selbst, sind. Bereits die ohne harmonisches Zentrum schweifende, einstimmige Bratschenmelodie, mit der der Satz anhebt, will wie ein musikalischer Ausdruck der beginnenden «Leibfreiheit» erscheinen. Denn ein «Harmonisches Zentrum» ist vergleichbar den Fluchtpunkten der Perspektive, und diese ist ein rein irdisch-räumliches Phänomen.[202] Im Laufe des Satzes nähern wir uns immer mehr dem Punkt, an dem die bereits in allen Fugen ächzende Tonalität ins Zerbrechen gerät. Dieser Punkt ist dort erreicht, wo jener gigantische Neuntonklang errichtet wird, der im Moment seines Auftretens aus allen anderen Vorgängen dieses Satzes so extrem herausragt, daß er getrost als das Zentralereignis[203] der ganzen Sinfonie gelten darf.

An dieser Stelle scheiden sich die Geister. Den einen bedeutet dieser Akkord eine interessante Terzenschichtung, die nur wenige Jahre später von den Vätern der neuen Musik mit Leichtigkeit überboten wurde. Anderen gilt die Stelle als Akt des bewußten Schwellenübertritts, sowohl der Tonalität als derjenigen vom Leben im Leibe zum Leben in geistigen Weltbereichen.

Wie drückte Gustav Mahler sich angesichts der «Lebensvorschau» der *Ersten Sinfonie* aus? Der Weg aus der Welt über Inferno und Purgatorio ins Paradiso führe zur «Befreiung und

Erhebung vom Leid ... Die bleibt nun auch in meiner Ersten nicht aus, aber freilich erreicht sie *erst im Tode meines ringenden Titanen den Sieg.*»

In der *Zehnten* ist dieser Tod zur Tatsache geworden. Was danach kommt, zeugt vom Weg der Seele in jenen Bereichen, nach denen Gustav Mahler sich Zeit seines Lebens sehnte – ein «Sehnen über die Dinge dieser Welt hinaus». Er hat der Menschheit etwas von diesen «höheren Dingen» vermitteln dürfen und als einer der ersten am Anfang des Jahrhunderts den Schleier ein wenig gehoben, der «diese Welt» von «jener Welt» trennt. Was er verkündete, war: Sie sind einander nicht fremd, sondern gehören zusammen. Sein innerster Impuls war es, dieser Wahrheit immer mehr Geltung zu verschaffen.

Arnold Schönberg sprach in seiner berühmten Prager Gedenkrede für Gustav Mahler (1912) auch über die Gesamtheit der Mahlerschen Sinfonien:

«Was seine Zehnte, zu der, wie auch bei Beethoven, Skizzen vorliegen, sagen sollte, das werden wir sowenig erfahren wie bei Beethoven und Bruckner. Es scheint, die Neunte ist eine Grenze. Wer darüber hinaus will, muß fort. Es sieht aus, als ob uns in der Zehnten etwas gesagt werden könnte, was wir noch nicht wissen sollen, wofür wir noch nicht reif sind. Die eine Neunte geschrieben haben, standen dem Jenseits zu nahe. Vielleicht wären die Rätsel dieser Welt gelöst, wenn einer von denen, die sie wissen, die Zehnte schriebe. Und das soll wohl nicht so sein.»

Nun, Arnold Schönberg ist ein wenig zu korrigieren: Mahlers Sinfonien sind keine Neunheit, auch keine Zehnheit, sondern eine, wenngleich in ihren «Randzonen» noch unvollendete *Zwölfheit.* Denn sowohl *Das klagende Lied* als auch die *Zehnte Sinfonie* gehören dazu. Diese Zwölfheit ist, wie wir zeigen konnten, ein gesetzmäßig geordneter Organismus.

Aber eines ist ganz sicher: Einige Rätsel hat Gustav Mahler im Überschreiten der ehernen Grenze der Neunheit doch erhellt.

Die Fragen von Tod und Auferstehung, von Vorgeburtlichkeit und nachtodlichem Leben, getragen von der Gewißheit der Unzerstörbarkeit des menschlichen Wesenskerns, des Ich, vor dem Hintergrund der Reinkarnation – diese Fragen sind zwar nicht beantwortet, doch näher in unser Blickfeld gerückt durch das Werk Gustav Mahlers. Und wir sind reif für das, was es sagen will! Unzählige Menschen sind durch seine Musik wohl zumeist unbewußt, doch nachhaltig mit diesen Rätselfragen des Daseins konfrontiert worden. Aus dem steigenden Interesse an dieser Musik läßt sich schließen, daß ihre Ewigkeitsbotschaft, aber auch ihre michaelische Aufrufs-Macht, ihre Hörer gefunden hat und immer mehr finden wird.

EPILOG:

DAS RÄTSEL GUSTAV MAHLER

Die Anziehungskraft der Musik Gustav Mahlers hat in den letzten dreißig Jahren enorm zugenommen. Das Schrifttum über ihn und sein Werk ist ins Unermeßliche angewachsen, unterschiedlichste Betrachtungsweisen, philosophische Grundüberzeugungen oder musikwissenschaftliche Schulen repräsentierend. Mahlers komplexes, alle Daseinsbereiche umspannendes Weltbild bietet jedem etwas, jedem das Seine.[204]

Der Mahler-Experte Henry-Louis de La Grange, der schon sein ganzes Forscherleben lang von dieser Musik fasziniert ist, bekannte sich unlängst anläßlich des Leipziger Gewandhaus Symposiums 1985, welches Gustav Mahler gewidmet war, zu seiner Leidenschaft. Auf die Frage nach dem Warum dieser Faszination antwortete er: «Jedesmal beziehe ich mich zunächst auf die Persönlichkeit dieses ‹Heiligen› (Schönbergs Ausspruch), dieses ‹Märtyrers› (Mahler selbst), dieses Hohenpriesters der Kunst. Aber wenn ich richtig überlege, muß ich zugeben, daß diese hartnäckige Treue letztlich auf einer buchstäblich einmaligen Musik beruht, die auf mich von Anfang an eine eigentümliche Anziehungskraft ausgeübt hat und mich konsequenterweise dazu brachte, den Menschen im Musiker zu suchen.»[205] Auf den Einwurf eines seiner Diskussionspartner, ob Mahler nicht aufgrund seiner «messianischen» Grundhaltung und seiner Betonung des Metaphysischen dazu prädestiniert sei, für viele Menschen zum «Guru» zu werden – wobei Guru für den Referenten offenbar die moderne Übersetzung des Begriffs «Hohepriester» darstellte –, und inwieweit er selbst von derartigen Auffassungen tangiert sei, antwortet de La Grange mit der lapidaren Bemerkung: «Mahler war mein Guru dreißig Jahre lang.»

Ganz anders sieht der Komponist Krzysztof Penderecki Mahlers Bedeutung. In einem *Spiegel*-Interview[206] entgegnet er auf den Vorwurf, er habe in den letzten Jahren vor «lauter selbstverliebter Nostalgie ... nichts wirklich Neues mehr gemacht oder ausprobiert»: «... das hat Gustav Mahler auch nicht. Er hat alles genommen, was da war, und aus dieser Überfülle an Material eigene Musik geschrieben.» Gerne sähe Penderecki sich als den Mahler der zweiten Jahrhunderthälfte. Auf die Frage, ob er denn damit nicht eingestehe, eigentlich nichts Neues komponiert, sondern nur noch «kompostiert» zu haben – *Spiegel*-Interviewer schrecken bekanntlich vor nichts und niemandem zurück –, versetzt Penderecki: «In dem Sinne, wie es für Mahler gilt, lasse ich es auch für mich gelten.»

Für die einen ist Gustav Mahler der große Guru und Prophet, der in eine bessere (musikalische) Zukunft führt – für die anderen ist er der Testamentsvollstrecker der Vergangenheit, der aus den Trümmern des 19. Jahrhunderts noch einmal Musik zu machen verstand und so ganz nebenbei zum Erfinder der Material-Collage und -Montage in der Musik wurde. Es hat fast den Anschein, als sei in der *Gegenwart* kein Platz für diesen Komponisten. Die Mahler-Literatur erschöpft sich in akribisch-realitätsfernen Spezialuntersuchungen und Manuskriptvergleichen, die Konzerteinführungen wiederholen wieder und wieder die gängigen, sattsam bekannten biographischen und semantischen Details, die den immer gleichen Publikationen entnommen zu sein scheinen – kurz, «man kennt seinen Mahler», man weiß, spätestens nach dem Ableben solch eigenwilliger Mahler-Interpreten wie Leonard Bernstein, wie seine Sinfonien in etwa zu klingen haben, denn man besitzt sie, animiert durch die auf Umsatz versessene CD-Industrie, bereits in drei Alternativaufnahmen.

Gegen diese innere und äußere Fixierung eines festen Werk-Bildes wäre Mahlers eigene Auffassung ins Feld zu führen: «... was wir hinterlassen, was es auch sei, ist nur Haut, Schale etc. Die

Meistersinger, die Neunte, der Faust, alles sind *nur abgestreifte Hüllen! Nicht mehr als im Grunde genommen unsere Leiber!* [Hervorhebung vom Verf. F. B.] ... Nun wirst Du vielleicht schon ahnen oder wissen, was ich von den ‹Werken› der Menschen halte. Sie sind das wahrhaft Flüchtige und *Sterbliche*; aber was der Mensch aus sich selbst macht – was er durch rastloses Streben und Leben *wird*, das ist das Dauernde.»[207] Das Werk als *Weg*, nicht als Endresultat, das Werk als Chiffre dessen, «was der Mensch aus sich selbst macht» – diesem Gedanken waren unsere Ausführungen verpflichtet. Denn wenn die Werke das wahrhaft «Flüchtige und Sterbliche» sind, ist es dann nicht unsere Aufgabe, dem Ewigen nachzuspüren, das in ihrem Erzeugungsprozeß – und das gilt letztlich auch für das Nachschaffen der Werke – gewaltet hat und immer neu walten kann?

Wer war Gustav Mahler wirklich? Und: Was hat er der Gegenwart zu sagen? Von der Beantwortung dieser Fragen dürfte es abhängen, ob es gelingt, das, was sein Lebensimpuls war und zum Kulturimpuls wurde, zur lebendigen Wirksamkeit zu bringen.

Diesem Ziel wollen die vorangegangenen Betrachtungen dienen.

Dabei bleibt das «Rätsel Gustav Mahler» immer noch komplex genug. Die Grenzen derartiger Erhellungsversuche hat Bruno Walter einmal gültig beschrieben.[208] Er soll nun das letzte Wort haben:

«Ich habe viel und ausdauernd über Mahler gesprochen und mich inständig um sein gigantisches Werk gekümmert, aber ich muß immer noch bescheiden erklären, daß ich nur bis in die Vorkammern eingedrungen bin und die ganze Seele nicht erfassen konnte, denn sie ist viel zu schillernd, vielschichtig und unergründbar, als daß ich mir anmaßen würde, dem Geheimnis dieser anima candidissima endgültig auf die Spur gekommen zu sein. Man kann in Mahler überaus viel hineindeuten, denn er war, was dieses anbetrifft, einer der ersten modernen Mensch-Künstler, aber man wird hinterher immer wieder erkennen, daß man in der

Hauptsache sich selber in das Werk hineingedeutet hat ... und an Mahler letzten Endes immer noch vorbeigegangen ist ... Etliches wird man erkennen, der Rest ist fürs Feuer! Man wird das Formale in Mahlers Werken bequem aufzeigen können, nicht aber die Macht, die sie schuf.»

ANMERKUNGEN

1. Teil:
Dualistische Weltsicht – Die geistige Welt Gustav Mahlers

Himmel und Erde

1 Rudolf Steiner, «Kindeskraft und Ewigkeitskraft. Eine Weihnachtsgabe». Vortrag vom 23. Dezember 1913, in: *Die Welt des Geistes und ihr Hereinragen in das physische Dasein.* Rudolf Steiner Gesamtausgabe [nachfolgend abgekürzt GA], Bibl.-Nr. 150, Dornach 1973, S. 126.

2 So Bruno Walter in seinem Buch *Gustav Mahler – ein Porträt,* hrsg. von R. Schaal, Wilhelmshaven [4]1989, S. 97: «... das ‹Wozu› blieb die quälende Grundfrage seiner Seele. Aus ihr entsprangen die stärksten seelischen Impulse zu seinem Schaffen, jedes seiner Werke war ein neuer Versuch zu einer Antwort. Und wenn er sich die Antwort errungen hatte, erhob die alte Frage bald aufs neue ihren unstillbaren Sehnsuchtsruf in ihm. Denn er konnte ... eroberte seelische Positionen nicht halten, da er nicht konstant war. Sein Leben und Wirken verlief in Impulsen, und so hatte er um alle seelischen Güter immer wieder aufs neue zu kämpfen.»

3 Ernst Decsey, «Stunden mit Mahler», in: Norman Lebrecht, *Gustav Mahler im Spiegel seiner Zeit: Portraitiert von Zeitgenossen,* Zürich und St. Gallen 1990, S. 234 ff. (Zitat S. 246).

4 Richard Specht, *Gustav Mahler,* Berlin 1922, S. 24 ff.

5 Zitiert nach Norman Lebrecht, S. 224 f.

6 Bruno Walter, *Gustav Mahler,* S. 30.

7 Siehe hierzu Monika Tibbe, *Über die Verwendung von Liedern und Liedelementen in instrumentalen Symphoniesätzen Gustav Mahlers,* München 1977; Renate Hilmar-Voit, *Im Wunderhorn-Ton. Gustav Mahlers sprachliches Kompositionsmaterial bis 1900,* Tutzing 1988.

8 Paul Bekker, *Gustav Mahlers Sinfonien*, Berlin 1921, (Nachdruck: Tutzing 1969), S. 312 ff.

9 Es gibt die unterschiedlichsten Erklärungsversuche für die Eliminierung des «Waldmärchens»; sie laufen sämtlich darauf hinaus, Mahler habe sie aus dramaturgischen Gründen vorgenommen. Diesen Begründungen haftet etwas Mühsames, Konstruiertes an (was nicht gegen ihre Berechtigung sprechen muß). Wir stellen uns hier auf den Standpunkt, daß die «indirekte», zweiteilige Endfassung, so genommen, wie sie von Mahler gewollt ist, nur bewußt-verdeckt das eigentliche Drama (den Brudermord) ahnen läßt, welches im ersten Teil in aller Ausführlichkeit dargestellt ist. Die Tatsache des «Verbergens» dieser Vorgänge läßt sich als Scham vor ihrer Offenbarung interpretieren. Siehe hierzu zum Beispiel Martin Zenck, «Mahlers Streichung des ‹Waldmärchens› aus dem ‹Klagenden Lied›», in: *Archiv für Musikwissenschaft*, Jg. 38, Heft 3 (1981), S. 179 f. sowie Wolf Rosenberg, «Gustav Mahlers Klagendes Lied. Versuch einer Deutung», in: *Musica* 26 (1972), Heft 2; ferner Donald Mitchell, *Mahler – The Early Years*, London 1958. – Wir werden anläßlich der Betrachtung der *Zehnten Sinfonie* noch einmal auf diese Fragen zurückkommen.

10 So im norwegischen *Traumlied vom Olav Åsteson* die «Gjallar-Brücke» oder in der persischen Mythologie die «Tschinvat-Brücke».

11 Die Gestalt des Spielmanns als «Mittler» hat, wie auch die Bilder des *Klagenden Liedes* an sich, noch weitere Dimensionen. So wird uns dasselbe Motiv sogleich im Zusammenhang mit dem altpersischen Gott Mithras wiederbegegnen (im folgenden Kapitel). Und durch diesen leuchten wiederum andere, tiefere Schichten hindurch.

12 Zu allen Grundfragen der musikalischen Romantik siehe Peter Rummenhöller, *Romantik in der Musik*, München und Kassel 1989.

13 *Gustav Mahler in den Erinnerungen von Natalie Bauer-Lechner.* Tagebuchaufzeichnungen, hrsg. von Herbert Killian, Hamburg 1984, S. 138.

14 a.a.O., S. 198. – Die Idee der Zusammengehörigkeit des Guten und Bösen, des Häßlichen und Erhabenen ist ein *manichäisches* Grundprinzip (s. auch Anm. 38 und 57).

15 Unsere Sicht der Schaffensphasen und ihrer biographischen Komponente stimmt im wesentlichen mit der Einteilung überein, die Bruno Walter in seinem Mahler-Büchlein gegeben hat. – Ausführlich wird

die hier angedeutete Entwicklung in dem Kapitel «Gustav Mahlers Sinfonien als Entwicklungspolaritäten» zur Sprache kommen.

16 *Gustav Mahler in den Erinnerungen von Natalie Bauer-Lechner*, S. 172 ff.

17 Bruno Walter, *Gustav Mahler*, S. 112.

Licht und Finsternis

18 Rudolf Steiner, *Ägyptische Mythen und Mysterien*. Zweiter Vortrag, 3. September 1980, GA Bibl.-Nr. 106, Dornach [4]1978, S. 35. Auch Bernard Lievegoed, *Alte Mysterien und soziale Evolution*, Stuttgart 1991.

19 Constantin Floros, *Gustav Mahler*. 3 Bände, Wiesbaden. Bd. 1: Die geistige Welt Gustav Mahlers in systematischer Darstellung. 2. Auflage 1987. Bd. 2: Mahler und die Symphonik des 19. Jahrhunderts in neuer Deutung. Zur Grundlage einer zeitgemäßen musikalischen Exegetik. 2. Auflage 1987. Bd. 3: Die Symphonien. 1. Auflage 1985.

20 Im Plattentext zur Aufnahme des *Klagenden Liedes* mit dem London Symphony Orchestra unter Pierre Boulez (CBS S 77 233).

21 Mahler war zum Zeitpunkt des Todes seines Bruders, der ihn tief traf, vierzehn Jahre alt. Zweifellos bildet die Erfahrung des Todes einen wesentlichen Bestandteil der Seelenlandschaft Jugendlicher in der Pubertät. Doch die Erklärung des Mahlerschen Frühwerks rein im Sinne einer «Projektion» dieser Erfahrung scheint mir zu kurz zu greifen, ja die eigentliche Dimension der Sache eher zu verschleiern.

22 So berichtet Alma Mahler in ihren Erinnerungen (*Gustav Mahler. Erinnerungen*, Frankfurt/M. 1991, S. 190) vom gemeinsamen Besuch einer «Séance» im Herbst des Jahres 1909 in New York. Mahlers Interesse war ganz sicher kein Oberflächliches: «Wir gingen alle still und mit großer Nachdenklichkeit weg. Eine Nachdenklichkeit, die viele Tage anhielt. Nach einer Woche sagte Mahler: ‹Vielleicht ist das Ganze nicht wahr, und wir haben es nur geträumt!› Das war sehr merkwürdig, denn in den ersten Tagen nachher konnte er sich nicht genug daran tun, immer neue Details in seinem Gedächtnis aufzufinden und plötzlich – nur geträumt?» – Dieses Interesse für Okkultes finden wir, gesteigert, im Schönberg-Kreis wieder. Es reicht von kabbalistischen Zahlengeheimnissen wie etwa in Bergs «Kammerkonzert» bis zu Schönbergs Verbindungen zur Theosophie, den Lehren Swedenborgs und zur Anthroposophie.

23 In einem Brief an Arthur Seidl vom 17.10.1897, in: *Gustav Mahler Briefe,* Neuausgabe, erweitert und revidiert von Herta Blaukopf, Wien/Hamburg 1982, S.200.

24 Bruno Walter, *Von der Musik und vom Musizieren,* Frankfurt/M. 1986, S.253.

25 Siehe dazu: Kurt Rudolph, *Die Gnosis* (Göttingen [3]1990); Gershom Scholem, *Von der mystischen Gestalt der Gottheit. Studien zu Grundbegriffen der Kabbala* (Frankfurt a.M. 1977), insbesondere die Betrachtungen über «Gut und Böse in der Kabbala» (S.49 ff). Eine gute Einführung in die altiranische Geisteswelt gibt Geo Widengren in *Die Religionen Irans* (Stuttgart 1965) und *Iranische Geisteswelt von den Anfängen bis zum Islam* (Baden-Baden 1961). Letzteres ist eine hervorragende Quellensammlung zu allen wesentlichen Themen und Epochen der iranischen Religion.

26 Der Dirigent Hans Zender hat meines Wissens zum ersten Mal auf derartige Schichten bei Gustav Mahler hingewiesen: «Ich würde ihn als Symbolisten ansehen wollen – im gleichen Sinn etwa, wie Yeats Blake als Symbolist bezeichnet. Schon öfter ist ja auf neuplatonische Gedankengänge bei Mahler hingewiesen worden…, aber dahinter stecken vielleicht noch tiefere Schichten, jene krypto-religiösen Strömungen, die in der europäischen Geistesgeschichte von Zeit zu Zeit auftauchen, Alchimie, Rosenkreuzer, Kabbala, Jakob Böhme, Novalis…» (Hans Zender, «Aufzeichnungen während einer Probenwoche zur Dritten», in: *Mahler – eine Herausforderung,* Wiesbaden 1977, S.175).

27 Es scheint mir daher unberechtigt, die entsprechenden Passagen der *Dritten Sinfonie* als «Kritik an Nietzsche» aufzufassen, wie dies zum Beispiel Kurt Blaukopf in seiner Mahler-Biographie tat. Ähnliches wäre zur Beziehung Mahlers zu Werk und Denken Friedrich Rückerts zu sagen. Auch bei ihm, von dem die Texte der *Fünf Lieder nach Gedichten von Friedrich Rückert* sowie der *Kindertotenlieder* stammen, finden sich manche Reminiszenzen an die altpersische (und altindische) Kultur, eine Vertrautheit mit ihr, die sich auch in Rückerts genialen Übersetzungen aus dem Altpersischen niederschlägt.

28 Die Erhellung der oft bestrittenen Beziehung von Nietzsches *Also sprach Zarathustra* zur eigentlichen, echten Substanz der altpersischen Kultur verdanken wir Hermann Beckh, der die diesbezüglichen Korrespondenzen in seinem Büchlein *Zarathustra*, Stuttgart 1927, äußerst klar und zwingend herausarbeitet.

29 Bruno Walter, *Gustav Mahler*, S. 101.

30 Gustav Theodor Fechner, *Zend-Avesta oder über die Dinge des Himmels und des Jenseits* (2 Bände), Leipzig [4]1919. Wir zitieren aus der Vorrede zum ersten Band die Ausführungen, die ein klares Bild der Intentionen Fechners geben. «*Zend-Avesta* ist (nach gewöhnlichster, wenn auch nicht unbestrittener Auslegung): ‹Lebendiges Wort›. Ich möchte, daß auch diese Schrift ein lebendiges, ja die Natur lebendig machendes Wort sei. Der alte Zend-Avesta enthält mit manchem geographisch-historischen den auf unsere Zeiten bruchstückweis gekommenen Inhalt einer uralten, fast verschollenen, durch Zoroaster nur neu reformierten Naturreligion, der Wurzel, wenn auch nicht der Ausführung nach derselben, die im Zend-Avesta enthalten ist. Die Naturreligion des Zend-Avesta, obwohl scheinbar weit abliegend von der christlichen, steht doch mit ihr in den wichtigsten, in der Tiefe der Geschichte und des Inhalts vermittelten Beziehungen. Unsre Schrift ist auch in dieser Beziehung nur ein neuer Zend-Avesta. Im übrigen weiß ich sehr wohl, daß die Ausführung dieser Schrift und des alten Zend-Avesta im Charakter wenig gemein haben ... Hoffentlich wird man keine Anmaßung darin finden, daß es der Titel eines heilig gehaltenen Buches ist, der auf diese Schrift übertragen worden. Gilt es doch als heilig nur noch bei einem kleinen, verachteten Stamme; und gilt doch die ganze Religion, die darin enthalten ist, bei uns nur noch als Aberglaube. Sollte aber diese Schrift vermögen, nicht zwar dieser Religion, worauf sie nicht abzielt, aber den wahren Gesichtspunkten derselben, die sich mit unserer eigenen Religion vertragen, eine nicht mehr zugestandene Geltung wieder zu verschaffen, so würde man ihr um so leichter einen Titel gönnen, der daran erinnerte, daß sie nicht sowohl etwas Neues, als die Wiedergeburt des Uralten sein will, was uns mit so manchem, das wir nicht wieder hervorziehen möchten, in jenem Buche aufbehalten ist ...» – Ganz deutlich werden hier die zwei Hauptanliegen formuliert, die dieses Buch in unserem Zusammenhang wichtig erscheinen lassen: 1) die Neugeburt altpersischer Weisheit in moderner Form, 2) die Verbindung derselben mit dem, allerdings überkonfessionell-allgemein aufzufassenden Christentum. – Die Beziehung Mahlers zu Fechner (1801–1887) verdiente eine eingehendere Untersuchung. Der Einfluß der Fechnerschen Gedanken – so zum Beispiel von dessen *Büchlein vom Leben nach dem Tode* (1836) – auf Gustav Mahler dürfte weitaus größer zu veranschlagen sein als bisher vermutet. Ob Mahler dem greisen Philosophen

während seiner Leipziger Jahre (1886–1888) womöglich sogar noch persönlich begegnet ist – Fechner starb im November 1888 in Leipzig – wissen wir nicht.

31 Der folgende Gedanke dient dabei als Ausgangspunkt:
So unzweifelhaft (auch aus anthroposophischer Sicht) *jeder* Mensch quasi archetypische Bewußtseinsreste alter Kulturen in sich trägt – daher können wir im Prinzip *alle* eine innere Beziehung zum Beispiel auch zur urpersischen Kultur haben –, so unterschiedlich kann die spezielle, *persönliche* Affinität zu diesen Kulturbereichen ausgeprägt sein. Auf dieser Ebene fühlen wir uns nicht überall gleich stark «zu Hause». Wenn im folgenden das dualistische Weltbild Gustav Mahlers aufgedeckt wird, so läge der Schluß nahe, daß dieses in erster Linie Ausfluß einer bestimmten seelischen Konstitution ist, die ihrem Wesen nach eben stark dualistisch veranlagt war. Doch nicht auf die Tatsache, *daß* Gustav Mahler eine zutiefst dualistische Natur war, kommt es hier an – dualistische Veranlagungen gibt es zahllose –, sondern auf die Art, *wie* sich diese konkret nuanciert: eben so, daß sie an gewisse Züge der alten iranischen Weltkonzeption erinnert.
Wir wollen und können an diesem Ort nicht die Frage beantworten, wie das Vorhandensein dieser Affinität zu den Vorstellungen der iranisch-mithrischen Religion bei Gustav Mahler zu *erklären* ist. Wir begnügen uns mit ihrer Aufdeckung und Kommentierung, insoweit sie für das Verständnis von Werk und Persönlichkeit relevant ist. Im zweiten Teil, bei der Deutung der Sinfonien, werden die hier gewonnenen Gesichtspunkte ihre Fruchtbarkeit erweisen.

32 Nach anthroposophischer Sicht gibt es mehrere Träger dieses Namens. Eine Einführung in den Themenkreis «Zarathustra» und die altpersischen Religionsvorstellungen aus dieser Warte gibt Daniel van Bemmelen, *Zarathustra,* Stuttgart 1975, sowie Hermann Beckh in seiner bereits erwähnten Studie *Zarathustra.*

33 Siehe hierzu Eugen Roll, *Mani, der Gesandte des Lichts,* Stuttgart 1976.

34 Aus der 3. Gatha des Zarathustra, Yasna 30,3. H. Lommel, *Die Gathas des Zarathustra* (Basel 1971) und ders., *Die Yäst's des Awesta* (Göttingen 1927). Auszugsweise auch bei Widengren, *Iranische Geisteswelt.*

35 Eine ausführliche Darstellung des antiken und römischen Mithras-Kults unter Einbeziehung neuerer Forschungsergebnisse gibt Reinhold Merkelbach, *Mithras,* Königstein 1984.

36 Eine weitere, *christliche* Stufe der altpersischen Religion, die in vielerlei Hinsicht mit der Mithras-Religion verwandt ist, ist der Manichäismus. Es würde den Rahmen dieser Darstellung sprengen, dessen Wesenszüge hier genauer zu schildern. Siehe auch Anm. 37 und 56. Außerdem wäre die «alte» Verehrung des Mithra innerhalb des persisch-hellenistischen Kulturbereichs differenzierter vom späteren, von Rom ausgehenden Mithras-Kult abzugrenzen, als es hier möglich ist. Allerdings ist auch die wissenschaftliche Diskussion zu diesem Punkt noch durchaus im Flusse. (Siehe hierzu: Rudolf Steiner, *Das Christentum als mystische Tatsache und die Mysterien des Altertums,* GA Bibl.-Nr. 8, Dornach [9]1989, sowie: *Christus und die geistige Welt. Von der Suche nach dem heiligen Gral,* GA Bibl.-Nr. 149, Dornach [6]1987.)

37 So Rudolf Steiner im Vortrag vom 26. Dezember 1914, in: *Okkultes Lesen und okkultes Hören,* GA Bibl.-Nr. 156, Dornach [2]1987, S. 189 ff.: «Mithras erschien denen, die sich zu ihm bekannten, ebenso hehr und groß als der göttliche Mittler, der heruntergestiegen ist aus geistigen Höhen in das Erdendasein herein, wie den Christen der Christus erschien ... Was ist es eigentlich, was uns in diesem Mithrasdienst entgegentritt? Wir dürfen nicht glauben ..., daß von dem Christus erst etwas gewußt wird seit dem Mysterium von Golgatha. Als denjenigen Geist, der kommen wird, haben ihn die Eingeweihten und deren Schüler auch in den vorchristlichen Zeiten wohl gekannt. Die Eingeweihten haben auf ihn hingewiesen als den hohen Sonnengeist, den sie von den geistigen Höhen herabkommend schauten, der sich der Erde nahte, um in der Erde seine Wohnung aufzuschlagen.»

38 Es gibt eine eigenartige Äußerung Gustav Mahlers, die an diese Vorstellungen, die auch im Manichäismus auftreten, erinnert: «... und glaube, *daß wir alle nur die im irdischen Medium gebrochenen Strahlen eines Urlichts sind,* und daß Roth und gelb etc. bis zu den ‹ultra› mit einander ohne Rangordnung ‹preisen der Himmlischen Ehre›» (aus einem Brief an William Ritter, Frühjahr 1906, in: *Gustav Mahler. Unbekannte Briefe,* hrsg. von H. Blaukopf, Wien 1983, S.146). Ähnlich charakterisiert Rudolf Steiner in einem Vortrag über den Manichäismus eine zentrale «Legende» dieser Geistesströmung: «Da wird erzählt, daß einstmals die Geister der Finsternis anstürmen wollten gegen das Lichtreich ... Sie vermochten aber nichts gegen das Lichtreich ...Die Geister des Lichtreiches nahmen

einen Teil ihres eigenen Reiches und mischten diesen in das materielle Reich der Finsternis hinein. Dadurch, daß nun ein Teil des Lichtreiches vermischt wurde mit dem Reich der Finsternis, dadurch sei in diesem Reich der Finsternis gleichsam ein Sauerteig, ein Gärungsstoff entstanden, der das Reich der Finsternis in einen chaotischen Wirbeltanz versetzte, wodurch es ein neues Element bekommen hat, nämlich den Tod. So daß es sich fortwährend selbst aufzehrt und so den Keim zu seiner eigenen Vernichtung in sich trägt. Weiter wird erzählt, daß dadurch ... gerade das Menschengeschlecht entstanden sei. *Der Urmensch sei eben gerade das, was vom Lichtreich her gesendet worden sei, um sich mit dem Reich der Finsternis zu vermischen und das, was im Reich der Finsternis nicht sein soll, zu überwinden durch den Tod; es in sich selbst zu überwinden.»* (Rudolf Steiner, *Die Tempellegende und die Goldene Legende,* GA Bibl.-Nr. 93, Dornach [3]1991, S. 71). – Man beachte in diesem Zusammenhang auch jene zunächst rätselhafte Beschreibung, die Mahler vom Scherzo seiner *Fünften Sinfonie* gab: «...das Publikum – o Himmel – was soll es zu diesem *Chaos, das ewig auf's neue eine Welt gebärt, die im nächsten Moment wieder zu Grunde geht, zu diesen Urweltsklängen, zu diesem sausenden, brüllenden, tosenden Meer, zu diesen tanzenden Sternen, zu diesen verathmenden, schillernden, blitzenden Wellen* für ein Gesicht machen?» – Nach C. Floros ist der diesem Satz beigemischte Unterton der Tod, das «media vita in morte sumus».

39 Alfred Schütze, *Mithras-Mysterien und Urchristentum,* Stuttgart 1960.

40 Mithras ist auch Mittler innnerhalb der *irdischen* Verhältnisse: Er ist der Gott des Vertragsschlusses, der Freundschaft, des Bundes und so weiter, kurz der harmonischen Beziehungen zwischen Menschen.

41 «Noch vor der Zarathustra-Zeit hatten die alten Perser eine uralte Kultur, die sich auch nur durch mündliche Überlieferung erhalten hat. Dem Menschen erwuchs jetzt der Gedanke, daß die äußere Wirklichkeit ein Abbild der Gottheit sei, daß man sich nicht von ihr abwenden, sondern sie umgestalten müsse. Der Perser wollte die Natur umgestalten, er wollte an ihr arbeiten; er wurde ein Ackerbauer. Aus der Stille der weltfremden Gedankenwelt trat er hinaus und merkte an dem Widerstand, der sich ihm entgegenstellte, daß doch nicht alles Maja sei, daß neben der Welt des Geistes auch eine sehr reale Welt der Wirklichkeit existiere. Neben der Welt des Geistes fand er eine Welt, in der man arbeiten mußte. Es erwuchs ihm

allmählich die Überzeugung, daß es zwei Welten gibt: eine Welt des guten Geistes, in die man sich vertiefen kann, und die andere Welt, die man bearbeiten muß. Und dann sagte er sich: In der Welt des Geistes werde ich die Ideen und Begriffe finden, durch die ich die äußere Wirklichkeit umwandeln werde, so daß sie selbst ein Abbild des ewigen Geistes wird.
So sah der Perser sich selbst in einen Kampf hineingestellt zwischen zwei Welten, und das gestaltete sich später mehr und mehr um zu den beiden Mächten Ormuzd, die Welt des guten Geistes, und Ahriman, die Welt, die umgestaltet werden muß. Eines aber fehlte dem Perser noch: Die äußere Welt stand ihm gegenüber als ein Wesen, das er nicht verstand, er konnte keine Gesetze darin finden. Er merkte nicht, daß das Geistige in der Natur zu finden ist; er empfand nur den Widerstand bei seiner Arbeit» (Rudolf Steiner, *Vor dem Tore der Theosophie*, GA Bibl.-Nr. 95, 11. Vortrag 1.9.1906, Dornach [4]1990, S. 105).

42 Rudolf Steiner, *Das Künstlerische in seiner Weltmission*, 1. Vortrag 27. Mai 1923, GA Bibl.-Nr. 276, Dornach [3]1982, S. 15 f.

43 Siehe hierzu Reitzenstein/Schaeder, *Studien zum antiken Synkretismus aus Iran und Griechenland*, Leipzig/Berlin 1926 (Nachdruck: Darmstadt 1965).

44 Ein Beispiel: »Darnach frage ich Dich, gib mir rechte Kunde, Ahura: Wer war im Urbeginn der Vater der weisen Weltenordnung? Wer wies *der erklingenden Sonne und den Sternen* ihre Bahn? Wer machte, daß der Mond zunimmt und wieder abnimmt?» (Zarathustra, 9. Gatha).

45 Siehe R. Merkelbach, S. 228 ff.

46 Rudolf Steiner, «Zarathustra». Vortrag vom 19. Januar 1911, in: *Antworten der Geisteswissenschaft auf die großen Fragen des Daseins*, GA Bibl.-Nr. 60, Dornach [2]1983, S. 277.

47 *Gustav Mahler Briefe*, S. 8 f.

48 s. Anm. 41

49 Bruno Walter, in: Lebrecht, *Gustav Mahler im Spiegel seiner Zeit*, S. 96.

50 *Gustav Mahler in den Erinnerungen von Natalie Bauer-Lechner*, S. 95.

51 Lebrecht, S. 84.

52 Specht, *Gustav Mahler*, S. 49.

53 Bruno Walter, *Gustav Mahler*, S. 33.

54 Kurt Blaukopf, *Gustav Mahler oder der Zeitgenosse der Zukunft*, Wien/München/Zürich 1969.

55 Rudolf Steiner, «Zarathustra», Vortrag vom 19. Januar 1911, in: GA Bibl.-Nr. 60, S. 277.

56 a.a.O., S. 262. – Auch in diesem Punkt erweist sich die *Mithras-Religion* als Weiterentwicklung des Zarathustrismus. Denn in den Mithras-Mysterien wurde der Schüler mit den «schauerlichen und grandiosen Kräften im Naturdasein» bekanntgemacht, so daß er sich «unendlich klein fühlte gegenüber der großen Natur, daß er dastand und die Welt in ihrer Herrlichkeit und Majestät einen solchen Eindruck auf ihn machte, daß er, infolge seiner Entfernung von den Urquellen des Daseins, erwarten mußte: Ich stehe hier – und die Welt in ihrer Ausdehnung kann mich jeden Augenblick vernichten!» (Rudolf Steiner, GA Bibl.-Nr. 131, Vortrag vom 4.10.1911). Die Schüler der Mithras-Mysterien wurden also einer Art Urerfahrung der «Weltgedanken» ausgesetzt. Das Erleben der Größe und Erhabenheit des Weltenbaus und der Naturkräfte führte zur Ausbildung einer Art moralischen Ernstes. Steiner nennt in diesem Zusammenhang die Tugenden «Wahrheitssinn und Treue» sowie Sinn für «Menschenwert und Menschenwürde», außerdem die Erkenntnis, «daß sich der Mensch immer im Dasein im Zaume halten muß». Dieses Durchdrungensein von den großen Weltenkräften – personifiziert im Gott Mithras – implizierte außerdem die Belebung der seelischen Tatkraft und des Mutes, wirkte also gleichsam als moralisch-sittlicher Appell. Die Betonung all dieser Eigenschaften dürfte unter anderem dazu geführt haben, daß die Mithras-Religion sich ab der Mitte des ersten christlichen Jahrhunderts vor allem unter den Kriegern und Soldaten des römischen Heeres ausbreitete, und zwar nicht nur unter den führenden Rängen, sondern auch bis hinunter zu den gemeinen Soldaten. – Wir wollen hier nicht in Spekulationen verfallen, aber es ist doch zumindest eigenartig, daß alles «Soldatische» in *diesem* Sinn auch zu den hervorstechendsten Wesenszügen Mahlers gehört. Natürlich wird ihn die Tatsache des Aufwachsens neben einer Kaserne tief geprägt haben. Das Marschieren und Exerzieren der Soldaten kehrt in vielerlei Formen in seiner Musik wieder. Und schon das Kind zeigte eine ganz eigenartige Disziplin, die geradezu «militärisch» anmutet: Der Vater, der den Jungen eines Morgens mit in den Wald genommen hatte, wo er auf ihn warten sollte, ihn dort dann aber buchstäblich vergessen hatte, fand ihn abends, als er ihn endlich vermißte, an genau derselben Stelle vor – der kleine Gustav wußte offensichtlich, was «Gehorsam» bedeutete!

Und die Art, wie er, kaum achtjährig, einen Klavierschüler (!) zum richtigen Spielen erzog, mutet wie eine militärische Disziplinarmaßnahme an: «...hielt ich ihm während der Stunden meinen Arm auf die Achsel, die offene Hand gegen die Wange, und im Augenblick, wo er einen falschen Ton griff, hatte er schon seine Ohrfeige» (Lebrecht, S.32). – Noch im Jahr 1901 schließt er einen Brief an die «hochverehrte Frau» Cosima Wagner – er betrifft die Strategie (Mahler: «die *Agitation*») hinsichtlich geplanter «Fremdaufführungen» von Wagners *Parsifal* – mit der erstaunlichen Formulierung: «Ich bitte mich da einfach als Soldaten zu betrachten, der des Befehls harrt...» (Gustav Mahler, *Unbekannte Briefe*, S.239). In diesen Eigenschaften – militärische Disziplin, hohe ethische Forderungen, Erleben der Naturgewalten – erscheint Mahler geradezu als die moderne Verkörperung eines Mithras-Jüngers der Antike oder der römischen Kaiserzeit. – Siehe dazu auch F. Cumont, *Die Mysterien des Mithra*, Leipzig [3]1923 (Nachdruck: Darmstadt 1981), S.125 ff.

57 *Kongreßbericht zum 4. Internationalen Gewandhaus-Symposium 1985. Gustav Mahler – Leben, Werk, Interpretation, Rezeption.* Hrsg. von Steffen Lieberwirth, Leipzig 1990, S. 17. –

Wir erwähnten bereits jene letzten Ausläufer des Manichäismus, die europäischen Ketzerströmungen der Katharer, Albigenser, Bogumilen und so weiter. Auch sie sind, doch nun in verchristlichter Metamorphose, zutiefst bestimmt vom Weltbild des Guten und Bösen, des Kampfes von Licht und Finsternis.

Überall scheint bei ihnen noch altes, «heidnisches» Weisheitsgut hindurch, so zum Beispiel in vielen Volkserzählungen, Märchen und Legenden. Charakteristische Züge des urpersischen Welterlebens wie das eigenartige Zusammenleben mit den Naturkräften sind hier noch bis ins 12. und 13. Jahrhundert hinein konserviert worden. In manchen Gegenden Europas, so in Südfrankreich, lebten noch im 10., 11. und 12. Jahrhundert große Menschengruppen, die ein Verhältnis zu den in der Natur wirksamen Kräften hatten, welches stark an das der urpersischen Kulturepoche erinnert, Ketzergemeinschaften, die die Natur als von geistigen Wirkungen durchwoben erlebten. «Sie nannten diese aurischen Lichterscheinungen, die sich als farbige Wolken um Pflanzen und Tiere zeigten, die ‹Unschuldskräfte› in der Natur ... Die Natur war den Manichäern und den späteren Katharern das Gebiet, in dem die guten Lichtmächte und die finsteren Mächte des Bösen miteinan-

der verknüpft waren.» (W. F. Veltman, *Dantes Weltmission,* Stuttgart 1989, S.174 f.)
So war die Quintessenz der Lehre jener «Reinen» (= Katharer) «die Rückführung der Menschenseele zu ihrem ursprünglichen Zustand paradiesischer Reinheit durch Transformation des Bösen ... in das Teilhaftigwerden am Geiste der Liebe, des Parakletos oder Trösters, der dem Auferstehungswesen entströmt ... wobei die Katharer die Erlösung vom Bösen nicht durch Vermittlung der kirchlichen Sakramente, sondern in erster Linie durch die geistige Anstrengung des individuellen Menschen realisiert sehen wollten.» (ebd.) – Dieses Motiv wird uns bei der Betrachtung der *Dritten* und der *Achten Sinfonie* Gustav Mahlers wiederbegegnen. Beide Werke haben das Wirken des Heiligen Geistes und die Erlösung des Menschen zum Inhalt. Auch die Sehnsucht nach jenen kindlichen *Unschuldskräften* – eine Grundtendenz des Mahlerschen Erlösungsstrebens – und das Einbezogensein der Natur in die guten und bösen Werke des Menschen sind uns bereits begegnet. Im *Klagenden Lied* heißt es: «Ihr Blätter, was seid ihr vom Tau so schwer? Mir scheint, das sind gar Tränen! Ihr Winde, was weht ihr so traurig daher? Was will euer Raunen und Wähnen?» (Waldmärchen, 9. Strophe.)
So ist es nicht überraschend, daß sich in einer Gegend, die einstmals ein Haupt-Wirkungsgebiet der alten Katharer gewesen ist, in der südfranzösischen Gascogne, eine Variante des Märchens vom singenden Knochen findet: das Märchen «Die Flöte». Es mutet wie das archaische Vorbild der romantisierenden Fassung Ludwig Bechsteins an. (Enthalten in: *Der Davidswagen.* Märchen aus der Gascogne, Bd. 2. Übersetzt von Konrad Sandkühler, Stuttgart 1978.)

58 Richard Specht, *Gustav Mahler,* S. 52.

59 Siehe hierzu Emil Bock, *Wiederholte Erdenleben – Die Wiederverkörperungsidee in der deutschen Geistesgeschichte,* Stuttgart [6]1975, sowie C. Floros, *Gustav Mahler,* Bd. 1, S. 107 ff.

60 K. Blaukopf, *Gustav Mahler,* S. 154.

61 Hierzu noch einmal Hans Zender: «Der oft angesprochene ‹Idealismus›, ‹Ernst›, ‹Fanatismus› usw. der Persönlichkeit Mahlers kann in einem Punkt, den wir nur zu gern verdrängen, sehr konkret genannt werden: er hat zu einer Zeit, wo die Musiker langsam aber sicher die Fähigkeit entwickelten, ihren Beruf als big business aufzuziehen, niemals auch nur einen Moment lang ‹kommerziell› gedacht; alles, was

aus seinem Leben überliefert ist (und jede Note, die er geschrieben hat) beweisen das. Und genau das dürfte die Voraussetzung sein, im 20. Jahrhundert noch so etwas wie Kunst zu produzieren.» (Zender, in: *Mahler – eine Herausforderung*, S.176.)

62 Karl König, *Geister unter dem Zeitgeist*, Stuttgart 1976. Darin das Kapitel «Gustav Mahler ».

63 Siehe K. Erdmann, *Das Iranische Feuerheiligtum*, Leipzig 1941.

64 Beckh, *Zarathustra*, S.104 ff. Es sei an dieser Stelle noch auf die auffällige Sonnen- und Feuer-Verehrung Goethes hingewiesen. Rudolf Meyer (*Goethe – der Heide und der Christ*, Stuttgart 1965) weist, insbesondere in Zusammenhang mit Goethes Farbenlehre, die ja vom Gegensatz, ja, Kampf des Lichtes mit dem Dunkel ausgeht, auf persisch-manichäische Motive bei Goethe hin. Es läßt sich eine ähnlich starke Beziehung zu altpersischen Religionsvorstellungen erkennen wie bei Gustav Mahler. Dies führt Meyer dazu, von einem «neuen Parsentum» Goethes zu sprechen.

65 Bauer-Lechner, S. 40.

66 Einen erschöpfenden Überblick über die Entwicklung der Vorstellungen vom «Seelengericht» und vom «Fegefeuer», auch im Zusammenhang mit dem Jenseitsbild der Hochkulturen der Antike, gibt Jacques Le Goff in D*ie Geburt des Fegefeuers*, München 1990. – Was Gustav Mahlers Jenseitsbild in der *Zweiten Sinfonie* betrifft, so könnte es in der knappen Formel zusammengefaßt werden: Purgatorio des Einzelmenschen – ja; allgemeines Seelengericht am Weltenende – nein. Philippe Ariès weist in seiner *Geschichte des Todes* (München [5]1991, S. 125 ff.) darauf hin, daß die ersten bildlichen Darstellungen vom Ende der Zeiten im Abendland noch keine Vorstellung eines Gerichtes kannten. Sie knüpften an das vierte Kapitel der Apokalypse an. Erst seit dem 12. Jahrhundert wird dieses Bild immer stärker von jener anderen Überlieferung überlagert, die auf die dramatische Weltgerichtszene in Matthäus 24, 29-31, die «Ölberg-Apokalypse», zurückgeht.

67 Vergleiche dazu den gnostisch-platonisch beeinflußten Passus bei Boethius (nach Merkelbach, S.242 f.), der den Aufstieg der Seele durch die Planetensphären bis zum Fixsternhimmel schildert:
«Ja, ich habe Flügel zum Fliegen, welche zur Höhe des Himmels aufsteigen können; wenn der rasche Geist diese anlegt, blickt er voll Verachtung auf die Erde herab; er übersteigt die Ballung der unermeßlichen Luft und sieht die Wolken hinter sich; er überschreitet die

höchste Region des Feuers, die von der raschen Bewegung des Äthers erwärmt wird, bis er aufsteigt zu den Wohnungen der Sterne ...»

Der weitere Aufstieg führt die Seele hinter die Fixsternsphäre. Dort erblickt sie das verehrungswürdige «Urlicht»:

«Hier hält der Herr der Könige das Szepter; er lenkt das Weltall mit den Zügeln und regiert als funkelnder Richter aller Dinge – selbst fest stehend – den Wagen, der sich in schnellem Flug dreht. Wenn der Weg dich dorthin zurückgeführt hat – der Weg, den du jetzt suchst, weil du ihn vergessen hast – , wirst du sagen: Hier, jetzt erinnere ich mich, ist meine Heimat, hier mein Ursprung. Hierhin will ich treten.»

Leben und Tod

68 Karl Heyer, *Mittelalter* (Studienmaterialien zur Geschichte des Abendlandes, Band 3), Stuttgart 1985.

69 Bedeutsam ist in diesem Zusammenhang Mahlers Beziehung zur Musik Carl Maria von Webers, des Schöpfers der ersten romantischen Oper: *«Freischütz»*. Bekanntlich hat Mahler Webers unvollendete Oper *«Die drei Pintos»* bearbeitet, daß sie aufführbar wurde, und sie durch eigene Kompositionen ergänzt. – Die Sammlung *Des Knaben Wunderhorn* entstammt dem geistigen Umkreis des Friedrich von Hardenberg, genannt Novalis, dessen *Geistliche Lieder* denselben Ton der «inneren Kindhaftigkeit» anschlagen wie die von Mahler so geschätzten Wunderhorn-Gedichte. Daß Mahler nicht zu Gedichten des Novalis griff, die er unzweifelhaft gekannt haben muß, mag daran liegen, daß dessen Dichtungen sich aufgrund ihrer vollendeten Faktur jedem Eingriff von außen widersetzen, während die Volkspoesie des *Wunderhorns* für Mahler «Felsblöcke» darstellte, «aus denen jeder das Seine formen dürfe». (Alma Mahler, *Gustav Mahler. Erinnerungen*, S.121.)

70 Als Musterbeispiel kann der Text «Vom himmlischen Leben» aus *Des Knaben Wunderhorn* gelten, welcher, obschon vermutlich nicht original alter Herkunft, die Welt der Volkspoesie doch in unnachahmlicher Weise evoziert. Mahler hat es für das Finale seiner *Vierten Sinfonie* verwendet:

Wir genießen die himmlischen Freuden,
Drum tun wir das Irdische meiden.
Kein weltlich Getümmel
Hört man nicht im Himmel!
Lebt alles in sanftester Ruh!
Wir führen ein englisches Leben!
Sind dennoch ganz lustig daneben!
Wir tanzen und springen,
Wir hüpfen und singen,
Sankt Peter im Himmel sieht zu!

Johannes das Lämmlein auslasset,
Der Metzger Herodes drauf passet,
Wir führen ein geduldig's,
Unschuldig's, geduldig's
Ein liebliches Lämmlein zu Tod!
Sankt Lukas den Ochsen tät schlachten
Ohn' einig's Bedenken und Achten,
Der Wein kost' kein Heller
Im himmlischen Keller,
Die Englein, die backen das Brot.

Gut Kräuter von allerhand Arten,
Die wachsen im himmlischen Garten!
Gut Spargel, Fisolen,
Und was wir nur wollen!
Ganze Schüsseln voll sind uns bereit!
Gut' Äpfel, gut' Birn' und gut' Trauben,
Die Gärtner, die alles erlauben!
Willst Rehbock, willst Hasen,
Auf offener Straßen
Sie laufen herbei!

Sollt ein Festtag etwa kommen,
Alle Fische gleich mit Freuden angeschwommen!
Dort läuft schon Sankt Peter
Mit Netz und mit Köder
Zum himmlischen Weiher hinein.
Sankt Martha die Köchin muß sein!

Kein Musik ist ja nicht auf Erden,
Die unsrer verglichen kann werden.
Elfentausend Jungfrauen
Zu tanzen sich trauen!
Sankt Ursula selbst dazu lacht!

Cäcilia mit ihren Verwandten
Sind treffliche Hofmusikanten!
Die englischen Stimmen
Ermuntern die Sinnen!
Daß alles für Freuden erwacht.

Ferner sei noch an den Gesang «Es sungen drei Engel» aus der *Dritten Sinfonie* erinnert:

[Frauenchor:] Es sungen drei Engel einen süßen Gesang,
Mit Freuden es selig in dem Himmel klang;
Sie jauchzten fröhlich auch dabei,
Daß Petrus sei von Sünden frei …
Und als der Herr Jesus zu Tische saß,
Mit seinen zwölf Jüngern das Abendmahl aß:
Da sprach der Herr Jesus: Was stehst du denn hier?
Wenn ich dich anseh', so weinest du mir,
So weinest du mir!
[Altsolo:] Und sollt' ich nicht weinen, du gütiger Gott.
Ich hab übertreten die zehn Gebot.
Ich gehe und weine ja bitterlich.
[Frauenchor: Du sollst ja nicht weinen]
Ach komm und erbarme dich über mich!
[Frauenchor:] Hast du übertreten die zehen Gebot,
So fall auf die Knie und bete zu Gott!
Liebe nur Gott in alle Zeit!
So wirst du erlangen die himmlische Freud'.
[Knabenchor:] Die himmlische Freud' ist eine selige Stadt,
Die himmlische Freude, die kein Ende mehr hat!
[zus. mit Frauenchor:] Die himmlische Freude war Petro bereit't
Durch Jesum und allen zur Seligkeit.

Man beachte vor allem bei diesem Satz die kirchentonal-archaisierende Harmonik, die nicht nur die Welt des Kinderglaubens, sondern auch das «musikalische Mittelalter» als musikalische Grundstimmung meint.

71 Siehe Lebrecht, S. 94. – Vielen fiel beim Anblick Gustav Mahlers diese Mönchsähnlichkeit auf. Wir entnehmen den *Erinnerungen* Alma Mahlers folgende Passage: «Eines Abends [im Frühjahr oder Sommer 1906] fuhren Mahler, meine Mutter und ich aus Klagenfurt nach Krumpendorf, wo unser Diener uns mit dem Boot erwartete. Es war eine starre, mondhelle Nacht. Mahler saß mir gegenüber. Sein Havelock war bis zum Halse geschlossen. Das lange, weiße Gesicht mit der ehernen, hohen Stirn leuchtete phosphoren. Er sah erschreckend aus, wie der Tod, als Mönch verkleidet. Ich konnte mein Grauen nur loswerden, indem ich es ihm sagte. Er lachte und erzählte uns, daß er in Hamburg einst auf einem Maskenball als Mönch verkleidet gewesen sei, daß sich niemand an ihn heranwagte, weil er zu ‹echt› ausgesehen habe. So muß Savonarola ausgesehen haben, wie er in dieser Nacht» (S.121).

72 Otto Borst, *Alltagsleben im Mittelalter*, Frankfurt/M. 1983, S. 584 ff.

73 siehe Kap. «Himmel und Erde».

74 Brief vom 1.11.1880 an Emil Freund, in: *Gustav Mahler. Briefe 1879–1911*, hrsg. von Alma Maria Mahler, Berlin/Wien/Leipzig 1925 (Nachdruck: Hildesheim/New York 1978), S. 14.

75 Bei der Besprechung dieser Sinfonie, vor allem ihres dritten Satzes, wird dies noch dargestellt werden.

76 C. Floros, *Gustav Mahler*, Bd. 3, S. 106.

77 Floros, Bd. 3, S. 307.

78 Daß Gustav Mahler, zumindest hinsichtlich einiger wichtiger Wesenszüge das Vorbild für den Adrian Leverkühn war, ist eine noch zu wenig gewürdigte Tatsache. Man ist selbst versucht, die häufig angeführte Beziehung zur Figur Arnold Schönbergs demgegenüber auf den zweiten Platz zu verweisen. Denn *diese* basiert vor allem auf der Tatsache des Kompositionssystems mit zwölf Tönen, wie sie Schönberg entwickelt hat, nicht auf der menschlich-wesensmäßigen Ähnlichkeit beider Figuren. Mahler ist als Erscheinung in vielem geradezu ein Urbild des Adrian Leverkühn. Dies reicht bis in einzelne ganz konkrete Eigenschaften, beispielsweise die, daß sowohl Mahler als auch Leverkühn an starken Migräne-Anfällen leiden. – Nach der

Uraufführung von Mahlers *Achter Sinfonie* in München schreibt Thomas Mann dem Komponisten ein Gruß- und Dankeswort, in dem er zum Ausdruck bringt, daß sich in Mahler seiner Meinung nach der «ernsteste, heiligste künstlerische Wille unserer Zeit» verkörpere, eine Charakterisierung, die in gewissem Sinne, sieht man einmal von der ironischen Gebrochenheit ab, mit der er charakterisiert wird, auch auf den (fiktiven) Komponisten Leverkühn anwendbar ist.

79 O. Borst, S. 598.

80 Ders., S. 604.

81 *Der tanzende Tod. Mittelalterliche Totentänze,* eingeleitet und übersetzt von Gert Kaiser, Frankfurt/M. 1983.

82 Siehe hierzu: *Kongreßbericht zum 4.Internationalen Gewandhaus-Symposium 1982*, Leipzig 1990; darin den Beitrag von Erwin Ringel: «Die Todessehnsucht bei Mahler». Allerdings wäre aus unserer Sicht Widerspruch anzumelden gegen die dort vertretene Anwendung des Freudschen Begriffs vom unbewußten (pathologischen) «Todestrieb» vor allem beim späteren Mahler.

83 Kurt Blaukopf, *Gustav Mahler oder der Zeitgenosse der Zukunft,* S. 23.

84 Siehe hierzu: C. Floros, «Sterben, um zu leben – Mahlers Auferstehungssinfonie und seine Weltanschauung», in: *Neue Zeitschrift für Musik* 10/1990, S.13 ff . – Die Auffassung von Floros, solche déjà-vu-Erlebnisse müßten fast schon in den Bereich des Psychopathologischen eingeordnet werden, zeugt von der völligen Unkenntnis der hellfühlenden, visionären Seelenart Mahlers beziehungsweise der diesen Seelenerlebnissen zugrundeliegenden menschenkundlichen Sachverhalte.

85 «Von Heinrich Seuse bis Thomas Morus oder Erasmus von Rotterdam zieht sich da eine Linie von Literatur, die sich müht um die ars moriendi, um das Sterbenlernen. Um 1465 erscheint in der Rheingegend, vermutlich in Köln, ein Holzschnittbuch unter diesem lateinischen Titel, das ein Bestseller wird; zu Beginn des 16. Jahrhunderts ist es nach ganz Westeuropa vorgedrungen. Camillo de Lellis hat in Rom mit seiner Ordensgründung der «Väter vom guten Tod» dieser Tradition Rechnung getragen, und noch die Barockfrömmigkeit des 17. Jahrhunderts zehrt unter dem Signal «Memento mori» vom mittelalterlichen Erbgut...» (O. Borst, S.605).

86 Otto Borst, S. 604.

87 Alma Mahler, *Gustav Mahler. Erinnerungen*, S. 171.

88 Wiedergegeben bei Peter Andraschke: *Gustav Mahlers IV. Sinfonie* (Beihefte zum Archiv für Musikwissenschaft, Band XIV), Wiesbaden 1976, S.80 ff.

89 Alban Berg, *Briefe an seine Frau,* München/Wien 1965. Hier zitiert nach Andraschke, S. 52.

90 *Gustav Mahler Briefe*, S. 408 f.

91 Daß das «Kindesprinzip» letztlich in diesem höheren Prinzip aufgeht, zeigen uns die «Knaben», die «Mitternachtsgeborenen», also jene bald nach ihrer Erdenverkörperung bereits wieder verstorbenen Kinder, die, wenn Fausts Entelechie eine bestimmte Region der geistigen Welt erreicht hat, ihn «im Puppenstand» empfangen und aus der «Flocken» zu lösen vermögen – alle im Dienste jener höchsten, uns hinanziehenden Liebesmacht.

92 Brief vom Juli 1909 an Alma Mahler, in: Alma Mahler-Werfel, *Erinnerungen an Gustav Mahler.* Gustav Mahler, *Briefe an Alma Mahler,* hrsg. von Donald Mitchell, Frankfurt a.M./Berlin/Wien 1978, S. 351.

93 «Die Weisen jener Zeit begriffen das Ewig-Weibliche nur als unfaßbare und unbewußte *kosmische Kraft.* Im Christentum verkörpert es sich in der Madonna, der *irdischen Mutter* des göttlichen Wortes, in menschlicher Gestalt. In der Jungfrau-Mutter verehrt das Mittelalter die in der Frau gegenwärtige göttliche Liebe ... Hier ist das Ewig-Weibliche in der Frau bewußt geworden, wenn es auch ganz passiv bleibt.»

Schuré weist sodann auf *Dante* hin und sein Verhältnis zur geliebten Beatrice. Als diese stirbt, «fehlt wenig, daß er mit ihr stirbt. Aber aus der Tiefe des Jenseits gewährt sie ihm hundertfach, was sie ihm als Frau im Leben niemals hätte geben können. Durch ihren Dichter verklärt, verklärt sie wiederum ihn. Sie erlöst ihn und läßt ihn die Hölle durchqueren, das Fegefeuer und das Paradies. Die passive Geliebte der Troubadours wird zur aktiv Liebenden, zur Offenbarerin der göttlichen Welt, zur Erlöserin des Geliebten. Hier vollendet sich in der gegenseitigen schöpferischen Liebe von Mann und Frau das Ewig-Weibliche auf dem geistigen Plan.» (Edouard Schuré, *Propheten des Humanismus,* Stuttgart 1991, S. 119 f.) – Schuré, der Freund Richard und Cosima Wagners und spätere Theosoph und Anthroposoph, weist im Rahmen seiner Betrachtungen «Dante und der Genius des Glaubens» darauf hin, daß dieses Mysterium des Ewig-Weiblichen «bis ins Herz der Gottheit selbst» reicht. «In seinem Abstieg durch die Sphären verdunkelt es sich, um sich in der menschlichen Seele allmählich wieder zu entzünden und dort in neuer Schönheit zu erglänzen.» Stationen dieses Neu-Aufglänzens sind, wie geschildert, Dante und, in der neueren Zeit, Novalis und Goethe.

94 Daß Mahler ursprünglich die Darstellung einer Art Stufenleiter jenes Prinzips des Ewig-Weiblichen von seinen mehr Irdischen bis zu den geistigeren Aspekten vorgeschwebt haben mag, geht aus der ursprünglichen Konzeption der *Achten Sinfonie* hervor. Dort sollte auf den ersten Satz, den lateinischen Pfingsthymnus, eine weitere Hymne folgen: Die Geburt des *«Eros»*; sodann ein nicht näher bezeichnetes Scherzo und schließlich ein Adagio mit der Bezeichnung *«Caritas»*. Eine Stufenfolge von *eros* über *caritas* zur *agape*, der höchsten göttlichen Liebe, läßt sich hier ahnen. In der *Dritten Sinfonie*, dem Gegenstück zur *Achten*, taucht diese Idee der All-Liebe tatsächlich im letzten Satz auf: «Was mir die Liebe erzählt». Mehr zu diesem ganzen Komplex bei C. Floros, Band 1, S. 125–134.

95 Es sei hier noch am Rande darauf hingewiesen, daß Mahler sich häufig mittelalterlicher Vorstellungen und Stimmungen zur Charakterisierung seiner Musik bediente. So äußert er einmal über den dritten Satz (Ruhevoll – Poco Adagio) der *Vierten Sinfonie*, er trage «die Gesichtszüge der heiligen Ursula ... Einmal nannte er das Andante auch das Lächeln der heiligen Ursula und sagte, daß ihm dabei aus der Kindheit das mit tiefer Traurigkeit und wie durch Tränen lachende Antlitz seiner Mutter [!] vorschwebe, die auch unendlich gelitten, aber alles immer liebend aufgelöst und vergeben habe» (*Gustav Mahler in den Erinnerungen von Natalie Bauer-Lechner*, S. 163). Und Alma Mahler schreibt: »Er erzählte mir, daß die Vierte Symphonie wie ein altes Bild auf Goldgrund zu denken sei. Ebenso wie er mir später vom Lied ‹Ich bin der Welt abhanden gekommen› sagte, er habe dabei immer an die Kardinalsdenkmäler in Italien gedacht – wo auf flachen Steinen die Körper der Geistlichen mit gefalteten Händen und geschlossenen Augen in den Kirchen liegen. – Mich hatte damals dieses *Antikisieren* gestört, *das unserer Zeit fernlag* ...» (Alma Mahler-Werfel, *Mein Leben*, Frankfurt a.M./Hamburg 1963, S. 27). – Auch ist es auffällig, daß Mahler, als er die *Dritte Sinfonie* komponierte, den Begriff der göttlichen Liebe im Sinne der mittelalterlich-christlichen Termini von *amor* und *caritas* dachte (siehe hierzu Anm. 94). Erst durch die Beschäftigung mit

Goethes *Faust* weitet sich Mahlers Liebesbegriff ins Menschheitlich-Überkonfessionelle.
Ferner wäre wohl, statt der üblichen, vom Freudschen Analysebegriff ausgehenden Interpretation, auch einmal eine Sichtweise lohnend, die die Beziehung Mahlers zu seiner Frau Alma nicht nur stets im Sinne jenes stereotypen Allgemeinplatzes von der «Mutterbindung» und so weiter darstellte, sondern ausgehend von dem mittelalterlichen Idealbild der «Jungfrau-Mutter-Königin». Daß Alma Mahler von vielen Zeitgenossen geradezu als Inkarnation, wenn auch nicht des Ewig-Weiblichen, so doch des Zeitlos-Irdisch-Weiblichen erlebt wurde, ist oft belegt: «Wir alle waren ihrem Wesen verfallen ... Eine sanfte, sinnliche Schönheit umgeisterte uns, die ganz unpersönlich war. Es schien mir, als dürfte ich ‹das Weib an sich› schauen, und dieses Bild wechselte vom Jungfräulichen ins Mütterliche und wieder ins Jungfräuliche, und dazwischen schimmerte das Bild der Gattin. Aber es war dies nicht die Gattin von Walter Gropius, sondern die Lebensgefährtin an sich ... Endlich meinte ich es zu wissen: Alma Mahler-Gropius ist das Bild der heiligen, sich unablässig verwandelnden und unablässig verschenkenden Natura» (Lothar Schreyer, *Erinnerungen an Sturm und Bauhaus,* München 1956).
Bemerkenswert ist auch, daß Mahler seine *Achte Sinfonie*, die in der Apotheose des Ewig-Weiblichen im Chorus Mysticus gipfelt, ganz bewußt und ausdrücklich seiner Frau Alma gewidmet hat. Näheres hierzu bieten die Briefe Gustav Mahlers an seine Frau sowie Karl König in seinem Alma Mahler-Porträt in *Geister unter dem Zeitgeist* (siehe Anm. 105).

Gabriel und Michael

96 Emil Bock, *Michaelisches Zeitalter. Die Menschheit vor dem Zeitgewissen.* Stuttgart 1979, S. 59.

97 Die neuere Mahler-Forschung hat dieses Nebeneinander von abbauenden und neubildenden Tendenzen in Mahlers Musik im Bereich der Formbildung erkannt und formuliert: «In der Polyfunktionalität der Form bei Mahler liegt eine paradoxe stabilisierende Kraft begründet. Zwischen einander widersprechenden Faktoren entwickelt sich eine gewaltige dynamische Spannung. In den Momenten der

Spaltung in Strukturebenen wird die Form bei Mahler zerstört und gleichzeitig neu aufgebaut.» (Inna Barssowa, «Zum Formproblem bei Mahler», in: *Kongreßbericht zum 4. Internationalen Gewandhaus Symposium 1985*, S.56). – Allerdings wäre hier noch weiter zu differenzieren: Obige Beobachtung läßt sich nicht ohne weiteres auf das Gesamtwerk Mahlers mit gleicher Gültigkeit anwenden. Wir werden noch aufzeigen, daß es im Spätwerk Tendenzen gibt, die mehr auf eine Auflösung der intakten Form hindrängen (siehe das Kapitel «Die Jahre um 1910», S. 100 f.). Für die frühen und mittleren Sinfonien jedoch besitzt die Feststellung Barssowas durchaus Gültigkeit.

98 In diesem Zusammenhang wäre auch Schönbergs Ansatz in der *Harmonielehre* (erschienen 1912) zu nennen. Wenngleich sich hier zeigt, daß vieles doch noch vom «Instinkt» und der «Vererbung» von Vorfahren bestimmt ist (siehe hierzu Schönbergs Ausführungen im ersten Kapitel «Theorie oder Darstellungssystem» sowie im letzten über die «Ästhetische Bewertung sechs- und mehrtöniger Klänge», hier vor allem S. 497 f.), wird der Ansatz zur grundsätzlich neuen Sicht und Bewertung aller bisherigen musikalischen Phänomene, der Versuch einer «Umwertung aller Werte» (siehe zum Beispiel das Kapitel über «Konsonanz und Dissonanz») klar sichtbar. Daß Schönberg selbst sich nicht immer auf dieser erreichten Höhe gänzlich zu halten vermochte, schmälert nicht sein Verdienst, den entscheidenden Schritt «ins Neuland» einmal und radikal vollzogen zu haben. Zur geistigen Physiognomie Schönbergs siehe Hermann Pfrogner, *Die Zwölfordnung der Töne*, Zürich 1953, sowie *Lebendige Tonwelt*, München 1976.

99 Es sei hier nur, was allerdings die eigentliche Ebene des Veranlagten noch gar nicht berührt, als Beispiel die populäre These erwähnt, Mahlers Musik setze, wenn sie adäquat gehört werden soll, die moderne Stereophonie u.ä. voraus.

100 Aus dem Vorwort der *Harmonielehre* (Juli 1911), «dem Andenken Gustav Mahlers» gewidmet.

101 Rudolf Steiner, «Das Michael-Mysterium», in: *Anthroposophische Leitsätze*, GA Bibl.-Nr. 26, Dornach [9]1989 sowie *Die spirituellen Hintergründe der äußeren Welt. Der Sturz der Geister der Finsternis*, GA Bibl.-Nr. 177.

102 Siehe hierzu: Stefan Leber, « …*es mußten neue Götter hingesetzt werden». Menschen in der Entfremdung: Marx und Engels, Cieszkowski, Bauer, Hess, Bakunin und Stirner.* Stuttgart 1987.

103 In diesem Zusammenhang sei an die Uminstrumentierung erinnert, die Robert Schumann an seinen Sinfonien vornahm. Die «Spätfassungen» sind in der Tendenz massiver, greller, plakativer. Die romantischen «Zwischenfarben», die die Erstfassungen auszeichnen, sind dabei verlorengegangen. – In die gleiche Richtung weist die Entwicklung des Orgelklang-Ideals im 19. Jahrhundert: die Tendenz zur orchestralen Groß- und Riesenorgel, die Einführung der sogenannten «Hochdruckstimmen» und der neuen, extrem engmensurierten, scharfklingenden «Streicher-Imitatoren».

104 Siehe hierzu: Willem Retze Talsma, *Wiedergeburt der Klassiker. Anleitung zur Entmechanisierung der Musik*, Innsbruck 1982; sowie: Grete Wehmeyer, *Prestississimo. – Die Wiederentdeckung der Langsamkeit in der Musik*, Hamburg 1989.

105 Karl König, *Geister unter dem Zeitgeist. Biographisches zur Phänomenologie des 19. Jahrhunderts*, Stuttgart 1973.

106 Dieter Rudloff, *Von Gabriel zu Michael. Zur kulturellen Signatur des 19. Jahrhunderts als der Grundlage unserer Gegenwart*, Freiburg i.Br. 1982). – Weiteres Material bietet Karl Heyer, *Kaspar Hauser und das Schicksal Mitteleuropas im 19. Jahrhundert* (Studienmaterialien zur Geschichte des Abendlandes, Band 9), Stuttgart 1983.

107 «Gabriel und Michael, die beiden Erzengel, die überall in der frühchristlichen und mittelalterlichen Kunst links und rechts an den Portalen der Kirchen und Kathedralen dargestellt wurden, sie sind also die Urbilder einer Polarität, die in der göttlichen Welt selbst begründet ist. Und wie noch eine alte spirituelle Anschauung ... wußte, daß sich sieben Erzengel oder Planetengeister etwa alle 350 Jahre ablösten in der Regentschaft über die Zeit, so hat Rudolf Steiner diese geistige Tatsache in moderner Weise wieder neu begründet ... Es ist wohl kein größerer Gegensatz denkbar als der zwischen Gabriel und Michael, als der Übergang vom 19. zum 20. Jahrhundert. Gabriel, der Erzengel des Mondes, der Traditionspflege auf jedem Lebensgebiet, der Vererbung, dessen Blick zurück auf das Vorgeburtliche, in die Vergangenheit gerichtet ist, brachte seiner eigenen Zeit den Triumph von Naturwissenschaft und Technik, welcher die äußeren Verhältnisse auf der Erde vollkommen umgestaltete. Gabriel brachte der Menschheit aber auch den Darwinismus als Weltanschauung, den Materialismus als jene völlig unmögliche Ansicht, der Mensch stamme vom Tiere ab ...» Hier sehen wir die Schattenseite des Gabriel-Wirkens. Was ursprünglich segensreich wirkte, wird, wenn es sich

überlebt hat, einseitig und steht der fortschreitenden Entwicklung entgegen. «So möchte Gabriel den Menschen an die Blutsbande fesseln, an festgefügte, wie für die Ewigkeit bestimmte Überlieferungen ketten, in die er eingebunden ist und aus denen er sich am liebsten nicht mehr herauslösen soll. – Ganz anders Michael, der die große Wende herbeiführt: Nicht mehr aus Traditionen heraus soll der Mensch handeln und sein Leben gestalten, sondern vielmehr in Freiheit alle Impulse seines Handelns aus seiner eigenen, produktiv gewordenen moralischen Phantasie schöpfen. Und zwar gerade auch dann und in einer Zeit, in der das Alte zertrümmert sein wird, in der viele äußere Katastrophen und Trümmerfelder des Physischen diese innere Wende drastisch zum Ausdruck bringen.» (Rudloff, S.18 und 142 ff.).

108 Rudloff, S. 19.

109 Brief an Max Kalbeck vom 22.6.1901, in: *Gustav Mahler Briefe*, S. 261.

110 Brief an Bruno Walter, New York, Anfang 1909. In : *Gustav Mahler Briefe*, S. 351.

111 C. Floros, Bd. 3, S. 40.

112 Dies ist ein Merkmal aller Michael-Epochen der Weltgeschichte. Emil Bock gibt in seinem bereits erwähnten Buch anschauliche Schilderungen früherer, vorchristlicher Michael-Zeitalter. So sei hier nur auf die Epoche der Perserkriege und die «kosmopolitischen» Kulturimpulse Alexanders des Großen hingewiesen. Von den Früchten jenes letzten Michael-Zeitalters (ca. 600 bis 250 v. Chr) hat die Menschheit viele Jahrhunderte lang gezehrt. Man vergegenwärtige sich nur den Einfluß der griechischen Philosophie auf das abendländische Denken!

113 Parallel hiermit gehen in der Musikgeschichte Erscheinungen, die mit Einschränkung ebenfalls im Sinne restaurativer Tendenzen gesehen werden müssen: die Herausbildung neuer «Systeme» (Zwölftonsystem, Hindemiths System der Harmonielehre, Hauers «Tropen» und Zwölftonspiele), aber auch das Auftreten des Neoklassizismus als Rückgriff auf bereits Dagewesenes, als Wiederverwertung von geschichtlich bereits «Verarbeitetem» – alles dies weist in dieselbe Richtung wie die allgemeine (kultur-)geschichtliche Entwicklung zwischen den beiden Weltkriegen.

114 Ähnliches läßt sich für die außereuropäischen Musikkulturen, wenn auch zeitlich um einige Jahrzehnte gegenüber der abendländischen Entwicklung versetzt, nachweisen.

115 Karl H. Wörner, *Die Musik in der Geistesgeschichte. Studien zur Situation der Jahre um 1910* (Abhandlungen zur Kunst-, Musik- und Literaturgeschichte, Band 92), Bonn 1970, S.61 ff.

116 Siehe hierzu: Hermann Pfrogner, *Lebendige Tonwelt,* München 1980, inbesondere die Kapitel «Von der Diatonik zur Enharmonik» und «Arnold Schönberg – Der Weg vom verabsolutierten Zwölfprinzip zum klanglichen Indeterminismus».

117 H. H. Eggebrecht bemerkt hierzu: «Dabei ist das ganze Lied in die auf- und absteigenden halbtonlosen Viertonfolgen gleichsam eingehängt und von ihnen durchdrungen. So kommt es, daß hier alles mit allem verbunden ist, teils offenkundig, teils gleichsam unterirdisch.» (*Die Musik Gustav Mahlers,* München 1986, S. 276 ff.)

118 *Gustav Mahler in den Erinnerungen von Natalie Bauer-Lechner,* S. 175 f. – Alma Mahler berichtet, die Urfassung der *Fünften Sinfonie* habe eine dermaßen penetrante obligate Partie für die kleine Trommel enthalten, daß sie nach dem ersten Hören entsetzt reagiert habe: «Mahler ließ die kleine Trommel dauernd so rasen, daß nichts außer Rhythmus zu vernehmen war. Ja, dann bin ich wohl weinend fortgelaufen, Mahler hinterher. Was mir denn fehle, was mich störe? ‹Die kleine Trommel›, sagte ich schluchzend zu ihm. ‹Man hört ja nur das Schlagwerk. Da hast du also eine Symphonie für die ‹Batterie› geschrieben ...›». Mahler reduzierte nach diesem Vorfall das gesamte Schlagwerk gewaltig. (Zitiert nach Berndt W. Wessling, S.152.)

119 Karl H. Wörner, *Das Zeitalter der thematischen Prozesse in der Geschichte der Musik,* Regensburg 1969, S. 261 ff.

120 Weitere Beispiele solcher Formen sind die Vorstellung des «Chaos» am Anfang von Haydns *Schöpfung*, das Arioso in Beethovens Klaviersonate op. 110 und, in neuerer Zeit, Debussys *Jeux* (1911) oder Schönbergs Monodram *Erwartung* (1909). Hier zeigt sich, daß die «radiale» Formtendenz in letzter Konsequenz zur sogenannten athematischen Kompositionsweise führen muß, einer Musik, die nicht mehr auf der Entwicklung und Metamorphose eines (oder mehrerer) Grundthemen beruht, sondern auf der ständigen *Neubildung* thematischer Substanz und Strukturen. Beispiele finden wir bei Bartók (*Herzog Blaubarts Burg*) und bei Alois Hába, dem Pionier der Drittel-, Viertel- und Sechsteltonmusik. Bei ihm treffen radiale *Formtendenzen* zusammen mit «radialen *Tonsystemen*», das heißt Tonordnungen, die ihrerseits nicht mehr zyklischen, unend-

lichen Bildungsgesetzen gehorchen (zum Beispiel Quintenzirkel), sondern strahligen, endlichen Ausschnitten aus der Ober- und Untertonreihe. Näheres hierzu bei Heiner Ruland, *Ein Weg zur Erweiterung des Tonerlebens,* Basel 1981.

121 Auch der ganze Stil des Satzes, die Melodiebildung und deren fugierende Verarbeitung, ist ganz bewußt «neoklassisch» beziehungsweise klassizistisch gehalten. Ähnliches gilt für das Finale.

122 Über die Beziehung Weberns zu Goethe siehe Angelika Abel, *Die Zwölftontechnik Weberns und Goethes Methodik der Farbenlehre. Zur Kompositionstheorie und Ästhetik der Neuen Wiener Schule,* Wiesbaden 1982, sowie, Abels Darlegungen relativierend und gleichzeitig ergänzend, den Beitrag «Reihe, Gesetz, Urpflanze, Nomos – Anton Weberns musikalisch-philosophisch-botanische Streifzüge» von Barbara Zuber, in: *Musik-Konzepte*, Sonderband Anton Webern 2, München 1984.

123 *Gustav Mahler Briefe*, S.372 (Brief an Bruno Walter, Dezember 1909). Diese Äußerung ist im Zusammenhang mit dem letzten Satz der *Ersten Sinfonie* getan worden, dessen Programmatik im Zeichen des «Dall' Inferno al Paradiso» steht. Die gemeinten «Klänge» sind die einleitenden Takte, die mitten in das «Inferno» hineinführen.

124 Zitiert nach Lebrecht, S.135. – Weitere bedeutsame Äußerungen (unter anderem von L. Bernstein, Max Brod, W. Mengelberg und A. Camus) über den inneren Gehalt der *Sechsten*, insbesondere über das apokalyptische Finale, bei Berndt W. Wessling, *Gustav Mahler – ein prophetisches Leben,* S. 226 ff. Alle deuten in dieselbe Richtung: Das Finale läßt «die Katastrophe des heutigen Menschen» (A. Camus) und die finsteren Seiten des kommenden Zeitgeschehens wie vorausahnend Klang werden (Max Brod: « ...dieses Hamagedon von Finale ... eine fürchterliche Vorausahnung des grausigen Geschehens von Treblinka, Auschwitz ...»). Im sechsten Kapitel des zweiten Teils S. 198 ff. wird dies ausführlicher zur Sprache kommen, wie auch der ebenfalls vorhandene positive Gegenaspekt: die Unzerstörbarkeit der Individualität des Menschen.

Intermezzo: Zwilling und Schütze

125 Frits H. Julius, *Die Bildersprache des Tierkreises und der Aufbau eines neuen Gemeinschaftslebens,* Stuttgart 1984, S. 99.

126 Bruno Walter, *Gustav Mahler. Ein Porträt,* S. 99.

127 Siehe hierzu Rudolf Steiner, *Theosophie. Einführung in übersinnliche Welterkenntnis und Menschenbestimmung* (1904), GA Bibl.-Nr. 9, insbesondere den Abschnitt «Leib Seele und Geist» im Kapitel über das «Wesen des Menschen».

128 «Und wie beinahe alle seltenen Menschen, die eingesponnen in ihrer eigenen Fülle und in ihrem eigenen Reichtum leben, war er heiter, spielerisch, sanft und von einer rührenden Kindlichkeit. Diese reine Kindlichkeit der Seele strahlte ihm aus den hellen Augen, schwebte als ein merkwürdig zwingendes und eroberndes Lächeln um die schmalen Lippen. Von unvergeßlicher Wirkung war dazu die schwingende Kraft seiner Stimme und die fast naive Art, Worte von großer Ironie, Aphorismen von schneidender Schärfe, Gedanken von blendendem Glanz wie etwas Harmloses auszusprechen.» So der Theaterkritiker Felix Salten 1924 (zitiert nach Lebrecht, S. 131).

129 Max Graf, zitiert nach Lebrecht, S. 112. – Zu Ernst Decsey siehe Anm. 3. Diese Passage ist im ersten Kapitel in ihrem weiteren Zusammenhang vollständig wiedergegeben.

130 Siehe Anm. 2.

131 «Was nun? Was ist dieses Leben – und dieser Tod? Gibt es für uns eine Fortdauer? Ist dies alles nur ein wüster Traum, oder hat dieses Leben und dieser Tod einen Sinn? Diese Fragen müssen wir beantworten, wenn wir weiter leben sollen» – so lauten die Kernfragen des «Programms» zu diesem ersten Satz der *Zweiten Sinfonie*. Es ist die typische Schütze-Situation: das Anrennen des Einzelnen gegen die Rätsel dieser Welt. Dem entspricht die musikalische «Gestik» des Satzes.

2. *Teil:*
Die Sinfonien

Gustav Mahlers Sinfonien als Entwicklungspolaritäten

132 *Gustav Mahler in den Erinnerungen von Natalie Bauer-Lechner,* S. 26; Brief an Max Marschalk vom 17.12.1895, in: *Gustav Mahler Briefe*, S. 141.

133 Siehe hierzu Bernard Lievegoed, *Lebenskrisen – Lebenschancen. Die Entwicklung des Menschen zwischen Kindheit und Alter*, München 1979.

Des Lebens Frühling und Herbst – Die Erste und die Neunte Sinfonie

134 Bauer-Lechner, S. 173.

135 So Willem F. Veltman in seinen Dante-Studien: «Die Commedia als Ganzes ist eine mächtig aufsteigende Bewegung zu dem Bewußtseinsniveau, auf dem das Menschen-Ich erfüllt ist von der Anwesenheit des Göttlichen. Man kann auch sagen: ein Streben nach dem ‹höheren Ich›, dem wahren Wesen des Menschen, das als ewiger Licht- und Liebeskern mit dem Primo Amore des Kosmos zusammenfällt … verschmilzt, eins wird, ohne sein individuelles Sein zu verlieren.» Veltman weist in diesem Zusammenhang auf einen Danteschen Terminus hin, der dieses Prinzip umschreibt: « …quando nel mondo ad ora ad ora/ m'insegnavate come l'uom *s'eterna;»* [… da Ihr auf Erden je und je mich lehrtet, wie sich der Mensch verewigen könne …] «Sich selbst verewigen – ein prachtvoller und kraftvoller Ausdruck für das Prinzip, das die Commedia durchzieht. Es ist aber das Prinzip der Einweihung. Es beruht auf der Läuterung des niederen Selbstes, der Katharsis. Darum ist das Dichtwerk auch Commedia benannt, weil jedes Drama auf einem Katharsis-Erleben beruht.» (W. F. Veltman, *Dantes Weltmission,* Stuttgart 1979, S. 71 f.). Die innere Beziehung zu Mahlers Äußerungen über das Finale dürfte offenkundig sein.

136 Sowohl der «mystische Tod» als auch der Augenblick des physischen Todes am Ende des Erdenlebens lassen sich als höchst erhabene Momente im Menschenleben charakterisieren. Im Erklingen eines «herrlichen Siegeschorals» am Ende der *Ersten Sinfonie*, ist, wenigstens vom inneren Ausdruckswert her, insofern eine durchaus be-

rechtigte musikalische Vokabel eingesetzt. Es sei gestattet, eine bewegende Charakterisierung des physischen Todesaugenblicks anzuführen, wie sie Rudolf Steiner in einem Vortrag über «Inneres Erleben nach dem Tod» (Stuttgart, 23. November 1915, enthalten in GA Bibl.-Nr. 174b) gibt: «Der Anblick des Todes ist ja nur von der Seite des physischen Erlebens aus gesehen, wenn überhaupt, etwas Schreckliches ... Der Tote sieht ihn aber von der anderen Seite. Und von dieser Seite aus gesehen, hat das Wissen wirklich nichts Furchtbares ... Denn wenn er auch Vernichtung ist, angesehen von dieser physischen Seite des Lebens, so ist er das *Herrlichste, das Größte, das Schönste, das Erhabenste, was immerfort gesehen werden kann von der anderen Seite des Lebens aus. Da bezeugt er fortwährend den Sieg des Geistes über die Materie, die selbstschöpferische Lebenskraft des Geistes.* In diesem Erfühlen der selbstschöpferischen Lebenskraft des Geistes ist das Ich-Bewußtsein vorhanden in den geistigen Welten» [Hervorhebungen vom Verfasser F.B.]. – Dieser Blickwinkel wird seine Bedeutung noch erweisen, wenn die – scheinbar hoffnungslose – «physische Totalvernichtung» am Ende der *Sechsten Sinfonie* zur Diskussion steht. Auch dort gibt es einen «Todesaugenblick», allerdings ohne den herrlichen Siegeschoral, in der Form, in der er aus der rein irdisch-physischen Perspektive erscheinen muß. Ausdruck der «selbstschöpferischen Lebenskraft des Geistes» ist dort die Errichtung eines intakten Formorganismus, der weder Produkt noch Opfer der in ihm sich abspielenden Zerstörungs- und Zerfallsprozesse ist – Ausdruck des sich selbst «setzenden» (höheren) Ich des Menschen. In den Betrachtungen zur *Fünften* und *Sechsten Sinfonie* wird dies noch deutlicher werden.

137 Brief an Bruno Walter, New York, Anfang 1909, in: *Gustav Mahler Briefe*, S. 351.

138 Paul Stefan greift in seiner Mahler-Studie einen Hinweis von Rudolf Mengelberg auf. Neben Anklängen zwischen den Ecksätzen der Sinfonien nennt er auch die dritten Sätze. «Und so wird, als dritter Satz, eine Rondo-Burleske entfesselt, in der noch einmal alle Kräfte Mahlers aufschnellen und in die wildesten und wunderbarsten Verzerrungen gejagt werden. Abermals regt sich eine Erinnerung an das erste symphonische Werk: Auszug – Ländler – Phantasie in Callots oder Goyas Manier ...» (Paul Stefan, *Gustav Mahler – Eine Studie über Persönlichkeit und Werk*, München 1920, S. 152 f.)

139 Zitiert nach C. Floros, Bd. 3, S. 34.

140 Dieses etwas missionarische Philosophieren hat der *Zweiten* nicht ganz zu Unrecht das Epitheton eingebracht, sie sei die «Protestantischste» aller Mahlerschen Sinfonien.

141 H. Kühn und G. Quander (Hrsg.), *Gustav Mahler. Ein Lesebuch mit Bildern*, Zürich 1982, S. 160.

142 «Aufgrund der chinesischen Nachdichtungen erhalten die Bilder eine gewisse asiatische Einfärbung, der die Musik mit einigen Klangmomenten nachgibt. Nicht mehr Lindenbaum, Alpen, Herdenglokken, sondern ein Fluß mit Lotosblumen am Uferrande, kultivierte chinesische Gartenanlagen bilden die Szenerie. *Sie ist aber stets abendländisch, österreichisch empfunden*. Bezeichnenderweise ist es bei Mahler, und in Abweichung von Bethge, der Zephir, der die Gewänder der jungen Mädchen hebt» (Peter Andraschke: «Hans Bethge und Gustav Mahler», in : *Kongreßbericht zum Internationalen Gewandhaus Symposium 1985*, S. 99). Aus dieser Sicht erscheint Rückerts Lyrik, die Mahler in seiner mittleren Schaffensphase heranzog, als eine Vorstufe zu den Liedtexten. Auch sie pflegt die stark überpersönliche Darstellungsart, die Mahler im *Lied von der Erde* anwendet, wurzelnd in der realen Hinwendung Rückerts zum inneren, geistigen Osten, ähnlich Goethes *West-östlichem Divan*. – Zum Thema «innerer Osten» noch folgendes: Eine frappierende Ähnlichkeit mit den Anschauungen Gustav Mahlers aus der letzten Schaffensperiode, in der das *Lied von der Erde* entstand, tritt auch aus der Charakterisierung einiger Rückertscher Nachdichtungen aus dem Persischen zutage, die wir Hegel verdanken (es handelt sich um die «Gaselen des Dschelaleddin Rumi», eines der bedeutendsten persisch-islamischen Mystiker des 13. Jahrhunderts): «Indem sich nämlich der Dichter das Göttliche in allem zu erblicken sehnt und es wirklich erblickt, *gibt er nun auch sein eigenes Selbst dagegen auf, faßt aber ebensosehr die Immanenz des Göttlichen in seinem so erweiterten und befreiten Inneren auf*, und dadurch erwächst ihm jene heitere Innigkeit, jenes freie Glück, jene schwelgerische Seligkeit, welche dem Orientalen eigen ist, *der sich bei der Lossagung von der eigenen Partikularität durchweg in das Ewige und Absolute versenkt und in allem das Bild und die Gegenwart des Göttlichen erkennt und empfindet*. Solch ein Sichdurchdringen vom Göttlichen und beseligtes

trunkenes Leben in Gott streift an die Mystik an ... Die Liebe zu Gott, mit dem der Mensch sein Selbst durch die schrankenloseste Hingebung identifiziert *und ihn, den Einen, nun in allen Welträumen erschaut, alles und jedes auf ihn bezieht und zu ihm zurückführt,* macht hier den Mittelpunkt aus, der sich aufs weiteste nach allen Seiten und Regionen hin expandiert» (Hegel, *Vorlesungen über die Ästhetik* in: Werke, Bd. 13, S. 474, Frankfurt/M. 1970). Die hervorgehobenen Passagen (vom Verfasser F. B.) wende man einmal auf das *Lied von der Erde* an. Als Beispiel: Ein Grundzug des Werkes – die «Lossagung von der eigenen Partikularität», das Aufgehen im Göttlichen, heißt in letzter Konsequenz: «Sterben werd' ich um zu leben ... » Damit schließt sich der Kreis zur *Zweiten Sinfonie.*

143 *Gustav Mahler Briefe*, S. 200 (Brief an Dr. A. Seidl vom 17.2.1897).

144 Aus anthroposophischer Sicht ließe sich hier manches Klärende beitragen. Wir können an dieser Stelle nicht die nachtodlichen Vorgänge, wie sie sich der anthroposophischen Geisteswissenschaft darstellen, mit Mahlers Gestaltung der einzelnen Stufen des nachtodlichen Lebens vergleichen. Jedenfalls geht es nicht an, Mahlers diesbezügliche Ideen nur als eine Art von Sammelsurium verschiedenster, «angelesener» Menschheitsvorstellungen vom Leben nach dem Tode und von der Wiederverkörperung hinzustellen, wie Constantin Floros dies leider tut. – Von anthroposophischer Seite gibt es hierzu vielerlei Publikationen, zum Beispiel Friedrich Husemann, *Vom Bild und Sinn des Todes. Entwurf einer geisteswissenschaftlich orientierten Geschichte, Physiologie und Psychologie des Todesproblems,* Stuttgart [4]1979, und Rudolf Steiner, *Das Leben nach dem Tod und sein Zusammenhang mit der Welt der Lebenden* («Themen aus dem Gesamtwerk», Band 15, Hrsg. von Frank Teichmann, Stuttgart [2]1990).

145 Johannes Hemleben, *Jenseits. Ideen der Menschheit über das Leben nach dem Tode – vom Ägyptischen Totenbuch bis zur Anthroposophie Rudolf Steiners.* Reinbek 1980.

146 Alma Mahler, *Gustav Mahler. Erinnerungen,* S. 149. Richard Specht, *Gustav Mahler,* S. 270 f.

147 Auf welch vertrautem Fuße Mozart mit dem Tod stand, zeigt folgende Briefstelle: «Da der Tod (genau zu nehmen) der wahre Endzweck unseres Lebens ist, so habe ich mich seit ein paar Jahren mit diesem wahren, besten Freunde des Menschen so bekannt gemacht, daß sein Bild nicht allein nichts Schreckendes mehr für mich hat, sondern recht viel Beruhigendes und Tröstendes! Und ich danke

meinem Gott, daß er mir das Glück vergönnt, mir die Gelegenheit ... zu verschaffen, ihn als den Schlüssel zu unserer wahren Glückseligkeit kennenzulernen. Ich lege mich nie zu Bette, ohne zu bedenken, daß ich vielleicht (so jung als ich bin) den andern Tag nicht mehr sein werde – und es wird kein Mensch von allen, die mich kennen, sagen können, daß ich im Umgange mürrisch oder traurig wäre – und für diese Glückseligkeit danke ich alle Tage meinem Schöpfer und wünsche sie von Herzen jedem meiner Mitmenschen!» (4. April 1787, an den Vater).

148 «... wie ich mir ja, von dem Schlag des Glöckleins an, die Seele im Himmel denke, wo sie im ‹Puppenstand› als Kind wieder anbeginnen muß» (Bauer-Lechner, S. 162). Gemeint ist die Stelle «Da kam ich auf einen breiten Weg» im vierten Satz, «Urlicht» (UE-Partitur Ziffer 3). – Möglicherweise sind die sieben Schläge als Symbol des Durchlaufens der sieben Planetensphären interpretierbar. Siehe dazu auch oben Anmerkung 68.

149 Mahler weist mit folgenden Worten selbst auf diesen Blickwinkel hin: « ... der Held meiner D-Dur-Symphonie, den ich da zu Grabe trage und dessen Leben ich, von *einer höheren Warte aus*, in einem reinen Spiegel einfange» (*Gustav Mahler Briefe*, S. 150).

Das Walten des Geistes im Menschen und im Kosmos – Die Dritte und die Achte Sinfonie

150 Gerne wird hier eine latente Dreiteiligkeit herausgelesen (so Specht 1912: Andante – Scherzo – Finale), so daß sich unter dem Strich doch wieder eine traditionelle, viersätzige Anlage ergäbe. Berücksichtigt man aber neben der äußerst verschachtelten Anlage des Ganzen die «Daseinsstufen», durch die sich die Entelechie Fausts allmählich himmelwärts erhebt, läßt sich ein differenzierterer Plan wahrnehmen, der auf eine Fünf- oder Sechsteiligkeit des Satzes deutet.

151 *Gustav Mahler Briefe*, S. 120.

152 *Gustav Mahler Briefe*, S. 312.

153 Bezeichnenderweise hatte Mahler immer verneint, daß er in der Lage wäre, eine christliche Meßkomposition, etwa im Sinne Bruckners, zu schreiben. Nach der Uraufführung der *Achten* lief er freudig bewegt auf Alfred Roller zu, der ihm einst diese Frage gestellt hatte, und rief ihm zu: «Da haben Sie meine Messe!»

154 «Pan ist der Gott von ‹da draußen›. Wenn der Grieche sagte: am Rande des Ackers, am Rande des Schlachtfeldes, am Ende der Insel, an der Grenze der Welt, am äußersten Ende – für alles, was fern, auswärts, abseits liegt, nahm er das Wort *to és-chaton. Es-chatiá* ist das Land ‹da draußen›, ist die Wildnis der frühen Griechen. Fern der menschlichen Behausungen, der Dörfer und Städte, der Gärten und des bebauten Landes liegt die Wildnis, im unbebauten Gebiet: wo kein Pflug geht, keine Hacke den Boden umwendet, die Wiese ungemäht bleibt, wo weder gesät noch geerntet wird; wo die Natur sich selbst überlassen ist, die Vegetation ohne Zutun des Menschen wuchert, die Tiere sich ungehemmt vermehren. Wo über Werden und Vergehen nicht entschieden wird ... Der [homerische] Pan-Hymnus schildert sein Tagwerk: es ist das eines ruhelos, ziellos, absichtslos Schweifenden, der in allen Schluchten und auf allen Gipfeln zu Hause ist und geschäftig von Kamm zu Kamm eilt. Kein Grat ist ihm zu schmal; felsige Steige, jede schneebedeckte Kuppe begeht er mühelos, er klettert auf spitzen Felsen und im Geklüft, wo nie eine Ziege Fuß faßt. Bald streift er hier, bald dort durch dichtes Laubwerk, besteigt die Kämme der Berge, um Ausschau zu halten über Hügelketten hinweg, und ist im nächsten Augenblick unten im Tal bei der Quelle; äugt oder jagt geschäftig in den Schluchten das Wild. Er ist überall. Wenn es Abend wird, kehrt er heim in den Schatten seiner Höhle und bläst sich auf der Hirtenflöte ein Schlaflied. Und mit ihm singen und tanzen die Bergnymphen ... Pan ist ein musikalisches Wesen. Von ihm sagt die Dichtung, daß er ‹schönere Weisen spielt als irgendein Vogel, der im Blütenmonat des Frühlings sein Klagelied im Gezweig flötet›» (Hans Walter, *Pans Wiederkehr*, München 1980). Pan ist bocksköpfig, bocksbeinig und behaart. Wo er auftaucht, verbreitet er Schrecken, der Tier und Mensch fliehen läßt. Er mischt sich gern unter die Nymphen, die ihn fürchten und doch seiner bedürfen: «Auf blumiger Trift wandelt er in Gemeinschaft mit den tanzfrohen Nymphen, die vom hohen Felsen schreiten, den Pan anrufend ... Und wenn es Abend wird, ‹scharen sich die hellstimmigen Nymphen der Berge um ihn und tanzen mit geschwindem Fuß bei der dunkel leuchtenden Quelle, daß von den hohen Bergen das Echo widerhallt; und der Gott, bald hier, bald dort im Reigen, bald in seine Mitte springend, regt die geschwinden Füße im Tanz – jauchzend vor Lust zum schrillen Gesang auf wohligen Auen›». – Derartige Szenen lassen sich unschwer vorstellen, wenn man dem ausgelassenen Treiben lauscht, das sich im monumentalen

Anfangssatz der *Dritten Sinfonie* entfaltet. Überhaupt war Mahlers Naturverbundenheit «elementarisch», wie Bruno Walter es ausdrückt: Dem Pan gleich pflegte er wild und ziellos durch die Natur zu streifen, um ihr «in einer Art kecken Raubes» (Mahler an B. Walter) seine Eingebungen abzulauschen und davonzutragen (siehe das Kapitel «Licht und Finsternis», S. 52 ff.). – Es gibt Darstellungen aus dem 5. Jahrhundert vor Christus, in denen der Gott Pan plötzlich nicht mehr tier- sondern menschenähnlich abgebildet wird. «Wie soll man die Veränderung deuten? ... Die Frage zur Deutung des Phänomens kann ... nur eine anthropologische sein, sie muß vom Menschen ausgehen und heißt: was hat der Bildner im *Menschen* erkannt, daß er die Nähe des Menschen zu Pan gesehen und in Pan dargestellt hat? ... Im Nachspüren der jenseits der menschlichen Bewußtseinssphäre im Dämmer liegenden Lebenskräfte stieß der Bildner auf Pan ...: die Erkenntnis, daß der Mensch nicht nur teilhat am Animalischen, *sondern daß diese Schicht ein Teil von ihm selbst ist ...*» (Hans Walter, S. 70). – So kommt Bruno Walter zu der zunächst kühn anmutenden Formulierung über den Gustav Mahler der *Dritten Sinfonie*: «Ich sah ihn, und ich sah Pan in ihm.»

155 Gemeint ist folgende Stelle: «Rings um uns her wartet alle Kreatur mit großer Sehnsucht darauf, daß in der Menschheit die Söhne Gottes zu leuchten beginnen. Die Kreatur ist der Vergänglichkeit unterworfen ... und so ist in ihr alles von Zukunftssehnsucht erfüllt. Denn auch durch die Kreaturreiche soll der Atem der Freiheit hindurchgehen; die Tyrannei der Vergänglichkeit soll aufhören ... Wir wissen, daß die gesamte Kreatur in den Wehen einer Neugeburt leidet und seufzt, bis auf den heutigen Tag ... Sie tut es mit uns, *die wir die Erstlingsgaben des neuen Geistes empfangen haben und doch schmerzvoll dem Geheimnis der Sohnschaft entgegenharren,* die für uns, bis in unsere Leiblichkeit hinein, die Erlösung mit sich bringen wird» (Röm. 8, 19-23, Übersetzung von Emil Bock).

156 Specht, S. 227 (Zitat einer Äußerung Mahlers).

157 4. Satz (Sehr langsam, misterioso): «Was mir der Mensch erzählt», nach Friedrich Nietzsche: «Das andere Tanzlied» (*Also sprach Zarathustra,* 3. Teil), Fassung und Interpunktion von Gustav Mahler:

> O Mensch! O Mensch! Gib acht! Gib Acht
> Was spricht die tiefe Mitternacht?
> «Ich schlief! Ich schlief!

Aus tiefem Traum bin ich erwacht!
Die Welt ist tief!
Und tiefer, als der Tag gedacht!
O Mensch! O Mensch
Tief! Tief! Tief ist ihr Weh!
Tief ist ihr Weh!
Lust, Lust tiefer noch als Herzeleid!
Weh spricht: Vergeh!
Weh spricht: Vergeh!
Doch alle Lust will Ewigkeit!
Will tiefe, tiefe Ewigkeit.

Die Worte des fünften Satzes (Lustig und keck im Ausdruck) wurden bereits im Zusammenhang des Kapitels «Gabriel und Michael» wiedergegeben. Es handelt sich um das Lied «Es sungen drei Engel einen süßen Gesang» (aus *Des Knaben Wunderhorn*), unterlegt mit Glokkenklängen («Bimm, bamm») im Knabenchor. – Daß «Petrus» hier als Repräsentant des (der Sünde zugänglichen) Menschen an sich auftritt, zeigt die Tatsache, daß seine Worte von der Solo-Altstimme gesungen werden, die im 4. Satz noch die «Stimme des Menschen» verkörperte. Petrus war ja auch derjenige, der dem Soldaten während der Geschehnisse in Gethsemane ein Ohr abschlug und der Jesus dreimal verleugnete.

158 Eine Gegenüberstellung der einander entsprechenden Textpassagen aus dem «Engelsgesang» der *Dritten* und aus dem Finale der *Achten Sinfonie* macht diesen inneren Schritt deutlich. In beiden Fällen geht es um die Rettung der allzu irdisch gewordenen Seele (Petrus/Faust). Der Unterschied liegt im Weg der Absolution: in der *Dritten* das «Bete zu Gott», in der *Achten* das «Wer immer strebend sich bemüht».

Es sungen 3 Engel einen süßen Gesang,
Mit Freuden es selig in dem Himmel klang,
Sie jauchzen fröhlich auch dabei,
Daß Petrus sei von Sünden frei.

Da sprach der Herr Jesus:
Was stehst du denn hier?
Wenn ich dich anseh,
So weinest du mir!

Jauchzet auf, es ist gelungen!
Gerettet ist das edle Glied
der Geisterwelt vom Bösen.

Uns bleibt ein Erdenrest
zu tragen peinlich …

Und sollt ich nicht weinen …	
Ich hab übertreten die zehen Gebot,	In die Schwachheit hingerafft …
	Wer zerreißt aus eigner Kraft
Ich gehe und weine ja bitterlich …	der Gelüste Ketten?
Ach komm und erbarme dich!	Du schwebst zu Höhen,
	Vernimm das Flehen!
Hast du übertreten die zehn Gebot,	Wer immer strebend sich bemüht
So fall auf die Knie und bete zu Gott!	den können wir erlösen …
Liebe nur Gott in alle Zeit,	Komm, hebe dich zu höhern Sphären,
	Wenn er dich ahnet, folgt er nach.
So wirst du erlangen die himmlische Freud.	Blicket auf zum Retterblick…
Die himmlische Freud ist eine selige Stadt,	Alle reuig Zarten,
Die himmlische Freud, die kein Ende mehr hat,	Euch zu seligem Geschick
	Dankend umzuarten …
Die himmlische Freude war Petro bereit't	Jungfrau, Mutter, Königin,
Durch Jesum und allen zur Seligkeit!	Göttin, bleibe gnädig!

Ähnlich ließen sich die Worte des «Trunkenen Lieds» in Beziehung setzen zu den Worten des «Pater ecstaticus»: das Unterworfensein an Lust und Weh gegenüber dessen Anstrengungen, sich von den irdischen Verstrickungen zu lösen :

Lust tiefer noch als Herzeleid!	Ewiger Wonnebrand,
Weh spricht: vergeh!	Glühendes Liebeband,
	siedender Schmerz der Brust,
	Schäumende Gotteslust,
	Pfeile, durchdringet mich,
	Keulen, zerschmettert mich …
Doch alle Lust will Ewigkeit,	Daß ja das Nichtige
	Alles verflüchtige,
Will tiefe, tiefe Ewigkeit!	Glänze der Dauerstern,
	Ewiger Liebe Kern.

Es handelt sich bei der hier beschriebenen nachtodlichen Region um das sogenannte «Kamaloka» oder Fegefeuer. Wir sind dieser Sphäre bereits anläßlich der Betrachtung der *Zweiten Sinfonie* begegnet. Im Zusammenhang mit der unvollendeten *Zehnten Sinfonie* werden wir noch einmal auf diese Zusammenhänge zurückkommen.

159 Siehe Goethes Äußerung zu Eckermann vom 6. Juni 1831, in der er die Wirkung der beiden Prinzipien darlegt.

160 Rudolf Steiner, *Geisteswissenschaftliche Erläuterungen zu Goethes Faust* (2 Bände), GA Bibl. Nr. 272, dort insbesondere die Ansprachen vom 14.-16. August 1915 in Dornach.

161 Schon Dieter Schnebel wies darauf hin, daß die *Dritte Sinfonie* thematisch auf Material basiert, welches vom Intervall der Quart charakterisiert ist, und zwar in allen sechs Sätzen (siehe Notenbeispiel S. 270).

Zwischenwelten – Die Vierte und die Siebte Sinfonie

162 Siehe dazu unsere Betrachtungen im Kapitel «Himmel und Erde».

163 «Sie ist entstanden aus der Konzeption des Final-Liedes, an das sich in rückläufiger Entwicklung die Vordersätze nachträglich anfügten. Die formlogische Bedeutung dieser später entstandenen Vordersätze ist Vorbereitung und allmähliche Klarlegung der musikalischen Uridee des Finale» (Bekker, *Gustav Mahlers Sinfonien,* S. 147).

164 Natalie Bauer-Lechner berichtet lediglich, daß Mahler in einem bestimmten Stadium der Arbeit (Ende Juli 1899) an allen drei Vordersätzen zugleich arbeitete (wobei der langsame Satz wohl erst skizziert werden konnte), während der letzte Satz schon existierte und nur noch uminstrumentiert zu werden brauchte. Ein Jahr später vollendete er die Sinfonie (5. August), um im Winter danach die Reinschrift anzufertigen. Im Autograph findet sich, interessanterweise am Ende des Scherzos, die Datierung: «Jänner 1901».

165 Siehe Mahlers Äußerungen gegenüber Natalie Bauer-Lechner über den ähnlich gelagerten Sachverhalt in der *Zweiten Sinfonie,* Bauer-Lechner, S. 169.

166 Die seelischen Erschütterungen dieser tiefen Krise und die überschwengliche Freude über das neugewonnene Leben sind meiner Ansicht nach deutlich in der Musik der *Fünften Sinfonie* wiederzuerkennen, ein Weg, der sich als die Entwicklung vom Leichenzug (Trauermarsch) zum übermütig-glanzvollen Finale schildern läßt.

Die Quart als konstitutives Intervall in der Themenbildung der Dritten Sinfonie (nach D. Schnebel).

167 Bauer-Lechner, S. 163.

168 Blau ist immer die (kultische) Farbe des Advents gewesen, der Zeit, in der sich die Erdenankunft des göttlichen Kindes vorbereitet. Marias umhüllender Mantel ist nach außen hin blau. Himmelblau sei die Grundstimmung des ersten Satzes, so Mahler im Sommer 1900 zu Natalie Bauer-Lechner. Auch wenn sich manchmal gewisse Trübungen einstellten, so leuchte doch im Grunde der Himmel «dahinter» fort in seinem «ewigen Blau». – Im Zusammenhang mit den Vorgängen während der Embryonalzeit sei an unsere Betrachtungen im Kapitel «Licht und Finsternis» erinnert. Was der *Einzelmensch* während der Vorbereitung zur Erdeninkarnation durchmacht – den allmählichen Abschied vom «Paradies» – hat sich *menschheitlich* als allgemeine Entwicklungsstufe während der sogenannten «lemurischen» Zeit abgespielt. Damals machte die Menschheit als Ganze die «Vertreibung aus dem Paradies» als Folge des Sündenfalles durch.

169 Es gäbe durchaus Hinweise darauf, daß Mahler das «Vorgeburtliche» im Sinne solcher Vorstellungen dachte. So findet sich zum Beispiel in Gustav Theodor Fechners *Büchlein vom Leben nach dem Tode* (Erstes Kapitel) der Gedanke, daß der Mensch auf der Erde nicht nur einmal, sondern auf drei verschiedenen «Lebensstufen» lebt: «Seine erste Lebensstufe ist ein steter Schlaf, die zweite eine Abwechslung zwischen Schlaf und Wachen, die dritte ein ewiges Wachen. – Auf der ersten Stufe lebt der Mensch einsam im Dunkel; auf der zweiten lebt er gesellig, aber gesondert neben und zwischen andern in einem Lichte, das ihm die Oberfläche abspiegelt, auf der dritten verflicht sich sein Leben mit dem von anderen Geistern zu einem höhern Leben in dem höchsten Geiste, und schaut er in das Wesen der endlichen Dinge. – Auf der ersten Stufe entwickelt sich der Körper aus dem Keime und erschafft sich seine Werkzeuge für die zweite; auf der zweiten entwickelt sich der Geist aus dem Keime und erschafft sich seine Werkzeuge für die dritte; auf der dritten entwickelt sich der göttliche Keim, der in jedes Menschen Geiste liegt und schon hier in ein für uns dunkles, für den Geist der dritten Stufe taghelles Jenseits durch Ahnung, Glaube, Gefühl und Instinkt des Genius über den Menschen hinausweist. – Der Übergang von der ersten zur zweiten Lebensstufe heißt Geburt; der Übergang von der zweiten zur dritten heißt Tod ... Wie aber das Kind auf der ersten Stufe noch blind und taub ist für allen Glanz und alle Musik des Lebens auf der zweiten und seine Geburt aus dem warmen

Mutterleib ihm hart ankommt und es schmerzt, *und wie es einen Augenblick in der Geburt gibt, wo es die Zerstörung seines früheren Daseins als Tod fühlt,* bevor noch das Erwachen zum äußern neuen Sein stattfindet, so wissen wir in unserem jetzigen Dasein, wo unser ganzes Bewußtsein noch im engen Körper gebunden liegt, noch nichts vom *Glanze und der Musik und der Herrlichkeit und Freiheit des Lebens auf der dritten Stufe …»* [Hervorhebungen F.B.]. Soweit Fechner. Es mag deutlich sein, wie stark diese Gedanken mit der inneren Welt der *Vierten Sinfonie* korrespondieren.

170 Bruno Walter, *Briefe 1894-1962,* hrsg. von Lotte Walter Lindt, Frankfurt a.M. 1969, S. 52.

171 Bauer-Lechner, S. 185 ff.

172 Den inneren Zusammenhang der beiden Sinfonien belegt die Tatsache, daß das Hauptthema des ersten Satzes der *Siebten* (b) eine Metamorphose des Hauptthemas des ersten Satzes der *Sechsten* (a) ist:

a)

b)

Ähnlich sind die beiden Seitenthemen der Kopfsätze verwandt:

a)

b)

Zudem sind die Themen von Haupt- und Seitensatz im Kopfsatz der *Sechsten* im Finale derselben Sinfonie wieder aufgegriffen (siehe hierzu Bernd Sponheuer, *Logik des Zerfalls,* Tutzing 1978, S. 305 ff.), ähnlich wie das Finale der *Siebten* thematisches Material ihres Kopfsatzes wieder aufnimmt. – Generell gilt jedoch für die *Siebte*, daß ihre Themenbildungen nicht das Siegel des Tragisch-Unentrinnbaren, des Anrennens (als musikalischer Gestus gemeint) gegen etwas tragen, sondern heller, zuversichtlicher sind – kurz der «élan vital» ist wieder da, ganz wie bei Faust in der ersten Szene des zweiten Teils. Die Darlegungen über die *Fünfte* und die *Sechste Sinfonie* werden das hier nur Angedeutete konkretisieren.

173 Bezeichnenderweise spricht R. Specht in seiner Einführung zur Wiener Erstaufführung des Werkes über *«das dreisätzige Zwischenspiel»*, welches als Ganzes die Überschrift «Stimmen der Nacht» tragen könne.

174 Mahler war ein großer Shakespeare-Kenner und -Verehrer. Für ihn war Shakespeare vom geistigen und künstlerischen Rang her Goethe ebenbürtig. Näheres dazu bei C. Floros, Band 1.

175 Formal gesehen handelt es sich bei diesen Sätzen um sehr verschiedene Bauprinzipien: Der Kopfsatz der *Vierten* ist eine Sonatenhauptsatzform, der Schlußsatz der *Siebten* ein Rondo. Dennoch gibt es eine Übereinstimmung. Denn der Sonatensatz der *Vierten* tendiert äußerst stark zur Reihungsform (sieben thematische Gruppen nach Rondoart aneinandergeschaltet), während das Finale der *Siebten* in Teilen Ansätze zu einer sonatensatzähnlichen Form (Exposition, Durchführung, Reprise und Coda) zeigt. Ähnliches zeigt sich im Vergleich des Adagios der *Vierten* mit dem Kopfsatz der *Siebten* (Adagio): Dieser wird stark vom Variationsprinzip durchdrungen, das jenem zugrunde liegt.

176 Auffallend sind beispielsweise die Einleitungen der beiden Sätze, die in einer Moll-Seitenfunktion (*Vierte Sinfonie*: Schellenmotiv in h-moll, Haupttonart: G-Dur / *Siebte Sinfonie*: Paukensolo in e-moll, Haupttonart: C-Dur) einsetzen, um sodann äußerst unerwartet, fast gewaltsam in der *Siebten*, befremdlich-geheimnisvoll in der *Vierten*, in die eigentliche Tonart des Stückes hineinzugleiten.

177 Formal könnte man von einer Umstülpung der Verhältnisse sprechen. Umschließt in der *Vierten* ein schauriger «Danse macabre» zwei Trios helleren, gemütlicheren Charakters (bezeichnenderweise schweigt die Fiedel des «Sensenmannes» in ihnen), so ist dies in der *Siebten* umgekehrt: Zwei heimelig-romantische Nachtmusiken umschließen einen spukhaften Mittelsatz.

178 Siehe Anm. 175.

179 Wessling, *Gustav Mahler – ein prophetisches Leben,* S. 152; zitiert aus einem Interview mit Alma Mahler vom 2. April 1960.

180 Siehe die Deutung des ersten Satzes durch Willem Mengelberg:
1. Satz: Tiefster Schmerz – Leid – Wehmut – Trübsal, Tränen – ein Gesicht vom vielen Weinen entstellt und abwechselnd mit heftigsten Eruptionen von Verzweiflung, Wut, Raserei bis zum Wahnsinn (Lachen am Schluß halb wahnsinnig vor Schmerz, unheimlich, gespenstisch).
Wir dürfen annehmen, daß sich diese Charakterisierung auf *beide* Eröffnungssätze bezieht.

181 Ein Vergleich der Satzproportionen ist lohnend. In der *Fünften Sinfonie* umfaßt der Trauermarsch 415 Takte, der eigentliche Hauptsatz 576 Takte (zusammen 991 Takte); in der *Sechsten* nimmt die Einleitung des Finales 113 Takte in Anspruch, der eigentliche Hauptteil des Satzes 708 Takte (zusammen 822 Takte). Die Spielzeiten der Sätze sind (im Vergleich zweier Interpretationen durch Sir John Barbirolli):
5. Sinfonie: I ca. 15'; II ca. 17'; zusammen: etwa 32'.
6. Sinfonie: IV. (Einleitung) 5'18''; (Hauptteil) 23'58''; zusammen 29'16''. – Hier muß berücksichtigt werden, daß das Material der Einleitung den gesamten Finalsatz ständig als Implantat durchdringt: Die Einleitung erscheint im Verlauf des Satzes viermal in jeweils veränderter Gestalt immer zu Anfang der Großteile der Gesamtarchitektur (vor der Exposition, vor der Durchführung, vor der Reprise und vor der Coda), weshalb man von einem zerstückelten «Satz im Satz» sprechen könnte. Ganz ähnlich erscheint in der *Fünften* der Trauermarsch einmal als Episode in den eigentlichen Hauptsatz (Stürmisch bewegt. Mit größter Vehemenz) mit hineingenommen. – Zöge man die auseinanderliegenden Einleitungsteile im Finale der *Sechsten* zusammen, so ergäbe sich ein Block von insgesamt 241 Takten mit einer zeitlichen Gesamtausdehnung, die der des Trauermarsches der *Fünften* in etwa entspricht (ca. 15 Minuten).

182 Siehe unsere Ausführungen zum Adagio der *Vierten* beziehungsweise zum Kopfsatz der *Siebten*. Jene Stellen, wo Visionen des paradiesischen, himmlischen Lichts beschworen werden, sind choralartiger Natur.

183 Auch der erste Satz der *Sechsten*, Allegro energico, enthält ein

«Alma-Thema» (Seitensatz, T. 77-90, «schwungvoll»), welches starke Ähnlichkeit mit den thematischen Gesten des Adagiettos der *Fünften* zeigt.

184 Bauer-Lechner, S. 193. Siehe hierzu auch Anm. 38.

185 Die folgenden Ausführungen wollen nicht *Beweise* eines Zusammenhanges, sondern *Hinweise* in Richtung einer vermuteten inneren Entwicklungsbeziehung sein.

186 Bernd Sponheuer, *Logik des Zerfalls. Untersuchungen zum Finalproblem in den Symphonien Gustav Mahlers,* Tutzing 1978.

187 Sponheuer, S. 292.

188 Ausdruck des nicht endgültigen Unterliegens ist die Streichung des dritten (ursprünglich gab es noch einen vierten) Hammerschlages im Finale. – Daß es nach dieser Niederlage doch noch eine sinnvolle Weiterentwicklung gibt, zeigt der Anfangssatz der *Siebten,* der sich direkt aus der Schlußstimmung der *Sechsten* entwickelt, ja, wenn man will, die Tatsache der Existenz einer *Siebten* überhaupt. Wir brachten diese Sinfonie, und ihre Ecksätze im besonderen, nicht ohne Grund in Zusammenhang mit der Schlußszene aus *Faust I* beziehungsweise der Anfangsszene des *Faust II:* auch hier dieselbe Figur. – Insofern wir es in der *Sechsten* mit dem Unterliegen eines fiktiven «Helden» zu tun haben, offenbart sich ihr Verlauf als eine Konkretisierung des Programms der *Ersten.* Auch dort geht es um den Helden, der vom Schicksal zermahlen wird und «erst im Tode» sich selbst überwindet. So gesehen ist bereits die *Erste* weniger eine «Dante-Sinfonie» als eine Faust-Sinfonie.

189 Zitiert nach Wessling, S. 226.

190 Hier könnte die umgekehrte Devise der *Sechsten* gelten: Gelingen als Scheitern. – Sponheuer verweist in diesem Zusammenhang auf die Art, wie der *Choral* in diesem Finale verwendet wird: Es findet eine «Säkularisierung» statt, das heißt, er wird als bloße Material-Schablone eingesetzt, als Stellvertreter, der nur hinweisen kann auf etwas, was in ihm selbst nicht mehr ist. Als Zitat, welches herbeibemüht wird, ermangelt ihm die innere Kraft, die noch in der Fünften Bruckners dem Choral eigen ist. So hat sein Auftreten im Finale etwas betroffen Machendes, weil es den Schein als Schein entlarvt.

191 Der Choral der *Fünften* ist ein zerfallender, ein einst intakt gewesener. In der *Sechsten* gibt es nur noch Choral-Bruchstücke, bar aller einstigen Beschwörungskraft. Sie sind insofern Ausdruck jenes «Fünkchens Wissen, daß es eine höhere Macht gibt» (Bruno Walter), als sie bescheiden, ohne jeden Anspruch auftreten: nicht automatische Garantie der Erlösung, sondern leisestes, unscheinbares Symbol der Hoffnung. In der *Siebten* dann (Erster Satz) wird «Choralsubstanz» wie aus dem Nichts neu gebildet. Diese weist denn auch so gut wie keine Ähnlichkeit mehr mit dem auf, was traditionell als «Choral» durchgehen könnte. Nur der Tonfall, der Gestus, die Gesinnung ist geblieben – das Material selbst dagegen erscheint völlig verwandelt (T. 256-265, 298-316). Floros spricht hier von einer «religiösen Vision». Richtiger wäre es vielleicht, hier von Spuren einer «religiösen Aktivität» zu sprechen: Die Stellen haben Gebets-Charakter! Es sei noch einmal auf die urbildliche Darstellung dieser seelischen Aktivität im Buch Hiob hingewiesen.

192 So z.B. Richard Specht, S. 239: «Die wehevolle Totenklage wird brausend vom Ruf des Lebens übertönt, und mit straffen Zügeln sprengt das Gespann der stolzen Quadriga mitten ins strotzende Dasein hinein ... Hier spricht einer, der zum Meister geworden ist und in Leben und Musik das Steuer nicht mehr der sicheren Hand entgleiten läßt. Das Scherzo und besonders das Rondo-Finale sind ‹klingender Wille zum Leben› und ‹Wille zur Macht›.» – Natürlich muß die Anwendung jener verhängnisvollen Begriffe Nietzsches zu einem absolut negativen Bild der *Sechsten Sinfonie* führen: «Dann das ungeheure, tragische Zwischenspiel der Sechsten; ein Traum voll brandender Verzweiflung, finster, in Grimm und Not um sich schlagend, in wütendem Kampfe gegen Dämonen, die in wilden Hammerstreichen ganze Welten zusammenschmettern ... Und dann die grandiose Tragödie des Finales, ein Orkan wetternder Schicksalsgewalten gegeneinander; die feurigen Reiter der Offenbarung Johannis stürmen hin, ein grauenvolles Zerstören alles Blühenden; den weinenden und hoffenden Sehnsuchtsstimmen zum Trotz, die erbarmungslos erstickt werden, bis alles zu Eis zu erstarren scheint und das Schweigen der Vernichtung erschütternd herabsinkt.»

193 Die *Erste Sinfonie* spielt in dieser Reihe die Rolle einer Vorschau. Wie

wir sahen, beschreibt ihr Programm eine biographische Entwicklung, die zugleich Einweihungsweg ist. In ihrer Mitte ist die Inferno-Situation erreicht, nach der der allmähliche Wiederaufstieg bis ins «Paradiso» einsetzt. Dieser mittleren Situation entspricht die Welt der *Fünften* und *Sechsten Sinfonie:* der «Heros völlig preisgegeben, mit allem Leid dieser Welt im furchtbarsten Kampfe». – Ähnlich lassen sich die Stationen der *Neunten* als Rückblick auf das verflossene Leben deuten. Wesentlich ist dabei, daß «erst im Tode (herrlicher Siegeschoral)», wie es im Programm der *Ersten* heißt, der «Sieg» jenes höheren Ich letztlich volle Wirklichkeit wird. *Diese* Stufe wird, wie noch zu zeigen sein wird, erst in der unvollendeten *Zehnten* erreicht.

194 Es gibt allerdings noch weitere, sehr beachtliche Instrumentierungsversuche, so zum Beispiel von Clinton Carpenter (USA) und Remo Mazzetti (Italien). Erst eine «Synopse» der drei Fassungen, die ein Gesamtspektrum von Tschaikowski (Carpenter) bis hin zum Impressionismus (Mazzetti) repräsentieren, läßt etwas von der eigentlichen Welt dieser ergreifenden Musik erahnen. Anläßlich eines Kongresses über das Thema der Fertigstellung unvollendeter Sinfonien in Utrecht 1986 wurde eine solche Gegenüberstellung der verschiedenen Versionen einmal versucht.

195 Rudolf Steiner, *Die Geheimwissenschaft im Umriß*, Kapitel «Schlaf und Tod», GA Bibl.-Nr. 13, Dornach [30]1989, S. 102 ff. Siehe hierzu auch unsere Betrachtungen zur *Zweiten Sinfonie* S. 147 ff..

196 Wir können die «rote Blume» einerseits als Bild des menschlichen Blutkreislaufs deuten, der sich während der Embryonalzeit herausbildet. Diese Zeit ist, vom kosmisch-vorgeburtlichen Standpunkt aus, wie ein «Einschlafen». Bezeichnenderweise wird ja der «lichte Bruder» von seinem dunklen Bruderwesen *während des Schlafes* erschlagen – eine ganz exakte bildliche Wiedergabe jener vorgeburtlichen Vorgänge. Im Kapitel «Himmel und Erde» deuteten wir die rote Blume als Ausdruck «der Leidenschaft, des Blutes und der sinnlichen Liebe». Dies ist *ein* Aspekt des Blutes: Es ist zunächst *auch* Träger der (noch unverwandelten) «niederen» Blutskräfte, der unteren Schichten des Astralleibs, kann aber geläutert werden.

Auf die Figur des «dunklen Bruders» kann hier nicht näher eingegangen werden. Es handelt sich dabei um ein Doppelgängerwesen, das jeden Menschen von seiner physischen Inkarnation an begleitet. Siehe hierzu: Bernard Lievegoed, *Der Mensch an der Schwelle. Biographische Krisen und Entwicklungsmöglichkeiten*, Stuttgart [3]1991, S. 86 ff.

197 Man muß bei all diesen Charakterisierungen berücksichtigen, daß es sich hier um *skizzenhafte Entwürfe* handelt. Den endgültigen Charakter dieser Stücke daraus abzuleiten ist ungefähr so problematisch, wie wenn man lediglich aufgrund des Skeletts das Aussehen eines Menschen beschreiben müßte.

198 Floros, Bd. 3, S. 307.

199 Wir verdanken den Hinweis auf den Zusammenhang des Pater ecstaticus mit der Sphäre des «Purgatorio» Johannes Hemleben, der in seinem Buch *Jenseits* folgenden Gedankengang entwickelt: «Wir kennen wohl keine gerafftere und zugleich treffendere Darstellung dessen, was sich Asien als das Kamaloka, das christliche Mittelalter als das Fegefeuer vorgestellt hat. Goethe faßt in ganze 12 Zeilen zusammen, was zum Beispiel in Dantes ‹Göttlicher Komödie› mehr als 33 Gesänge ausmacht. Indem die Seele des Faust jetzt den Halt durch die Körperlichkeit entbehren muß, wird sie hin- und hergerissen und erlebt alle Schmerzen der ungebändigten Leidenschaften. Was Hieronymus Bosch in seinen phantastischen Höllenbildern zu malen versuchte, die von teuflischen Pfeilen und Lanzen getroffene Seele, von ‹Keulen zerschmettert, von Blitzen durchwettert›, ist hier von Goethe in Wortbildern eingefangen. Doch *diese* Schmerzen und Leiden sind notwendig: das Ziel ist die Läuterung der Seele» (J. Hemleben, *Jenseits,* S. 141).

200 Schon in der Hamburger Zeit, während der Komposition des «Trauermarschs» im Kopfsatz der *Zweiten,* hatte sich Mahler einst unter Kränzen und Blumen aufgebahrt gesehen (es handelte sich um Glückwunsch-Gebinde anläßlich der Aufführung seiner Bearbeitung der *Drei Pintos* von Carl Maria von Weber, die noch in seinem Zimmer lagen), so daß diese entfernt werden mußten, um das Gesicht zu vertreiben. Siehe Bauer-Lechner, S. 50.

201 Hierfür spräche außerdem die von Mahler ursprünglich eingesetzte Bezeichnung «2. Satz», «Finale» und «1. Scherzo (I. Satz)». Letztere Bezeichnung könnte durchaus die Bedeutung «erster Scherzo-Satz der Sinfonie» haben, parallel zu dem Vermerk «2. Scherzo – Finale», den der heutige zweite Satz trägt. Daß beide Sätze außerdem den später hinzugefügten Titel «Finale» tragen, läßt eigentlich nur den Schluß zu, daß das eigentliche Finale zu allerletzt konzipiert worden ist und ursprünglich das Werk nur viersätzig geplant war, wobei Mahler sich offenbar unschlüssig war, *welchen* der beiden Scherzo-Sätze er an das Ende stellen sollte. Schließlich bringt das

endgültige Finale so erstaunlich viele Rückgriffe auf die vorangegangenen Sätze, daß man es zunächst vornehmlich als eine Art kaleidoskopartige Zusammenschau des Gesamtkomplexes hört. Es entsteht eine Art Bogen- oder Kreisform, die wieder in die Bereiche des Anfangs-Adagios zurückführt. Der am weitesten vorgeschobene Punkt dieser «Parabel» wäre dann das kurze «Purgatorio». Tatsächlich läßt sich dies nicht nur formal aufzeigen (der dritte Satz als Zentrum des fünfteiligen Aufbaus), sondern auch hinsichtlich der motivischen Querbeziehungen. C. Floros stellt fest, daß ein Großteil des thematischen Materials des endgültigen Finales aus dem «Purgatorio» stammt, «so daß die Aussage berechtigt wäre, der kurze Purgatorio-Satz erweise sich im nachhinein als zentraler Satz der Symphonie». – Dies ließe sich nun wiederum so interpretieren, daß die Sinfonie einen Weg bis in die Sphäre des «Purgatorio» (Kamaloka) hinein beschreibt und wieder zurück zum Ausgangspunkt: den Bereich der Todesschwelle. – Interessanterweise deckt sich diese Begrenzung genau mit jener bereits am Finale der *Achten* beobachteten: Der Bereich, der sich als nächst höherer an das Kamaloka anschließt, ist in der *Zehnten* offenbar nicht mehr erfaßt, so wie der «Pater Seraphicus» (der «unmittelbar in die Welt des Geistes» hineinsieht) in der *Achten* ausgespart bleibt. Hier liegt offenbar eine eherne Grenze dessen, was Gustav Mahler darzustellen vergönnt war.

Zum Begriff der «Bogenform» gehören auch jene Beobachtungen, die Floros referiert: Nach Eberhard Klemm sei das entscheidende Merkmal des ganzen *Adagio*-Satzes, «daß sich fast alle *melodischen Ereignisse* auf Bogenstrukturen zurückführen lassen, daß das gesamte Melos in Bogen-Varianten erscheint» (Floros, Bd. 3, S. 297).

202 Historisch gesehen gehen die Entwicklung der Perspektive und die des Dur-moll-tonalen Systems, welches auf der Tatsache fester Bezüge auf harmonische Zentren (Tonika, Dominante, Subdominante) basiert, Hand in Hand.

203 Er erscheint in etwas milder orchestrierter Form noch einmal im Finale (T. 275–283). Ebenso das Einleitungsthema (T. 284).

204 Es soll an dieser Stelle auf zwei Arbeiten hingewiesen werden, die nach Abschluß des Manuskripts erschienen sind und nicht mehr gebührend berücksichtigt werden konnten: Georg Alexander Albrecht, *Gustav Mahler. Die Sinfonien*, Hameln 1992, und Arnoldo Liberman, *Gustav Mahler. Annäherungen in vier Sätzen,* Frankfurt a.M. 1992. Während Albrecht die metaphysisch-spirituelle Dimension der Botschaft Mahlers anhand konkreter (Klang-)Beispiele aus den Sinfonien Eins bis Neun (*Das klagende Lied* und die unvollendete *Zehnte* bleiben unberücksichtigt) herausarbeitet und dabei zu ganz ähnlichen Resultaten wie unsere Arbeit gelangt, versucht Liberman die Persönlichkeitsstruktur Mahlers mit neuem, durchaus subjektivem Blick zu erkunden, u.a. auch im Zusammenhang mit Mahlers Prägung durch sein jüdisches Elternhaus und Kindheitsmilieu. Das «Jüdische» an Mahler – seit der förmlichen Gleichsetzung Mahlers mit Kafka durch Max Brod ein beliebtes Interpretationsmuster zur Deutung der Mahlerschen Psyche – verdient in der Tat immer berücksichtigt zu werden. Wir vertreten hier allerdings den Standpunkt, daß sich die tieferen Seelenschichten und vor allem die eigentümliche Prägung der dualistischen Weltsicht Mahlers gerade *nicht* aus diesem jüdischen Hintergrund (von dem sich Mahler rasch emanzipiert hat) erklären lassen, sondern in ganz anderen Bereichen wurzeln. – In beiden Arbeiten klingt ein selten gewordener, aus der persönlichen «Betroffenheit» durch Mahlers Musik geborener, bekennerhafter Ton an, der an die erste Autorengeneration des Mahlerschrifttums (Specht, Bekker, Walter) erinnert.

205 *Kongreßbericht zum 4. Internationalen Gewandhaus-Symposium 1985*, Leipzig 1990, S. 17.

206 *Der Spiegel* Nr. 28/1991, S. 180 ff., in einem Gespräch anläßlich der Uraufführung seiner Oper *Ubu Rex* in München.

207 Brief an Alma Mahler, Toblach, 27. Juni 1909, in: Alma Mahler-Werfel, *Erinnerungen an Gustav Mahler.* Gustav Mahler, *Briefe an Alma Mahler,* hrsg. von Donald Mitchell, S. 356.

208 Wir zitieren im folgenden nach Wessling, S. 221. Der Wortlaut scheint aus dem Amerikanischen übersetzt zu sein. Jedenfalls empfiehlt es sich, ihn in erster Linie sinngemäß zu nehmen, was seine Gültigkeit jedoch nicht mindern dürfte.

Abbildungsnachweis

Bild-Archiv der Österreichischen Nationalbibliothek, Wien: Umschlagfoto, Abb. 3, 4, 5, 8, 9, 15, 16, 17
Österreichische Nationalbibliothek, Wien. Musiksammlung. (Sammlung Vondenhoff): Abb. 1, 2, 12
Archiv für Kunst und Geschichte, Berlin: Abb. 10, 13, 14
Museum Wiesbaden: Abb. 7
Museum für Vor- und Frühgeschichte, Frankfurt am Main: Abb. 6

LITERATURHINWEISE

Abendroth, Walter: *Vier Meister der Musik* (Bruckner, Mahler, Reger, Pfitzner). München 1952.

Adler, Guido: *Gustav Mahler.* Wien/Leipzig 1916 (zuerst veröffentlicht 1914 in: *Biographisches Jahrbuch und deutscher Nekrolog,* Bd. XVI).

Adorno, Theodor W.: *Mahler. Eine musikalische Physiognomik.* Frankfurt/M. 1960.

Albrecht, George Alexander: *Die Symphonien von Gustav Mahler.* Hameln 1992.

Andraschke, Peter: *Gustav Mahlers IX. Symphonie. Kompositionsprozeß und Analyse.* Wiesbaden 1976.

Bahr-Mildenburg, Anna: *Erinnerungen.* Wien/Berlin 1921.

Bauer-Lechner, Natalie: *Erinnerungen an Gustav Mahler.* Leipzig/Wien/Zürich 1923. (Von Knud Martner revidierte und erweiterte Ausgabe, herausgegeben von Herbert Killian, Hamburg 1984.)

Bekker, Paul: *Gustav Mahlers Sinfonien.* Berlin 1921. Reprint Tutzing 1969.

Blaukopf, Herta (Hrsg.): *Gustav Mahler – Richard Strauss. Briefwechsel 1888–1911.* München/Zürich 1980.

Blaukopf, Herta (Hrsg.): *Gustav Mahler Briefe.* Neuausgabe erweitert und revidiert. Wien/Hamburg 1982.

Blaukopf, Herta (Hrsg.): *Gustav Mahler. Unbekannte Briefe* (Bibliothek der Internationalen Gustav Mahler Gesellschaft). Wien und Hamburg 1983.

Blaukopf, Kurt: *Mahler. Sein Leben, sein Werk und seine Welt in zeitgenössischen Bildern und Texten* (mit Beiträgen von Zoltan Roman). Wien 1976.

Blaukopf, Kurt: *Gustav Mahler oder Der Zeitgenosse der Zukunft.* Wien/München/Zürich 1969.

Brod, Max: *Gustav Mahler. Beispiel einer deutsch-jüdischen Symbiose.* Frankfurt/M. 1961.

Budde, Elmar: Bemerkungen zum Verhältnis Mahler – Webern, in: *Archiv für Musikwissenschaft* 33 (1976), S. 159 – 173.

Cardus, Neville: *Gustav Mahler. The Man and his Music.* Bd. I, London 1965.

Cooke, Deryck: *Gustav Mahler. An Introduction to his Music.* London 1980.

Cooke, Deryck: *The History of Mahler's Tenth Symphony. Gustav Mahler. A Performing Version of the Draft for the Tenth Symphony.* London und New York 1976; Reprint als Mahler's Tenth Symphony, in: *The Musical Times* 117 (1976), S. 563 – 645.

Danuser, Hermann: *Gustav Mahler. Das Lied von der Erde* (Meisterwerke der Musik 25). München 1985.

Diether, Jack: Mahler's Klagendes Lied. Genesis und Evolution, in: *Music Review*, November 1968.

Duse, Ugo: *Gustav Mahler.* Turin 1973.

Eggebrecht, Hans Heinrich: *Die Musik Gustav Mahlers.* München/ Zürich 1982.

Fischer, Kurt von: Die Doppelschlagfigur in den letzten zwei Sätzen von Gustav Mahlers 9. Symphonie, in: *Archiv für Musikwissenschaft* 32 (1975), S. 99 – 173.

Fischer, Kurt von: Gustav Mahlers Umgang mit den Wunderhorntexten, in: *Melos / Neue Zeitschrift für Musik* 4 (1978), S. 103 – 107.

Floros, Constantin: Gustav Mahler. 3 Bde. Wiesbaden 1977 – 1985.
1: Die geistige Welt Gustav Mahlers in systematischer Darstellung, 1977.
2: Mahler und die Symphonik des 19. Jahrhunderts in neuer Deutung, 1977.
3: Die Symphonien, 1985.

Gerlach, Reinhard: *Strophen von Leben, Traum und Tod. Ein Essay über Rückert-Lieder von Gustav Mahler.* Wilhelmshaven 1983.

Grange, Henri-Louis de La: *Gustav Mahler. Chronique d'une vie.* Bd. I (1860 – 1900), Paris 1979.

Grange, Henri-Louis de La: *Gustav Mahler. Chronique d'une vie.* Bd. II, L'âge d'or de Vienne (1900 – 1907), Paris 1983.

Grange, Henri-Louis de La: *Gustav Mahler. Chronique d'une vie.* Bd. III, Le génie foudroyé (1907 – 1911), Paris 1984.

Gustav Mahler. Hrsg. vom Rainer Wunderlich Verlag. Tübingen 1966. Darin:
Arnold Schönberg: *Prager Rede*

Ernst Bloch: *Melismatische Depeschen aus fernem Hauptquartier*
Otto Klemperer: *Erinnerungen*
Erwin Ratz: *Von Leben und Werk*
Erwin Ratz: *Zum Formproblem*
Hans Mayer: *Musik und Literatur*
Dieter Schnebel: *Das Spätwerk als Neue Musik*
Theodor W. Adorno: *Wiener Rede*
Theodor W. Adorno: *Epilegomena*

Gustav Mahler und seine Zeit. Katalog der Gedächtnisausstellung Wien 1960.

Gustav Mahler. Un homme. Une œuvre. Une époque. Katalog der Ausstellung im Musée d'Art de la Ville de Paris, 24.1. bis 31.3.1985.

Hansen, Mathias: Das irdische Leben. Zum Weltbild des jungen Mahler, in: *Beiträge zur Musikwissenschaft* 16 (1974), S. 25 – 30.

Hilmar-Voit, Renate: *Im Wunderhorn-Ton. Gustav Mahlers sprachliches Kompositionsmaterial bis 1900.* Tutzung 1988.

Jülg, Hans Peter: *Gustav Mahlers Sechste Symphonie.* München und Salzburg 1986.

Karbusicky, Vladimir: *Gustav Mahler und seine Umwelt.* Darmstadt 1978.

Klein, Rudolf (Hrsg.): *Beiträge '79–81. Gustav Mahler Kolloquium 1979. Ein Bericht* (Beiträge der Österreichischen Gesellschaft für Musik 7). Kassel 1981.

Darin:
Kurt Blaukopf: *Mahler und die Secession*
Carl E. Schoske: *Mahler and Klimt. Social Experience and Artistic Evolution*
Constantin Floros: *Weltanschauung und Symphonik bei Mahler*
William J. McGrath: *Mahler and Freud. The Dream of the Stately House*
Zoltan Roman: *The Royal Hungarian Opera under Mahler*
Inna Barssowa: *Mahler und Dostojewski*
Rudolf Stephan: *Zum Thema «Bruckner und Mahler»*
Peter Gülke: *Eine verborgene Station auf dem Weg von Schubert zu Mahler. Das Andante aus dem Symphonischen Fragment D 936A*
Manfred Wagner: *Mahler und die österreichische Musikkritik seiner Zeit*
Peter Revers: *Gustav Mahler und die Formanalyse. Reflexionen über ein gestörtes Verhältnis*
Stephen E. Hefling: *«Variations ‹in nuce›». A Study of Mahler Sketches, and a Common on Sketch Studies*

Kolleritsch, Otto (Hrsg.): *Gustav Mahler. Sinfonie und Wirklichkeit* (Studien zur Wertungsforschung 9). Graz 1977.
Darin:
Georg Knepler: *Gustav Mahlers Musik. Versuch einer Wertung*
Kurt Blaukopf: *Hintergründe der Mahler-Renaissance*
Otto Kolleritsch: *Historischer Versuch über Gustav Mahlers Aktualität*
Rudolf Flotzinger: *Gustav Mahler. Ein Romantiker?*
Diether de la Motte: *Das komplizierte Einfache. Anmerkungen zum 1. Satz der 9. Sinfonie von Gustav Mahler*
Dieter Rexroth: *Mahler und Schönberg*
Wolf Rosenberg: *Mahler und die Avantgarde. Kompositionstechnisches Vorbild oder geistige Sympathie?*
Ernst Märzendorfer u.a.: *Gespräch mit einem Mahler-Interpreten*
Dieter Schnebel: *Sinfonie und Wirklichkeit am Beispiel von Mahlers Dritter*
Krzysztof Meyer: *Mahler und Schostakowitsch*
Reinhold Brinkmann: *Die gepreßte Sinfonie. Zum geschichtlichen Gehalt von Schönbergs opus 9*
Peter Faltin: *Semiotische Dimensionen des Instrumentalen und Vokalen im Wandel der Sinfonie (Beethoven-Mahler-Schostakowitsch)*
Karin Marsoner: *Sonatenkonzept Robert Schumanns in Theorie und Praxis*
Klaus Huber: *Musik für Orchester heute. Komponist und traditionelle Orchesterformation*
Hans Peter Thun: *Die Suche des Künstlers nach Identität*

Kühn, Hellmut; Quander, Georg (Hrsg.): *Gustav Mahler. Ein Lesebuch mit Bildern*. Zürich 1982.

Lebrecht, Norman: *Gustav Mahler im Spiegel seiner Zeit – Portraitiert von Zeitgenossen*. Zürich/St. Gallen 1990.

Lieberwirth, Steffen (Hrsg.): *Gustav Mahler – Leben. Werk. Interpretation. Rezeption* (Kongreßbericht zum IV. Internationalen Gewandhaus-Symposium). Leipzig 1990.

Ligeti, György und Clytus Gottwald: Gustav Mahler und die musikalische Utopie. 1. Musik und Raum, ein Gespräch, in: *Neue Zeitschrift für Musik* 135 (1974), S. 7 – 11.

– Gustav Mahler und die musikalische Utopie, 2. Collage, ein Gespräch, in: *Neue Zeitschrift für Musik* 135 (1974), S. 288 – 291.

– Gustav Mahler und die musikalische Utopie, 3. Die Achte, ein Gespräch, in: *Neue Zeitschrift für Musik* 135 (1974), S. 292– 295.

Loeser, Norbert: *Gustav Mahler.* Haarlem/Antwerpen 1950.

Mahler, Arnošt: Gustav Mahler und seine Heimat, in: *Die Musikforschung* 4 (1972).

Martner, Knud: *Gustav Mahler im Konzertsaal. Eine Dokumentation seiner Konzerttätigkeit 1870 – 1911.* Kopenhagen 1985.

Metzger, Heinz-Klaus / Rainer Riehn (Hrsg.): *Gustav Mahler* (Musik-Konzepte. Sonderband). München 1989.
Darin:
Heinz-Klaus Metzger: *Verhältnis zur Tradition*
Wolfgang Schlüter: *Die Wunde Mahler*
Hans Mayer: *Gustav Mahler und die Literatur*
Ugo Duse: *Der volkstümliche Ursprung des Mahlerschen Liedes*
Hans Rudolf Zeller: *Zum «Lied von der Erde»*
Sigfried Mauser: *Die Rezitative im «Abschied»*
Raymond Joly: *Gustav Mahler. Psychoanalytische Anmerkungen*
Dieter Schnebel: *Das Schöne an Mahler*
Constantin Floros: *Tragische Ironie und Ambivalenz bei Mahler*
Wolf Rosenberg: *Analytische Betrachtungen einiger Werke Gustav Mahlers*
William DeFotis: *Mahlers Neunte Symphonie*
Peter Oswald: *Subkutane Seismographen*
Heinz-Klaus Metzger: *Einige kompositorische Folgen Mahlers*
Werner Klüppelholz: *Marginalien*
Reinhard Kapp: *Schumann-Reminiszenzen bei Mahler*

Mitchell, Donald (Hrsg.): *Erinnerungen an Gustav Mahler. Briefe an Alma Mahler* [erweiterte und revidierte Fassung der von Alma Mahler-Werfel 1940 herausgegebenen Ausgabe]. Frankfurt am Main 1971.

Mitchell, Donald: *Gustav Mahler. The Early Years.* London 1958 (revidierte Ausgabe, London/Boston 1980).

Mitchell, Donald: *Gustav Mahler, The Wunderhorn Years, Chronicles and Documentaries.* London 1975.

Mitchell, Donald: *Songs and Symphonies of Life and Death.* London 1985.

Müller, Karl-Josef: *Mahler. Leben – Werke – Dokumente.* Mainz 1988.

Newlin, Dika: *Bruckner – Mahler – Schoenberg.* New York 1947 (Deutsch: Wien 1954).

Nikkels, Eveline: *«O Mensch! Gib Acht!» Friedrich Nietzsches Bedeutung für Gustav Mahler.* Amsterdam 1989.

Pfohl, Ferdinand: *Gustav Mahler. Eindrücke und Erinnerungen aus den Hamburger Jahren.* Herausgegeben von Knud Martner, Hamburg 1973.
Pugliese, Giuseppe: *Gustav Mahler ... Il mio tempo verrà.* 2. Aufl. Mailand 1977.
Redlich, Hans Ferdinand: *Bruckner and Mahler.* London/New York 1955.
Reeser, Eduard (Hrsg.): *Gustav Mahler und Holland, Briefe.* Wien 1980.
Reich, Willi (Hrsg.): *Gustav Mahler. Im eigenen Wort – Im Worte der Freunde.* Zürich 1958.
Revers, Peter: *Gustav Mahler. Untersuchungen zu den späten Sinfonien.* Hamburg 1985.
Roller, Alfred: *Die Bildnisse von Gustav Mahler.* Wien/Leipzig 1922.
Roman, Zoltan: *Gustav Mahler's American Years 1907 – 1911. A documentary History.* Stuyvesant, New York 1989.
Ruzicka, Peter (Hrsg.): *Mahler. Eine Herausforderung.* Wiesbaden 1977.
Darin:
Carl Dahlhaus: *Rätselhafte Popularität. Gustav Mahler – Zuflucht von der Moderne oder Anfang der Neuen Musik*
Hans-Wilhelm Kulenkampff: *Widerbild der Welt. Totalität und Einspruch bei Gustav Mahler*
Helmut Lachenmann: *Antworten auf fünf Fragen des Herausgebers*
Eberhardt Klemm: *Notizen zu Mahler*
Monika Tibbe: *Anmerkungen zur Mahler-Rezeption*
Peter Ruzicka: *Befragung des Materials. Gustav Mahler aus der Sicht aktueller Kompositionsästhetik*
Monika Lichtenfeld: *Zur Klangflächentechnik bei Mahler*
Wolf Rosenberg: *Die Moritat vom singenden Knochen. Das klagende Lied*
Dieter Schnebel: *Über Mahlers Dritte*
Hans Zender: *Aufzeichnungen während einer Probenwoche zur Dritten*
Hans-Klaus Jungheinrich: *Nach der Katastrophe. Anmerkungen zu einer aktuellen Rezeption der Siebten Symphonie*
Clytus Gottwald: *Die Achte*
Schreiber, Wolfgang: *Gustav Mahler in Selbstzeugnissen und Bilddokumenten.* Reinbek bei Hamburg 1971.
Schumann, Karl: *Das kleine Gustav-Mahler-Buch.* Salzburg 1972.
Silbermann, Alphons: *Lübbes Mahler Lexikon.* Bergisch Gladbach 1986.

Specht, Richard: *Gustav Mahler.* 1. Aufl. illustr., Berlin/Leipzig 1913, 2. Aufl., Berlin 1918.
Sponheuer, Bernd: *Logik des Zerfalls. Untersuchungen zum Finalproblem in den Symphonien Gustav Mahlers.* Diss., Tutzing 1978.
Stefan, Paul: *Gustav Mahler.* 1. Aufl., München 1910, 2. Aufl. München 1912, verbesserte Aufl. München 1920.
Stephan, Rudolf: *Mahler. IV. Symphonie G-Dur.* München 1966.
Stephan, Rudolf: *Mahler. II. Symphonie C-Moll.* München 1979.
Tibbe, Monika: *Über die Verwendung von Liedern und Liedelementen in instrumentalen Symphoniesätzen G. Mahlers.* Diss., München 1971.
Walter, Bruno: *Gustav Mahler. Ein Porträt.* Wien 1936. Neuauflagen: Frankfurt/M. 1956; Wilhelmshaven, 2. Aufl. 1983.
Wessling, Berndt W.: *Gustav Mahler. Ein prophetisches Leben.* Hamburg 1974.
Wiesmann, Sigrid (Hrsg.): Gustav Mahler und Wien. Stuttgart 1976.
Darin:
Pierre Boulez: *Gustav Mahler aktuell?*
Marcel Prawy: *Gustav Mahler als Hofoperndirektor*
Sigrid Wiesmann: *Gustav Mahler und die Wiener Philharmoniker*
Wolf Rosenberg: *Gustav Mahlers Abschied und Wiederkehr*
Henry-Louis de La Grange: *Gustav Mahlers persönliche Wiener Biographie*
Friedrich C. Heller: *Gustav Mahlers Schaffen der Wiener Jahre*
Gottfried Scholz: *Gustav Mahlers Sommerfrischen*
Henry-Louis de La Grange: *Gustav Mahlers Wege nach Wien*
Hilde Spiel: *Wien zur Zeit Gustav Mahlers*
Worbs, Hans Christoph: *Gustav Mahler.* Berlin 1960.
Zenck, Martin: Mahlers Streichung des «Waldmärchens» aus dem «Klagenden Lied», in: *Archiv für Musikwissenschaft* 22 (1980), S. 3 – 23.

PERSONENREGISTER

ERICH SCHWEBSCH

JOHANN SEBASTIAN BACH UND DIE KUNST DER FUGE

Mit einem Nachwort von Prof. Dr. Werner Breig.
380 Seiten, Leinen.

Die *Kunst der Fuge* von J. S. Bach wurde erst in den zwanziger Jahren unseres Jahrhunderts wiederentdeckt. Man erkannte in diesem musikalischen Vermächtnis Bachs ein Werk, das in der Musikgeschichte kaum seinesgleichen hat, das sich aber nur ganz erschließt, wenn zum Hören die Erkenntnis dessen hinzukommt, was Erich Schwebsch das «schwindelerregende mathematische Gefüge von Bewegungen, Formen, Symmetrien, Verwandlungen und Entsprechungen», ja eine «tönende Kosmologie» nannte. Er lehrt uns, diese Musik nicht nur fühlend zu erleben, sondern auch ihren inneren Aufbau geistig zu durchdringen.

Erich Schwebsch (1889 – 1953) hat sich mehr als zwanzig Jahre, bis zu seinem Tode, mit der *Kunst der Fuge* beschäftigt und eine bis heute geschätzte Fassung des Werkes für Klavier zu vier Händen geschaffen. Sein Buch ist ein Standardwerk, das über das engere Thema hinaus von hoher Warte eine Überschau über die abendländische Musikentwicklung bietet, in die es das «Phänomen Bach» neu einordnet.

VERLAG FREIES GEISTESLEBEN